主编简介

温铁军　1951年生于北京，现任西南大学中国乡村建设学院执行院长、福建农林大学乡村振兴研究院院长、暨南大学乡村振兴研究院学术委员会主任等。

国务院学位委员会第六、七届农林经济管理学科评议组成员，国家环境咨询委员会委员，中国农业经济学会副会长。农业部、环保部、商务部、国家林业局、国家粮食局、北京市、福建省等省部级特聘专家。先后主持多个国家级重大、重点课题，享受国务院政府特殊津贴，荣获农业部科技进步一等奖、教育部人文社科成果二等奖、北京市教育教学成果一等奖、长江读书奖、CCTV年度经济人物奖等。著有《"三农"问题与制度变迁》《解构现代化》《解读苏南》《八次危机》《全球化与国家竞争》等。

潘家恩　1981年生于福建宁德，西南大学中国乡村建设学院执行副院长、教授。兼任屏南乡村振兴研究院执行院长、中信改革发展研究院研究员、上海大学中国当代文化研究中心研究员、重庆市梁漱溟研究会副会长、《卢作孚研究》副主编等。

自2001年起参与当代中国乡村建设实践，晏阳初乡村建设学院执行创办人之一。在*Cultural Studies*，*Inter-Asia Cultural Studies*及《台湾社会研究季刊》《开放时代》《人民日报》等处发表中英文文章60余篇，主持国家社科基金后期资助项目"中国乡村建设脉络机制研究"等，著有《回嵌乡土——现代化进程中的中国乡村建设》。

谨以此书献给

百年来无数扎根大地和默默付出的乡村建设实践者们

“十三五”国家重点图书出版规划项目
重庆市出版专项资金资助项目
国家社科基金重大招标项目(14ZDA064)阶段性成果
重庆市第十五届精神文明建设“五个一工程”获奖图书

主 编 温铁军 潘家恩

中国乡村建设百年图录

西南師範大學出版社
国家一级出版社 全国百佳图书出版单位

图书在版编目(CIP)数据

中国乡村建设百年图录 / 温铁军，潘家恩主编. —
重庆 : 西南师范大学出版社，2017.12(2022.1 重印)
ISBN 978-7-5621-9103-2

Ⅰ. ①中… Ⅱ. ①温… ②潘… Ⅲ. ①城乡建设-中国-近现代-图录 Ⅳ. ①F299.29-64

中国版本图书馆 CIP 数据核字(2017)第 290929 号

中国乡村建设百年图录

ZHONGGUO XIANGCUN JIANSHE BAINIAN TULU

主编 温铁军 潘家恩

责任编辑：卢渝宁 黄璜 周松
封面设计：观止堂·杨鑫
(书名中"中国乡村建设"为梁漱溟先生手迹)
版式设计：王 煤
出版发行：西南师范大学出版社
地址：重庆市北碚区天生路 2 号
邮编：400715
网址：www.xscbs.com
经 销：新华书店
印 刷：重庆新金雅迪艺术印刷有限公司
幅面尺寸：215mm×285mm
印 张：24.75
字 数：300 千字
版 次：2018 年 5 月第 1 版
印 次：2022 年 1 月第 3 次印刷
书 号：ISBN 978-7-5621-9103-2

定 价：368.00 元

自觉维护中华文明之根(代序)

温铁军　张兰英　刘健芝*

老子说:“人法地,地法天,天法道,道法自然。”遂有后辈小子遵道而为百年乡建序。

由于21世纪中国乡村建设发起者们是一批亲身经历了20世纪后半叶之复杂变化的研究者,我们从一开始就清晰地表明:要做的不仅仅是乡村“硬件建设”(rural construction),而更主要的是推动内在具有文化批判性的“乡村复兴”(rural regeneration)。实际上,中国特色的百年乡村建设,本来就是中华五千年文明接受外部势力“冲击—反应”中形成的一个有机组成部分,因其“动心忍性”,“克己复礼为仁”,而有所谓“求仁则人悦,思诚则神钦”,使参与者有着远比一般社会机构更深刻的思想定力,也就能够更为理性地开展区别于长期对立状态的激进主流,并体现在“双向运动”中的建构性民间实践。这是一种接续历史的自觉努力与行动中的自觉反思。

我们当然知道,这十几年来愈益广泛地开展着的当代乡建,正在形成广泛的国际国内影响力。但考究其内在本质,还是勉力继承上一代乡建先贤张謇的“村落主义”和卢作孚的“兼善”思想,海归学者晏阳初的“启迪民智,开发民力”;所秉持的也仍然是梁漱溟所揭示的“乡村建设,实非建设乡村,而意在整个中国社会之建设”。唯其如此,就更要接受前辈在下乡支农工作中早已领略到的本该作为主体的“农民运动农民不动”,而外来主流们呕心沥血的努力却如“铁钩穿豆腐”……虽然从那时起,以济世救民为己任的前辈就已经接受教训,告诫大家务必放下“西洋眼镜”和“都市眼镜”,还得符号化地“头戴破草帽,怀揣旱烟袋”。但因遭遇外力破坏而十倍不止地“自毁”着的二元结构社会之多重张力(参见梁漱溟关于“自毁甚于他毁”的论述),远非一般学者背诵的中学或舶来的西学所能应对得了。这也是包括民国在内的后发国家越是加快现代化越是滑向败亡之宿命……基于对近代史上与民国兴衰相伴生的乡村建设实践经验的梳理,我们当今温和改良的所作所为才算是一种自觉之人接续中华历史的自觉行为——2001年乡村建设起步以来的最初几年,参与其中的自觉者们自身的力量的确是非常弱小的,却因相对“反向”地回应了自为者们的自毁作用而进展很快,这也算是一种借助中国特色亚文化的“搭便车”吧。

中共中央在这个新旧世纪之交先是遭遇生产过剩危机而遂行战略调整,于1999年提出“以人为本”的理念之后,开始推进以三大差别再平衡为目标的投资拉动增长。接着在2003年倡导放弃单纯追求GDP的科学发展观,辅之以2005年提出“资源节约、环境友好”的两型经济和2008年确

---

* 温铁军教授2004年至2013年任中国人民大学农业与农村发展学院院长。他既是20世纪官方乡村建设试验区的主要参与者,也是新世纪民间乡村建设的发起者和相关领域的开拓性研究者。自2012年起应“支援西部高校建设”之需被西南大学聘为中国乡村建设学院执行院长,2017年再被续聘五年。张兰英女士曾在北京大学任教,在2003年担任国际行动援助中国代表处主任期间参与发起设立在河北省定州市翟城村的晏阳初乡村建设学院,并于2014年被西南大学聘为中国乡村建设学院执行副院长。刘健芝博士一直在香港岭南大学文化研究系任教,数十年如一日地参与内地的乡村建设事业,并作为主要发起人之一参与晏阳初乡村建设学院的创办。——编者注

立的两型农业。再以"建设社会主义新农村"为目标向农村基础设施及农民社会保障等方面做大规模投资。接着,新时代的领导集体把生态文明进一步确立为国家战略。生态文明最主要的内涵乃是多样性,而与自然生态演化过程必须一致才能生存的乡村社会恰是最具多样性的。中国又因为尚未像殖民化大陆的乡村那样被外来者消灭,因而,我们完全有条件立足乡村,复兴并构建整个中国的生态文明。

总之,立足自然与社会的多样性生态的乡土中国,才是中共中央强调的生态文明发展战略的最好基础。此为2017年中共中央确立乡村振兴战略的理性解释。

因为新世纪的乡村建设甫一起步,就在提升思想自觉性和实践出真知的方向上做不懈努力,并愿意对已经发生的经验过程做客观分析提炼,尤其不愿掩盖自身的教训而被人讴歌为新时期的"好人好事"……诚然,我们一直希望整个乡村建设团队愿意埋解"让乡建成为自觉者的历史"的愿望。或可说,我们的研究是把1894年甲午战争中国战败之后的张謇以"村落主义"为理念回南通创办在地化的"大生"企业作为中国百年乡建的起点。也就是说,中国乡村建设起步于19至20世纪之交洋务运动所代表的官方工业化的失败及民族工商业的兴起,那么,新时期乡村建设则起于20至21世纪之交,也有中国百年追求工业化到1998年遭遇第一次"生产过剩"大危机,接着是1999年中美南海撞机与中国驻南斯拉夫联盟大使馆被炸等宏观背景。我们的研究试图把这次新的世纪之交启动的新乡村建设运动纳入整个百年社会变迁与知识分子自觉改良既碰撞又结合的历史脉络之中,形成一个不同于两派激进对抗的、民众多元化参与的社会经济渐进演化史。

借本书问世之际,我们希望大家能够结合对近代史中任何主流都激进推行现代化并且都有巨大代价的事实做些反思,自觉地在实际工作中不断梳理经验教训。如此,我们才能主动地理解乃至接续前辈学者和实践者自上一个世纪之交开始的乡村建设改良运动。

此书策划前,就已经有很多海内外认同或参与了乡村建设的人们出手相助,捐出了大量历史资料和照片,于是也就有了重庆大学年轻的潘家恩博士带领的中国乡村建设学院年轻团队与西南师范大学出版社的精诚合作!诚然,我们不可能把既林林总总、也拉拉杂杂的图片和文字解释都放进去,取舍难免疏漏,但终于有了这部大书。尽管能够理解书里糅进去这番苦心的人确实还不多①,可我们还是希望读者们哪怕是从看几张老照片的猎奇心理出发去翻这本书。只要扉页被打开,就会觉得那种荡气回肠而力透纸背的、普通民众创造社会发展的真实历史从图片之中浮现出来……

被那蕴含于当代史中的大象无形所覆盖,遂闻大音希声,而有拙序。

写于2017年之北京冷冬

---

① 近年来我不断在乡建团队中强调对乡建经验的归纳总结要尽可能提升到理性认识的高度,并且要努力接续百年乡建历史,同时带领团队申报了一批科研项目。那么,要完成科研任务,就要花费很多精力。对此,一些长期从事乡村基层工作,必须拿到项目经费才能维持单位生存,也就来不及形成理论偏好的同仁难以接受,甚至有些意见相左之人表示不解甚至批评。这本来不足为怪,对批评意见也不必辩解。总体上看,大乡建网络的各个单位还是积极配合的。但考虑到这些批评说法将来可能会被人拿去当某些标题党的报道和粗俗研究者的资料,因此,我不得不以总序的方式让相对客观些的解释在各个著述上都有起码的文字依据——尽管这些话只是简单地写在脚注中。——温铁军注

目录

导论　三个“百年”——中国乡村建设的脉络与展开[①]

潘家恩

作为一场知识分子参与并直接回应“三农”这一重大现实问题的社会实践，虽然进入今日公众视野的民国乡村建设屈指可数，但据当年南京国民政府实业部调查，20世纪20年代末30年代初全国从事乡村建设工作的团体和机构有600多个，先后设立的各种试验区有1000多处。[②] 80多年后，当中国发生举世瞩目的经济高增长，并成为世界焦点之际，当代乡村建设也于同期再次兴起并持续发展。编者长期参与当代乡村建设的一线实践，不满足于常见的革命史和现代化两类分析框架，认为应该“跳出乡建看乡建”，打破历史与当代乡村建设实践在时空和叙述上的割裂，以“百年”为单位重新梳理乡村建设的内外环境与基本脉络。

需要说明的是，本研究所涉及的三个“百年”（百年激进、百年乡村破坏、百年乡村建设），皆非精确意义上的历史年代划分，而是宏观意义上对西潮冲击下中国近现代历史进程的泛称，重点在于通过对“激进”“乡村破坏”“乡村建设”之长期性与平行性的指出，建立三者的内在逻辑与互动关联。

一、他毁与自毁：乡建视野下的百年激进

面对外界的批评与不理解，梁漱溟指出自己之所以选择乡村建设，而非简单认同当时其他流行的救国主张和相应实践，是因为他认为中国真正的危机在于“自毁”和“他毁”这两种力量的叠加与互动：“所谓自觉地破坏，那就是为外力破坏所引起之几十年来的民族自救运动。”“自救适成为自乱。”“厌弃与反抗，是中国社会崩溃的真因。引起这厌弃反抗的自身缺欠，是中国文化的真失败点。”[③] 具体到影响及程度效果上，他甚至认为“外力之破坏乡村尚属有限，我们感受外面刺激而起反应，自动的破坏乡村，殆十倍之不止”。[④] 编者认为，梁漱溟所谈到的“自毁”和“他毁”，一定程度上联系着乡村建设视野下的“激进”反思。

自20世纪90年代以来，中国思想史界试图对80年代的一些命题进行反思和重新把握，在“激进/保守”的二分框架中呈现近现代思想的复杂脉络正是其中影响较大并引起广泛讨论的一种思路。[⑤] 但现有“激进”论述主要从文化和政治两个角度进行讨论，较少涉及经济生态等领域；过多

---

① 本文完整版刊登于《开放时代》2016年第4期，此处有删节。英文版发表于*Inter-Asia Cultural Studies*（London: Routledge），volume 18, Issue 1，收入本书时有改动。

② 郑大华：《民国乡村建设运动》，北京：社会科学文献出版社，2000年，第456页。

③ 梁漱溟：《乡村建设理论》，载《梁漱溟全集（第二卷）》（第2版），济南：山东人民出版社，2005年，第198、200、201页。

④ 梁漱溟：《乡村建设理论》，载《梁漱溟全集（第二卷）》（第2版），济南：山东人民出版社，2005年，第151页。

⑤ 杨念群：《中层理论——东西方思想会通下的中国史研究》，南昌：江西教育出版社，2001年，第68页。

强调各种层面的“激进”作为近代中国百年历史的特殊性，相对忽视“激进”在全球资本主义和殖民主义历史进程中对于第三世界、弱势群体和生态环境深刻影响的普遍性；主要基于包括知识领袖和政治人物在内的上层精英的言论和主张，较少从具体社会状况（特别是乡村、农业、底层）及社会现实出发进行讨论，且对各种“激进”间的内在联系和复杂张力缺乏处理。

编者认为：需要把“激进”放回百年历史进程中，并从政治、文化、经济、生态等维度进行整体性检视。中国的“百年激进”不仅包括政治或文化层面上的革命思潮与现代化意识形态，还包括激进地按照外资适应的制度要求来改造本国制度，以此而模仿西方体制上层建筑（现代教育、现代治理方式、现代政治结构）所造成的“内涵性亲资本”。对于一个有着百年屈辱历史的第三世界国家，身处必须以工业化为生存保障和基本条件的全球“丛林法则”，一方面，为了形成国家资本为主的工业化自有其合理性与必要性；但另一方面，全球范围内的任何政府在工业化过程中都普遍激进，任何激进的制度演进都会有比较高的制度成本。即，中国近代历史脉络中的“百年激进”非一般的“冲击—反应”，与其说是个别人物或派别的思想主张，不如说是因西方挑战和影响而引发出社会内外各种力量的连锁反应，所共同产生的时代氛围与社会势能。

产生这种整体性激进的原因不仅包括百年屈辱与民族情感所引发的集体焦虑，也不只是外来激进思潮的某种中国版传播或实践，同时包括资本主义工业化坐标参照下经济差距对上层建筑和意识形态的逆推与倒逼，进而产生的“去脉络”效果。具体说来，乡建视野下“激进”的问题可能不在于其作为“保守”的对应物，也非特指“暴风骤雨式”的革命与政治变革，中国本土脉络下的“激进”还可能包括不顾传统文化、乡土社会、小农经济与生态国情等限制，即以“去脉络化”（脱离适当的时间、空间与社会关系）为表现与手段，大规模而又快速推动以“工业化、都市化、理性化”等为特征的现代化转型，进而导致在特定环境与人为建构之二元框架（如“农业/工业”“城市/乡村”“理论/实践”）下，多元可能性的遮蔽和消解。

带着这种对激进的反思，重新进入梁漱溟意义上的双重破坏：“自毁”既是由“他毁”引发矛盾积累到一定程度后的内在体现，同时其还与“他毁”结合并相互引发，进一步催生出更为激进的社会土壤，叠加构成更为深刻的危机。比起“他毁”，“自毁”更具广泛性、长期性和隐蔽性。如果说前者的影响主要集中在沿江沿海和商品化程度较高的地区，后者则深入到内地与广大乡村；如果说前者因为联系着战争、侵略、屈辱和不义而面对各种形式的抵制与消极，后者则因各种高调的“自强”论述所获得的道德制高点而难以自觉；如果说前者是被动的“遭遇”，后者可以说是某种主动的“配合”。

至于“毁”了什么，它不仅包括物质层面上的破坏与精神层面上民族尊严信心的丧失，更包括由此开启的“去脉络化”进程及随之产生的深远影响。其所改变和偏离的脉络，不仅涉及传统中国的社会形态和文明基础，也包括国人安身立命的生活方式与价值认同，还包括国情状况与资源条件。身处以“殖民主—胜利者”为主导的西方中心主义话语体系，多灾多难的国内环境不仅意味着国防与生存竞争性的“工业优先”，同时还派生出资本及产业集中的“城市优先”。深处“激进”结构之中的中国，其“独特性”不再明显与有效，这既是梁漱溟与毛泽东 1938 年在延安窑洞里关于中国

“特殊性”和“普遍性”争论的背景，也是本文讨论“百年乡村建设”的动力与张力所在。

然而，这种“激进”进程也不可能是线性单向或一帆风顺的，同时存在着张力和困境，充满了幻象和裂隙。如果说两次世界大战可以理解为资本主义与工业文明内部整体性冲突的集中爆发，日常现实中则存在着各种层面的质疑与反抗，[①] 以及各种被“遮蔽”面向在新因素和条件下的再现与突显。[②] 各种生存与竞争压力既产生着激进化的动力而让其在脉络上有所改变，却也因来自资源禀赋和生态环境等的约束及文明形态和历史传统的惯性而充满张力。乡村建设的存在与展开本身即是这种动力张力互动缠绕的某种体现。

二、百年乡村破坏：激进化的后果与动力

“百年激进”及所产生的各种实践行动对中国产生着整体性的深刻影响。“百年乡村破坏”作为其在“三农”层面上的后果表现，同时也构成了进一步“激进”的条件与动力。该说法可追溯至梁漱溟 70 多年前那个振聋发聩的总结：“所谓中国近百年史，也可以说是一部乡村破坏史。”[③] 作为进一步的辨别和说明，他解释道：“任何社会里面，乡村都是居于不利的地位；但我们不能说任何社会史都是乡村破坏史。”“说作乡村破坏史，必须在这一段历史里面，乡村破坏成了一种趋势。”[④] 此处借助这个归纳，泛指近代中国乡村变迁的一种整体性趋势与状态。此处的“乡村”不局限于地理空间或社会形态意义上的村落，“破坏”也不同于一般和个体意义上的“（农民）破产”，更强调其中的历史性和整体性：既包括经济上“三要素”（资金、土地、劳动力）绝对性外流而导致对小农与底层社会的剥夺和影响，也包括社会政治层面原有低成本秩序与保护性力量的解体而让乡村被动成为承载危机的对象，还包括文化观念上对“乡/土”的刻板认识与定型理解。

若以中国为例，近代以来农村的衰退几乎与以工业化为特征的现代化进程同步，无论是产生了民国乡村建设的“黄金十年”（1927—1937 年），还是新世纪乡村建设再出发时与现代化加速同时发生的“农民真苦，农村真穷，农业真危险”之“三农”问题。在不能进行外部殖民的情况下，面对从农业社会进入工业社会这一难以逾越的壁垒，从农业提取剩余的“内向型原始积累”是发展中国家的“真实经验”，也是不得已而为之的无奈之举和“三农”困境的主要来源。在这种格局下，越是在资源短缺条件下快速形成工业化，由弱势群体和“三农”所承担的“代价”[⑤]就越大，但其绝非一次性的

---

① 比如全球范围内广泛存在各种层面上的“反体系”运动，既包括各种形式的民族革命和民主革命，也包括各种具体微观的多元化反思与实践。

② 比如农业的多功能性与社会性，虽然在工业化和产业化的强势影响下一度被“遮蔽”，但随着食品危机和城市困境的加剧及生态限制之存在而“再现”并拥有广泛的社会基础。

③ 梁漱溟：《乡村建设理论》，载《梁漱溟全集（第二卷）》（第 2 版），济南：山东人民出版社，2005 年，第 150 页。

④ 梁漱溟：《乡村建设理论》，载《梁漱溟全集（第二卷）》（第 2 版），济南：山东人民出版社，2005 年，第 152 页。

⑤ 此处对代价和成本的强调，不同于一般从既得利益角度出发，以“代价论”来实现对现状的辩护。它更多针对当前主流经济学“只谈收益不谈成本”与“隐蔽代价”这一现实。至于其中的复杂张力，自然不能在一般框架下被处理为发展中国家追求“工业化”的好坏对错，而需放回具体历史脉络中，否则也是另一种简单化。

“创业成本”，而是需要“三农”和生态环境持续不断且叠加递增的“偿还”，进而引发更为深刻的整体性危机。也可以说，所谓“三农”问题，正是发展中国家现代化进程的内在产物与逻辑必然；与其说是“农”自身存在问题，不如说是百年“激进”的推进将其变成“问题”。

为了更为全面地认识“百年乡村破坏”的表现、成因与影响，下文分别从经济、政治、文化三方面切入，希望指出“百年激进”与“百年乡村破坏”相互引发和彼此互动的多重关系：“激进”导致“乡村破坏”并通过理论生产而构成各种定型化认识的判断前提与分析路径，而“乡村破坏”的残酷事实又产生着进一步“激进化”的社会基础与事实理由。

1. “三要素”的多形式外流

对于“三农”来说，应特别关注“经济激进主义”。因为在经济领域中，“三农”困境非限于地租剥夺与外敌入侵，其影响也不是一般的农民破产或农业凋敝，近代百年来不同形态的力量以各种目的和名义从“三农”提取资源，外加工商资本和现代金融对小农与乡土社会进行着不同程度的剥夺，科举制废除后“离村现象”普遍发生，整体导致“三要素”的多形式外流并随之造成各种依赖。作为一个长期过程，其在不同阶段的激烈程度和表现方式有所差异，且因为“百年乡村建设”的存在与紧密互动而有所缓解，但仍然作为一个整体性趋势而内在于后发工业化国家从资源经济到产业经济的“惊险跳跃”之中。

回到民国的历史脉络，正是由于传统自给自足的小农经济面对商品化的巨大压力，受市场和权力双重力量支配和资本利益驱使，以及由兵差、土匪横行、战乱频繁等外部条件所产生的“内部化”影响，一方面，适应于工业化和都市化需要的农业商品化程度大幅提高，农村经济货币化程度加深，小农户生产和生活收支的现金比重增加，金融化对小农与底层社会进行新的剥夺；另一方面，随着以往租地模式的改变，租赁农场、富农经济成为普遍现象，地主经济发生向工商业方向的实质性变化。① 由此导致农业剩余及稀缺“三要素”通过多种形式不断流向城市和工业，农村的劳动力则随着农户破产而不断地逃离农村，农村经济因此而不断凋敝。与此同时，高利贷金融资本以及产业资本则全面进入乡土社会。这两种外部资本力量打垮传统农业稳态社会的小农的能力远胜于地主，它们既打垮了小农，更进一步导致盗匪横行，传统乡村治理方式所维持的乡村稳态结构随之彻底被破坏。

对于自近代以来已逐步卷入世界经济体系的中国，这种“三要素”外流还直接受到国际环境变化的影响。正当中国工业化、城市化同步加速时，西方出现了 1929—1933 年的经济大危机，“尤其是西方资本主义各国以邻为壑的危机转嫁，对中国经济是一次极其沉重的打击：全国出口衰减，物价惨跌，市场萧条，工业萎缩，工厂停产，企业倒闭，农产滞销，农业亏损，农村金融枯竭，农民加速贫困破产”②，这些都严重阻遏了民国年间的所谓“黄金十年”。当美国为其金融利益自保而提高黄金

① 详见黄宗智：《华北的小农经济与社会变迁》，北京：中华书局，2000 年；温铁军：《“三农”问题与制度变迁》，北京：中国经济出版社，2009 年。

② 刘克祥、吴太昌主编：《中国近代经济史(1927—1937)》(上册)，北京：人民出版社，2010 年，第 25 页。

白银等贵金属价格，中国作为刚刚兴起工业化的“银本位”国家立即出现白银大量外流，迫使政府于1935年放弃白银币制改行法币制。由于城市在积聚资本促进市场经济的同时也集中了外部性风险，这个本应由都市承担的危机又进一步向农村转嫁，加剧了土地兼并、小农破产、社会动荡与外敌入侵。[①]

这种“三要素”的单向外流正是当代“三农”问题产生的背景与原因。除了一般的资源外流外，各种留守问题的突显也表明了当前乡村劳动力外流的广泛与严重后果。农村正规金融“存易贷难”的局面，则反映了一般的现代金融难以服务真正的乡土社会。土地虽然无法直接“流动”，但当前迅猛的城市化浪潮下各种“就地转换”，已经出现了较为严重的“非农化”影响。

然而，这种“外流”虽然为主导性趋势，却并非绝对，也不是单一的线性因果关系，它同样催生出多样化改良实践的兴起与“百年乡村建设”的曲折展开，即下文即将讨论的广义乡村建设，在事实上呈现着“外流”与“回流”混合发生与紧密互动的复杂局面。

2. 稳态乡村秩序的改变

“百年乡村破坏”作为中国乡村的整体性困境，不仅源自和表现于经济方面的单一层次，其深远影响同时体现在社会与政治方面。

梁漱溟很早就认识到“秩序”问题是“百年乡村破坏”的重要方面。如果说这种整体性“失序”在上层政治中表现为军阀混战和吏制恶化，那么就乡土社会来说，则体现为乡村社会结构的整体性变化：传统乡土社会治理中相对低成本秩序的解体及乡土保护性力量的式微。与此同时，包括“法治/警治”等现代治理方式又因高成本而难以真正“下乡”，或者在推行过程中因“水土不服”而发生异化。

在杜赞奇的研究中，国家权力向乡村的延伸导致地方财政陷入恶性循环，似乎只是在养活不断膨胀的庞大官僚和国家经纪集团，进而导致“劣绅驱逐良绅”。[②] 黄宗智则指出20世纪村庄“共同体结合力因小农半无产化而瓦解”，且随着外来压力的增加，导致“原有政治结构的崩溃以及权力的真空，因此造成恶霸、暴徒得以乘机崛起的局面”。[③] 即，无论是为了提取更多包括人力和军费在内的各种资源，还是为了国家政权建设所需完成的对基层的进一步控制，都导致此前长期维持乡村基层稳定且相对低成本的治理秩序发生了根本变化。这也正是近代以来乡村建设兴起的背景和原因之一。

需要说明的是，1949年新中国成立之后的前三十年，熟悉乡土脉络及其内在机理的中国共产党虽然一方面有着不得不通过“内向型”原始积累以完成工业化，进而派生出自上而下高度（过度）地组织农民、动员乡村和提取农业的做法；但另一方面也充分尊重基层与群众的创造，促进包括教

---

① 参见城山智子著，孟凡礼、尚国敏译，唐磊校：《大萧条时期的中国：市场、国家与世界经济（1927—1937）》第四章“农村崩溃”，南京：江苏人民出版社，2010年。

② 参见杜赞奇：《文化、权力与国家：1900—1942年的华北农村》，南京：江苏人民出版社，2003年。

③ 黄宗智：《华北的小农经济与社会变迁》，北京：中华书局，2000年，第256、257页。

育、医疗等资源从另外途径向乡村的“回流”，多形式推进着“没有‘乡建派’的乡村建设”。其中很多实践因密切联系群众并与乡土脉络互动充分，而具有低成本、集体性与“去激进化”特点。相比之下，改革开放虽然让农民个体致富，但乡村却因不断的“去组织化”而降低了对城市与外部资本剥夺的抵抗能力。特别是20世纪90年代以来外部宏观环境和城乡关系的进一步变化，让这种“掐草尖”式的剥夺进一步加剧且合理化，留给乡村的是过亿“原子化”了的留守群体（儿童、老人和妇女），以及越来越难以组织凝聚起来的“名义社区”。

3. “乡/土”作为问题与对象

随着“百年激进”对乡村所造成的巨大经济影响与社会重构，城乡二元对立成为影响深远的普遍格局，“乡/土”的功能和内涵同时发生着深刻的变化。一方面，乡村与农业所应有的“多功能性”①日益被遮蔽，乡村也从一个包括社会、政治、经济、文化、生态等在内的多元空间被窄化为各种资源的提取单位与危机载体；另一方面，面对巨大的外部压力与剧烈的生存刺激，在“百年激进”所内在的西方中心主义与现代化意识形态主导下，“乡/土”常在工业化坐标与竞争逻辑中“败”下阵来，在逆推中自认“落后”，在追赶中日益“问题化”。在现代性所带来的“都市眼光”的审视下，一直以来作为正面象征的乡村在20世纪转趋负面，本不是“问题”的乡村在现代进程中成为“问题”。② 也可以说，当“百年激进”以都市为主导并确定了特定的“意义系统”后，以农业文明（包括生产方式、生活方式和思维方式③等）为基础的传统文化和价值，因难以分享主流坐标下的“意义”而日益空洞化，乡村也因“非现代”和“反现代”的相对位置而遭到不断的排斥与压抑。

这种“问题化”后的“乡/土”，既在文化上进一步强化了城乡不平等与割裂对立，同时还循环产生出一整套让农民无法自信，让农业失去尊严，让农村难以安身立命并获得意义，以都市和资本权力为中心的现代文化。

如果说“问题化”让“乡/土”进一步成为问题，“对象化”则让这种“问题”进一步定型且难以真正面对。成为“问题”和“对象”之后的“乡/土”虽因呈现出困境而引发更多的关注与行动，但也强化了主客对立的人为二分，抽离于“乡/土”脉络，在“文明—愚昧”“进步—落后”“主动—被动”“救—被救”“上—下”等复杂且隐蔽的差序性意义系统中迷失。“对象化”所带来的“他者化”虽然让“问题”和“问题之人”似乎清晰可见，却也将问题本质化和静态化，降低了透过历史脉络和时代张力以反省自我且展开实践的可能，参与构成了进一步“激进化”的土壤与动力。

---

① 高宁、胡迅：《基于多功能农业理论的都市农业公园规划设计——以莫干山红枫农业公园为例》，《南方建筑》，2012年第5期；林卿：《中国多功能农业发展与生态环境保护之思考》，《福建师范大学学报（哲学社会科学版）》，2012年第6期。

② 梁心：《都市眼中的乡村：农业中国的农村怎样成了国家问题（1908—1937）》，北京大学中国近现代史博士研究生学位论文，2012年，第12页。

③ 如罗志田所指，西方输入的使命感加强了中国士人因多层次心态紧张而产生的激进情绪。相比之下，中国传统观念是趋向渐进的，主张温故知新，推崇十年寒窗、滴水穿石的渐进功夫。见罗志田：《权势转移——近代中国的思想与社会》（修订版），北京：北京师范大学出版社，2014年，第32页。

以上这些不仅成为外部主体对乡村简单而又疏离的定型化想象，更作为“社会共识”而内化为农民或乡村工作者的自我认知与理解角度，进而成为“百年乡村破坏”之常被忽略与遮蔽的重要面向。也恰是其与经济、政治层面的有效配合，让激进改造具有难以质疑的合理性，并让权衡之下的可能“成本/代价”获得某种谅解。

三、作为回应与探索的百年乡村建设

如前所述，“百年激进”成为特定时代的主导性趋势并从不同层面上引发“百年乡村破坏”这一实际后果。然而，当这种“输入型”激进和社会理想在现实层面落地成为一种大规模的社会实践后，则充满裂隙与不同的可能性。特别是对于中国的“三农”来说，它绝不只是“问题化”与“都市眼光”之后的诸多“问题”，本身也正是宝贵的力量源泉（如晏阳初从在法华工身上发现“脑矿”进而终其一生推动平民教育与乡村建设实践）与中国的有形之“根”（如梁漱溟深思熟虑且深入一线实践后的归纳和坚持），它们构成了中华文明的形态和独特国情的厚重基础，并成为“百年乡村建设”的土壤和动力。

1. “三农”辩证法

在资本主义及各种“激进”论述中，“三农”问题的安置与处理存在着较大的内在张力。恩格斯认为：“我们的小农，正如任何过时的生产方式残余一样，在不可挽回地走向灭亡。”[①] 莫里斯·迈斯纳归纳道：“对于马克思来说，现实史的舞台是城市，农村和它的居民充其量只扮演一个微不足道的角色，而且可能还是反面角色。”同时他还引述列宁的观点：“城市比乡村占优势是有了商品生产和资本主义的一切国家的共同和必然的现象，只有感伤的浪漫主义者才会为这种现象悲痛。”[②] 除此之外，许多其他论述也常将“农民”排斥于历史动力之外，[③] 常见处理是为其派定某种特定的边缘化位置，通过“落后/牺牲品”这样的模糊指称与“他者化”处理，以对真正的问题完成某种转移与置换。

可是，农业毕竟是人类最基本和最重要的生存条件，之所以在原有资本主义与工业文明框架下能够不加改变地“自圆其说”，那是因为一方面通过外部殖民与不合理的世界经济体系以转移生产压力、成本及过剩人口——“以空间换取时间”，另一方面寄希望于化学农业、石油农业与生物农业所带来的新增长——“以时间换取空间”。然而，如此“外部化”与“透支未来”式的做法势必引起承担代价群体或自觉秉持草根生态立场的知识分子的不满与抵抗。特别对于当前这个“有限地球”成

① 恩格斯：《法德农民问题》，《马克思恩格斯选集（第四卷）》，北京：人民出版社，1972 年，第 299 页。

② 莫里斯·迈斯纳著，张宁、陈铭康等译：《马克思主义、毛泽东主义与乌托邦主义》，北京：中国人民大学出版社，2005 年，第 27、39 页。

③ 即使在毕生献身乡村的晏阳初那里，也充满不无贬义的“愚、穷、弱、私”式归纳（随着实践的深入及来自乡土的改造，该看法得到调整），农民一直都是被命名或指认的对象。更重要的是，由于长期文化影响，类似的刻板化定见已逐步内化为被叙述者的某种自我认同。

为基本共识的时代，包括能源、环境、生态、金融、人类安全等各种危机正日益构成时人的日常经验。

也正是这些孕育着广义的乡村建设思考和实践，其具体源起可能不同：既可能是梁漱溟在《乡村建设理论》中所归纳四个层面中的一个或多个（“乡村自救”“乡村破坏而激起救济乡村”“中国社会积极建设之要求”“面对千年社会组织已崩但新者未立时，重建社会构造”），也可能对应着梁漱溟思想深处对“人心自觉”的坚信，还可能如当代乡村建设新归纳的“遮蔽”之“再现”。[①]

“百年乡村建设”作为对“百年激进”和“百年乡村破坏”的回应与另类探索，以乡土、国情、生态为视角和立场，尝试改出“激进”思路对乡土社会的脉络偏移与负面影响。然而，这种回应不同于西方中心主义意义上简单的“冲击—回应”，因为“他毁”和“自毁”常彼此引发，“百年激进”与“百年乡村破坏”则互为因果，乡村建设既包括对冲击的回应，也包括对其他回应的回应以及二元对立之外新可能的探寻。如果回到具体的历史现实，各种“激进”元素和整体性的“乡村破坏”很多时候就内在于乡村建设实践之中，也参与构成了乡村建设的脉络背景、社会土壤与影响因素，因而充满着复杂性与内在张力。

也可以说，现实层面的“百年乡村破坏”与“百年乡村建设”其实一直辩证地动态存在着，前述之“三要素外流”“乡村秩序改变”“乡土作为问题与对象”虽为大势所趋，但也并非绝对性效果或单一化过程。“激进化”推进的同时也召唤出“社会自我保护”[②]与形式多样的“另类实践”。这些力量作为一种现实回应与历史存在，构成并孕育着更为广泛多样的乡村建设实践。

因此，三个“百年”并非简单的因果反应与前后尾随。一方面，建设性实践和自觉反思的存在影响并制约了乡村破坏的程度与深度；另一方面，正因为有着包括乡村建设在内的各种多元化力量的质疑和挑战，百年来的“激进化”进程才曲折、反复且充满裂隙与开放性可能。三者互动构成了复杂的近现代历史进程。

2. 不只建设乡村的乡村建设

如梁漱溟所指，“乡村建设，实非建设乡村，而意在整个中国社会之建设”，“实为吾民族社会重建一新组织构造之运动”。[③] 中国乡村建设的兴起与展开不是简单的微观个案或个体行为，它直接关联着中国近现代的转型与剧变。其推动者是包括知识分子、农民、学生、市民等在内的多重主体，

---

① 如当代乡建中的社会生态农业之兴起，除一般条件外，还可以理解为农业本身所具有的“多功能性”长期受到城市化与“非农化”遮蔽。但随着生态危机和城市病等各种新因素的出现，曾经的“自圆其说”捉襟见肘，进而导致“多功能性”的再现与丰富实践空间的重新打开。

② 卡尔·波兰尼在《大转型：我们时代的政治与经济起源》中提出了“双向运动”（Double Movement）。通过对百年历史的宏观分析，他认为：以激进与乌托邦为特点但表现各异的“正向运动”狂飙突进，但其相应的“自我保护运动（反向运动）”也同样宽广地存在着。它可能包括“人的反抗——劳工运动；自然的反抗——农业人口的土地保护运动和现代的‘绿色运动’；金钱的‘反抗’——商品钱（commodity money）的周期波动与中央银行制度的建立等等”。（许宝强：《资本主义不是什么》，上海：上海人民出版社，2007年，第26页。）编者认为：如此“双向运动”不只限于原著对20世纪中叶诸多世界议题的讨论，也有助于我们对百年“三农”问题和乡村建设的重新理解。

③ 梁漱溟：《乡村建设理论》，载《梁漱溟全集（第二卷）》（第2版），济南：山东人民出版社，2005年，第161页。

内容也常因各阶段不同的问题与现实需求而充满差异，方式和载体更是灵活多样。但回到三个“百年”的背景脉络中，却有着共同的内涵，如若相对于前述“百年乡村破坏”中的三个层次，则主要体现为：在经济上促进“三要素”的回流；在社会上回嵌“乡/土”脉络，重建有利于乡土可持续发展的包容性秩序；在文化观念上打破各种意识形态化的刻板认识，跳出二元对立，在新的坐标下重新发现“乡/土”价值，并进一步打开实践空间与多元可能。

乡村建设作为一种反应性和保护性的多元化实践，在一线行动中经常表现出分散、具体和差异化等特点。相对于强调“根本性”和“总体性”变革的主张与实践来说，常被研究者和观察者归结为“改良”，且乡村建设实践者也愿意以此表达自己的态度与立场，以区别于“激进化”的各种主流。

然而，这种立足底层与乡土社会，强调民众参与和建设性实践的“乡建式改良”却与近现代历史进程中各种自上而下的政治改良或保守思潮存在着较大不同：一方面，看似零散温和的乡村建设在微观实践的同时也有着视角独特的宏观视野[①]和一针见血的现实批判（比如对现代教育、精英知识分子、发展模式等），并通过乡土性来进一步确立中国性；另一方面，其不排斥其他有利于乡土社会与低成本良性秩序建立的各类努力，对于不利于乡土社会与农民生活的各种消极力量，则努力进行最大可能的转化，虽然这一过程充满了策略、妥协与失败。其包容性除体现在实践者于“激进化”过程中的“不忍之心”，还隐含着中国传统文化与多元化思维方式，更基于晚清民国以来充分的现实历史教训——各种激进对抗及二元对立的最终收益常被精英利益集团所获取，但后果往往由乡土社会与弱势群体（还包括当代日益突出的生态环境）不均等地承担。

进一步看，乡村建设意义上的“改良”不同于“改良主义”，其随着外部环境与历史脉络变化而变化。[②] 兼顾“自我保护”与“另类实践”功能的乡村建设也不同于主流框架与激进逻辑内的逃避或回归，更不同于一般的消极“防卫”，而内含着积极建设、开拓创新及对各种主流的质疑批判。当然，“另类”与“主流”都不是二元思维下的简单对立与割裂，本身都不可能是铁板一块的，而是彼此有着千丝万缕的联系与互动。

3. 百年来的三波乡村建设

编者认为：中国近现代历史进程中的乡村建设并非始于常见论述中以晏阳初、梁漱溟、陶行知、卢作孚等人物为代表，兴起于20世纪二三十年代的乡村改造实践，而是发轫于更早的清末民

① 例如：梁漱溟有着包括本文所引述部分观点在内的各种宏观分析，其给《乡村建设理论》则取“一名中国民族之前途”如此“大”的副标题。晏阳初虽然做的事情常显微观，但也强调乡村建设不是“头痛医头，脚痛医脚”，并总结出包括“不是零零碎碎，而是整个体系”“不是救济，而是发扬”等在内的“十大信条”。虽可能因角度不同，其宏观性未必得到认可，但我们不应简单化地仅从技术层面对乡村建设进行判定。

② 例如：当抗战全面爆发后，面对救亡压力，多数乡建实践从“救民”向“救国”转型，并以宣传动员、政治调停、人才培养等方式直接或间接地参与抗战救国和更广义的乡村建设实践。此时各乡村建设领导者也都纷纷以不同的方式参与整个民族和生存意义上更大的“社会自我保护”。比如：梁漱溟参与创办民主同盟，在国共两党间艰辛斡旋以巩固抗日民族统一战线；卢作孚在抗日战争最紧张、最危急的历史关头组织指挥了被称为“中国敦刻尔克”之“宜昌大撤退”；陶行知发起了志愿兵运动与难童教育；晏阳初利用国内外影响积极宣传抗战教育等。激进、改良和革命存在着十分复杂的关系。

初。正如上文所述，甲午之后整体性的“百年激进”与“百年乡村破坏”引发并联系着一场以底层和乡土社会为主要空间(相对于上层精英及强调”器物/制度”层面的“自强运动”和“变法维新”)的建设性实践与多主体回应。所涉及主体、方式、内容都十分多样，既有外来知识分子以“救济乡村”为出发点的异地实践，也有由乡土社会自发、本地良绅主导、兼顾以“乡村自救”与”社会建设”为目的之在地行动，还包括1949年至今更为复杂的实践形态。从整体上说，其包括彼此呼应的三波乡村建设。

第一波乡村建设以“官民(间)合作”为特点，起于1904年河北定县翟城村良绅之地方自治与乡村自救，具有自觉性的“自下而上”式社会改良；兴于1920年代外部混乱的军阀割据环境难以改观的局面之下，弱势中央默认地方势力，邀请社会力量化解乡治缺失；衰于国民党政府强力推行的保甲制度导致乡土社会结构“劣绅化”加剧和1937年日本全面侵华；迁往重庆之后参与北碚试验，兴办乡建教育与华西实验区；被替代于1949年共产党国家力量的全面建设。

其中，1904年可以被视为中国近代民间乡村建设实践元年。该年河北定县翟城村乡绅米春明(米鉴三)被聘为定县劝学所学董，开始以翟城村为示范，实施一系列改造地方的举措，积极开展以兴办新式教育、制订村规民约、成立自治组织和发展经济的乡村自治。这段暂未引起充分研究与讨论的本地乡绅之“翟城试验”，直接引发了后来受到海内外广泛关注的外来知识分子之“定县试验”(晏阳初及中华平民教育促进会于20世纪二三十年代推进)，由此翟城村也开启了近代史上多样化的百年乡建实践。作为早期乡村建设的另一个代表性实践——清末民初实业家张謇在家乡南通所进行的卓有成效的全方位建设，已被学者总结为“有实无名”的乡村建设。① 这一由“状元改行”所推动的地方性建设既有着甲午战败的刺激，同时和“翟城村治”一样皆属清末新政释放实践空间后的历史产物。其“工农并进”“父教育、母实业”等建设思路及所取得的成效，可以为此后”以农立国—以工立国”“保守—激进”等讨论提供一个不一样的例证。

关于该波乡村建设在20世纪二三十年代的兴起，涉及梁漱溟、晏阳初、卢作孚、陶行知、黄炎培等代表性人物的各种实践，学界已有丰富的描述与研究，此处不做重复。

紧接着的第二波乡村建设由全面执政后的中国共产党推动，在官方资本主导的大规模工业化条件下由“官方主导”，也可以理解为“没有‘乡建派’的乡村建设”实践。相对于民国时期第一波乡村建设来说，1950年代土地改革对基层社会全面动员，并以此为基础对乡村社会进行整体的组织化改造。② 这虽然让“乡建派”知识分子们的乡村建设行为萎缩或中止，却由于新国家社会广泛参与基础的形成，而使得乡村建设的理念和工作在国家建设背景下，以新的形式被高效、全面地替代与覆盖。

---

① 不仅其与20世纪二三十年代乡建实践在内容上多有交叉，以及为当地城乡建设并给平民带来了“三要素”回流效果，其在将南通创建为“中国近代第一城”时所坚持“实业的社会性”或创建早期中国本土化的“社会企业”(与北碚乡村建设领导人卢作孚的理想和做法有着异曲同工之妙)及由此产生的低成本县级治理等也都是乡村建设的核心与关键。

② 虽然当时中国进入到新阶段的现代化建设之中，但上层建筑与经济基础之间的对立性矛盾依然存在。面对高度分散的小农，仍然有交易费用问题，因此由国家主导在乡土社会进行组织建设与制度建设显得十分必要。

比如：全民扫盲、技术推广、赤脚医生、乡村民兵、社队企业、大众文艺、水利建设、互助合作，以及对农民主体地位、妇女解放、尊严劳动等的强调。

到了集体化阶段，由于随之伴生的国家力量全面进入“三农”以获取剩余投入用于工业化和城市化建设，乡村工作再度因城市工业化的优先需求而与乡建初衷背离。即便如此，乡村建设也无声地存在于因千差万别而难以充分集权的广大乡土社会，草根民众为稳定乡村、维护传统仍然做出了艰辛努力。

进入 20 世纪 80 年代，由于产业资本扩张与全球化进程加快，仅靠推行“大包干”并不能根本解决“三农”发展与基层治理问题。而包产到户恢复了传统小农经济之后，则面临着分散农民再组织化、再制度化等问题，因此又开始了组织创新和制度创新。于是在追求工业化、现代化的过程中有了 1987 年至 1997 年间由政府部门自上而下推动的农村改革试验区，它与自 20 世纪 50 年代开始在广大农村开展的制度建设与组织建设一脉相承，最后衰于 90 年代以来的宏观环境变化及东亚金融危机。

第三波乡村建设于 2000 年起持续至今，以“官民互动”为特点，起于三大资本全面过剩和“三农”问题进入中央决策，兴于新农村建设，转型于城市化加快与全球金融危机代价转移对乡土社会造成的大规模破坏。

经过“激进”改革的 90 年代，中国此时由于彻底纳入全球化，内部利益集团和外部利益集团进一步结合，导致更多成本向乡土社会转嫁。主流社会则逐渐走向精英结盟，以便于把纳入全球化所形成的巨大成本向乡土社会转嫁。第一波乡村建设源起时的“乡村自救”“救济乡村”“社会建设”等多层面因素与条件在这一时期重新具备，集中式的乡村建设因此而再次“显化”。第三波乡村建设由民间力量率先引领，成千上万的农民、进城务工人员、学生、知识分子、市民、社会各界人士加入其中，经过十多年的努力，发展出包括“学生下乡，教育支农”“农民合作，改善治理”“农业生态，城乡融合”“工友互助，尊严劳动”“社会参与，文化复兴”在内的当代乡村建设五大体系。

这波乡村建设在“自下而上”的推进方式与民间立场上，与第一波有较大的相似性，却面对着更大的挑战与张力。一方面，面对着全球化大潮的深刻影响和高速城市化的巨大“拉力”，中国社会结构发生了巨大变化，乡土社会的经济剩余越来越少，文化自信越来越弱，农民自主的组织创新与制度建设因而更加困难；另一方面，当代乡村建设需要面对的外部环境更为复杂。例如，占据主导地位的利益集团原来是推动“激进”现代化的，但因“生产过剩”条件的出现及各种结构危机（环境、能源等）的制约，而使得某种“倒逼”的“反思”及以“反思”为包装的新一轮利益圈占同时出现且难以区分。

也可以说，第三波乡村建设在实践中面对着来自附庸全球化的“资本”和“权力”更大的压力、竞争与诱惑。正因如此，它在实践中不限于“乡”与“土”，而动员起包括市民、消费者、文化人等在内的更为广泛的各种社会力量；除行动类实践外，还开展包括同样遭遇全球化挑战的第三世界的经验比较，由此而与发展批判、文化反思、话语建设等多领域的工作自觉结合，其面向与涉及范围也更加广泛。

四、小结

本文尝试回到历史脉络，在激进内部理解改良，在改良脉络中反思激进。通过对中国乡村建设背景、脉络的梳理及当代乡村建设十六年来的总结反思，以“乡村”为角度，讨论“百年激进”“百年乡村破坏”与“百年乡村建设”的复杂关系，进而呈现乡村建设存在于乡土中国现代化转型的内在性及近现代历史中不同阶段与形式之乡村建设的深层共性。在此基础上，编者希望指出：

中国在遭受西方列强自1840年鸦片战争以来一百多年的侵略、瓜分、凌辱、压迫的过程中，由于受外部冲击和直接侵略产生了资源外流、生存危机与竞争焦虑，进而引发包括“自强”和“自救”在内的复杂实践与各种不期然的客观效果。如果从“三农”视角看，在强势国家所主导的全球资本化秩序下，部分国人从各层面所进行的“激进”努力，常以“内生性”工业化的方式将经济社会环境等各种代价和成本，制度化地转嫁于中国乡土社会，不断地产生着中国式的“农民、农村、农业”问题，甚至形成乡村的致贫、致乱和致害效应。正是这种偏离本土、乡土与国情脉络的“百年激进”及相应的单一化共识，对乡村现实产生着深刻的影响，整体性导致“百年乡村破坏”。

然而，广大乡土社会和弱势群体也要“活着”。如何生存？它不能简单依靠对抗或反对。作为以农业为主要文明类型及农民为主要人口构成的国家，中国近现代历史进程内在的“激进性”，既产生着不同形式的“乡村破坏”与“三农”问题，也孕育了以自我保护与另类实践为双重定位的“百年乡村建设”，更为其在实践中日益显现的矛盾与困境埋下伏笔。

中国乡村建设始终回应着不同形式的“三农”问题，在其作为农业人口大国的“三农”因“激进”现代化追求而被迫承接多重代价及在传统社会结构与文化价值解体的双重影响下，勇于担当的知识分子、农民和各种社会积极力量结合起来，尝试在外部环境与资源约束下，寻找非西方中心主义掌控之主流现代化发展模式，以及由此而与各种困难和限制互动。

虽然中国人已经有过上百年的乡村建设实践，但如何在一个“精英、二元、线性”的叙述框架下重新发掘被以“成王败寇”“好人好事”“就事论事”等常见做法遮蔽和简单化的乡建事实，如何在“革命史”与“现代化”夹缝中让乡村的民间民众建设史进一步释放出更大的现实启示，无疑是个很大的挑战！

第一单元 背景与脉络

外力之破坏乡村尚属有限,我们感受外面刺激而起反应,自动的破坏乡村,殆十倍之不止……一部中国近百年史,从头到尾就是一部乡村破坏史。

梁漱溟:《乡村建设理论》(1937年)

中国作为以农业为传统文明类型及农民为人口主体的国家,近代以来以工业化和城市化为中心的整体性变革,既产生出再度崛起的“百年轮回”经验过程,又派生了由“三农”承载代价的实际后果,同时也孕育着“乡村建设”这一延续百余年的社会大众改良实践。

如果说鸦片战争后的“自强运动”体现着被压迫民族的自尊与憧憬,同时也作为封建统治者及上层精英们的“自救”,那么,随着甲午以来“体用说”及其指导下的洋务实践的破产,则产生着整体性的“西化/现代化”动力,激进化的变革在屈辱与受挫中逐渐成为时代强音——虽然主张各异,却共存着都市本位、工业优先、从“三农”提取剩余、巨大成本向乡土转嫁等特点。上层和精英的“自强”不期然地导致下层和乡土社会的“自毁”,遂使得乡村建设内在于因中西碰撞而剧烈变动之近代中国。

一、百年乡村破坏

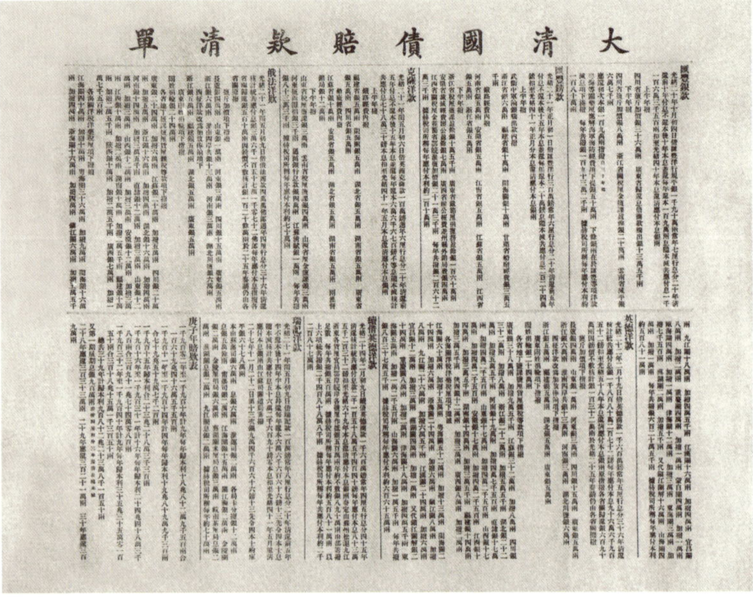

大清國債賠款清單

1842 年至 1911 年，帝国主义列强强迫清政府签订一系列不平等条约，割让中国领土约 160 万平方公里，并勒索巨额赔款，攫取各种特权。历次战争赔款使清政府财政入不敷出，严重破坏和阻碍了中国经济的发展。图为《大清国债赔款清单》。[资料来源：《复兴之路》，中国国家博物馆编，文物出版社，2013 年。]

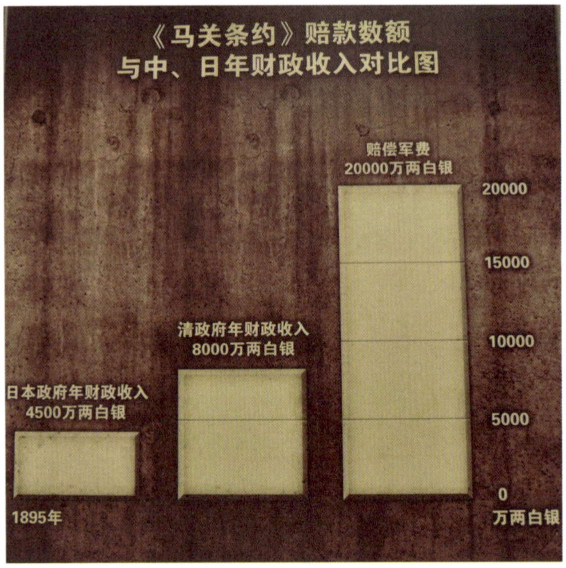

《马关条约》赔款数额与中、日年财政收入对比图。[资料来源：中国国家博物馆《复兴之路》专题展。]

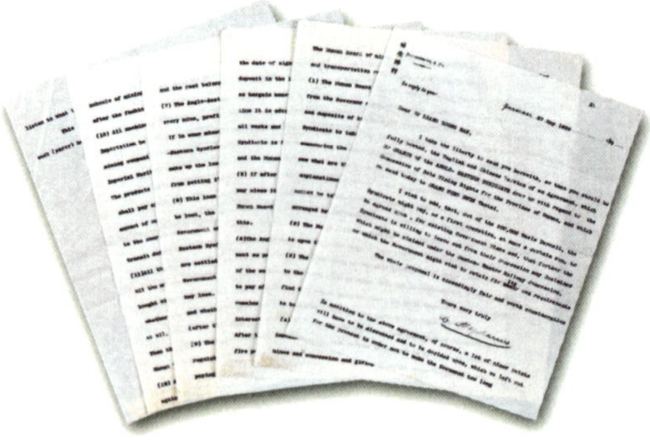

至 1912 年，外资煤矿开采量已占中国采煤总量的 91.9%。图为 1899 年德国瑞生洋行与湖南矿务局订立的矿务合同。[资料来源：《复兴之路》，中国国家博物馆编，文物出版社，2013 年。]

19 世纪 60 至 90 年代，奕䜣、文祥、曾国藩、李鸿章、左宗棠、张之洞等人推行了引进西方武器装备和科学技术以自强求富的洋务运动。图为清政府为办理洋务设立的总理各国事务衙门。[资料来源：《复兴之路》，中国国家博物馆编，文物出版社，2013 年。]

洋务派首先兴办军事工业。李鸿章将曾国藩创办的安庆内军械所加以扩建，于 1865 年建成江南机器制造总局。图为江南机器制造总局炮厂。[资料来源：《复兴之路》，中国国家博物馆编，文物出版社，2013 年。]

1894 年至 1895 年中日甲午战争，中国战败，也意味着器物层面“自强”的失效，并进一步开启了“自救”进程。图为 1894 年 9 月中日海军在黄海展开激战，北洋水师失利。[资料来源：《复兴之路》，中国国家博物馆编，文物出版社，2013 年。]

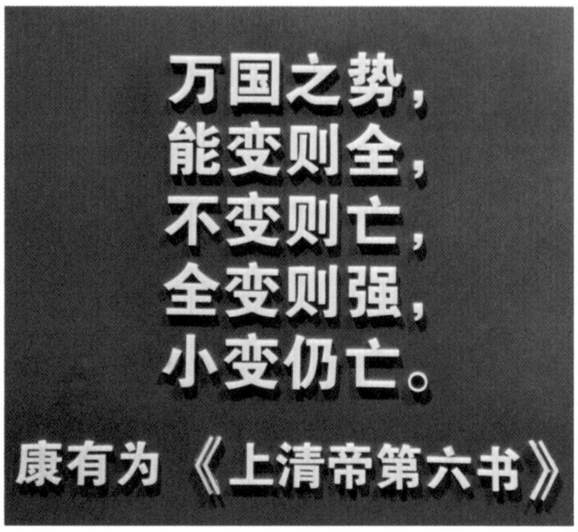

全面变革在屈辱与受挫中逐渐成为时代强音。

军阀之间为争夺利益不断爆发战争，导致农村社会经济结构进一步被破坏。图为军阀战争导致的难民及社会混乱。

民国初年征兵花样繁多，图为伴着军乐队的下乡征兵（1912 年 1 月）。［资料来源：《壹玖壹壹——从鸦片战争到军阀混战的百年影像史》，刘香成编，五南图书出版股份有限公司，2011 年。］

各种成本向乡土社会转嫁，图为当时的漫画《官与民之担负》。［资料来源：《复兴之路》，中国国家博物馆编，文物出版社，2013 年。］

饥荒中的农民。

二、乡村建设，不只建设乡村

据南京国民政府实业部调查，20世纪20年代末30年代初全国从事乡村建设工作的团体和机构有600多个，先后设立的各种试验区有1000多处。图为中国国家博物馆《复兴之路》专题展将乡村建设整体实践作为“其他救国主张及其实践”予以展示，并给予充分肯定，其中包括晏阳初、梁漱溟、卢作孚、陶行知、黄炎培等人所领导的乡村建设实践。

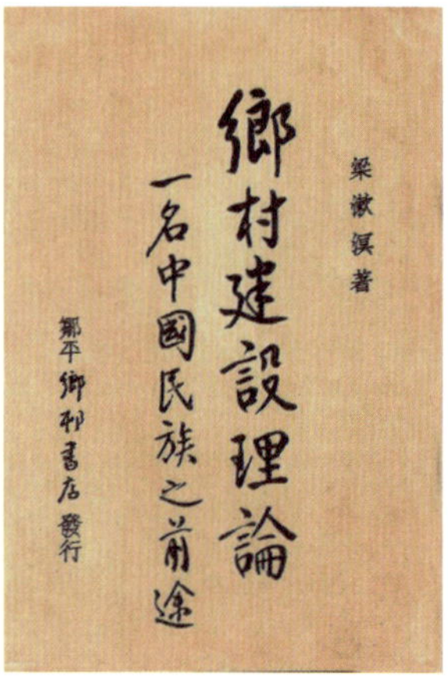

乡村建设思想家与践行者梁漱溟认为：“乡村建设，实非建设乡村，而意在整个中国社会之建设。”所著《乡村建设理论》1937年由邹平乡村书店出版。该书以“一名中国民族之前途”为副标题。

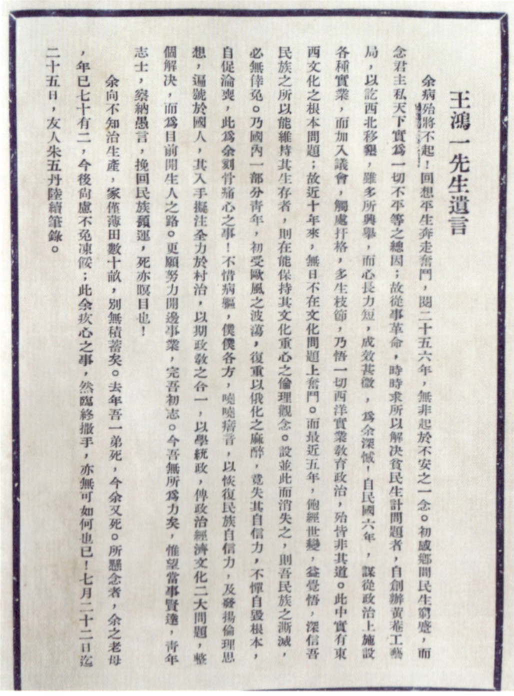

王鴻一先生遺言

余病殆將不起！回想平生奔走奮鬥，閱二十五六年，無非起於不安之一念。初感鄉間民生窮蹙，而念君主私天下實爲一切不平等之總因；故從事革命，時時求所以解決貧民生計問題者，自創辦黃巷工藝局，以訖西北移墾，雖多所興舉，而心長力短，成效甚微，爲余深憾！自民國六年，謀從政治上施設各種實業，而加入議會，觸處扞格，多生枝節，乃悟一切西洋實業教育政治，殆皆非其道。此中實有東西文化之根本問題；故近十年來，無日不在文化問題上奮鬥。而最近五年，飽經世變，益覺悟，深信吾民族之所以能維持其生存者，則在能保持其文化重心之倫理觀念。設並此而消失之，則吾民族之澌滅，必無倖免。乃國內一部分青年，初受歐風之波蕩，復重以俄化之麻醉，竟失其自信力，不憚自毀根本，自促淪喪，此爲余刻骨痛心之事！不惜病軀，僕僕各方，嘵嘵瘏音，以恢復民族自信力，及發揚倫理思想，漏號於國人，其入手擬注全力於村治，以期政教之合一，以學統政，俾政治經濟文化二大問題，整個解決，而爲目前開生人之路。更願努力開邊事業，完吾初志。今吾無所爲力矣，惟望當事賢達，青年志士，察納愚言，挽回民族頹運，死亦瞑目也！

余向不知治生產，家僅薄田數十畝，別無積蓄矣。去年吾一弟死，今余又死。所懸念者，余之老母，年已七十有二，今後尙慮不免凍餒；此余疚心之事，然臨終撒手，亦無可如何也已！七月二十二日迄二十五日，友人朱五丹陸續筆錄。

早期乡村建设推动者、《村治月刊》（梁漱溟接任后更名为《村治》）创办人之一王鸿一（1875—1930）遗言。刊于《村治》第一卷第五期。

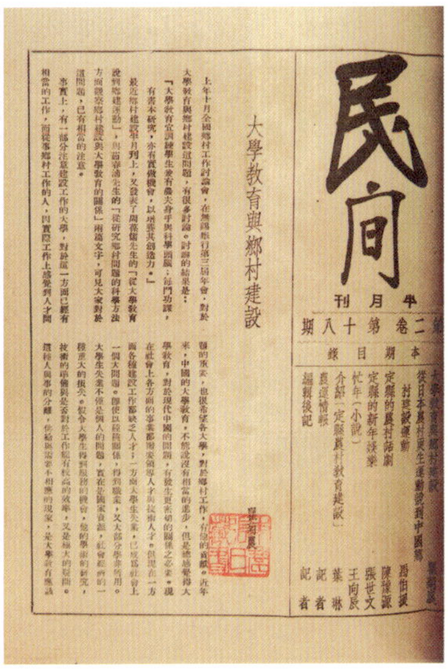
民间
半月刊
第二卷第十八期
大學教育與鄉村建設

除直接回应“百年乡村破坏”的现实外，乡村建设还涉及其他相关议题。图为哈佛大学哲学博士，中华平民教育促进会研究部主任、代总干事长瞿菊农（1900—1976）所撰《大学教育与乡村建设》，刊于《民间》第二卷第十八期。

乡村建设通过立足乡土的具体实践，促进现代知识与乡土社会的互动与结合。图为中国话剧拓荒者和奠基人之一熊佛西（1900—1965，右二）1932 年初率北平艺术专科学校戏剧系师生到河北定县（今定州市）实验农村戏剧大众化。

乡村建设动员大量知识分子下乡，并提出“欲化农民，需先农民化”。图为部分都市知识分子初到河北定县乡村。

针对教育资源稀缺而创新教育方法。图为中华平民教育促进会在河北定县推行“导生制”。

中华平民教育促进会在河北定县推动农村妇女识字教育。

第二单元 萌芽与探路

谋救人的要到乡村，谋自救的也要到乡村，从从容容作学术研究的归到乡村，急急忙忙救死不遑的也须归到乡村，东西南北都归到一块。

梁漱溟:《社会教育与乡村建设之合流》(1934 年)

作为对数千年中华文明自下而上的一种历史传承与创新发扬，“百年乡建”不受限于对“冲击”的简单“回应”，而是基于对“老中国”的再认识，以及对平民、知识、知识分子及中国在现代世界之处境的自觉与反思，进而致力于更为包容、多元和可持续的建设性实践。

1904 年，河北定县乡绅米春明等人开始以翟城村为示范，实施一系列改造地方的举措，直接孕育了随后受到海内外广泛关注、由晏阳初及中华平民教育促进会所主持的“定县试验”。如果说这个起于传统良绅的地方自治与乡村“自救”实践是在村一级展开的，那么清末状元实业家张謇在其家乡南通则进行了卓有成效的县一级探索。正是这些 20 世纪初叶不同范围内自发的建设性实践，构成了百年乡村建设的萌芽与先声。

一、翟城村治

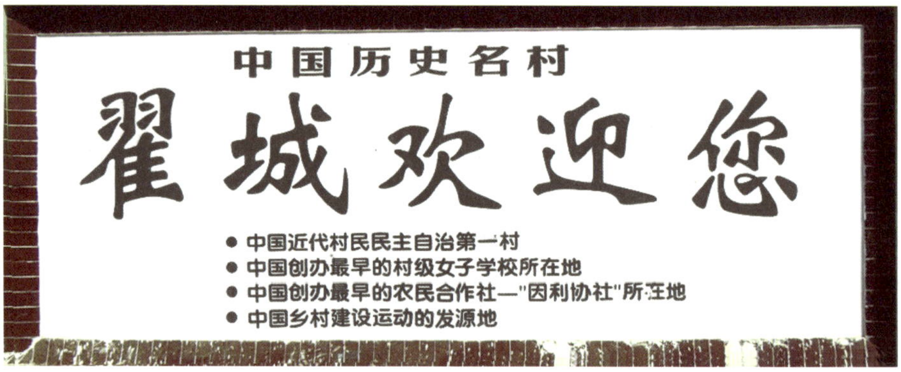

1904 年，河北定县翟城村乡绅米春明（字鉴三）被聘为定县劝学所学董，开始以翟城村为示范，实施一系列改造地方的举措。这一地方民众自发之“翟城试验”孕育了受到海内外关注的中华平民教育促进会“定县试验”。图为翟城村村口影壁（2005 年摄）。

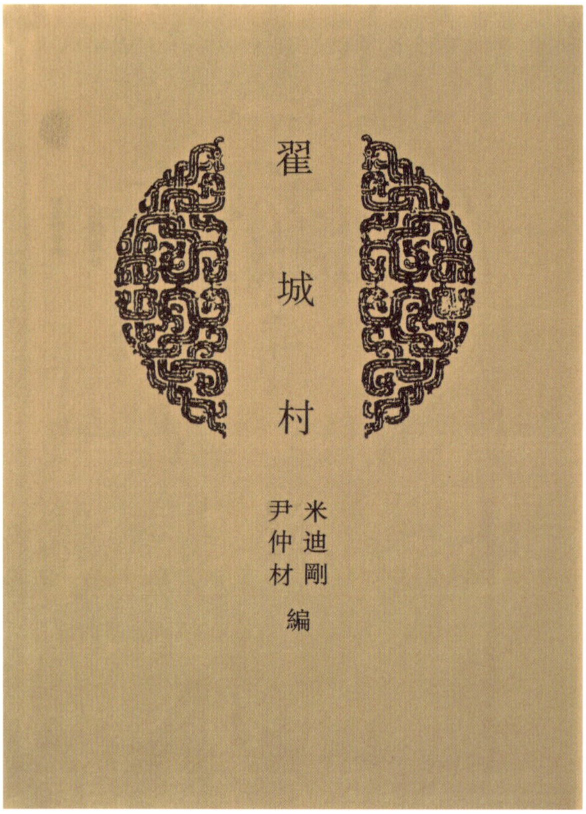

《翟城村》（米迪刚、尹仲材编，中华报社，1925 年）封面。

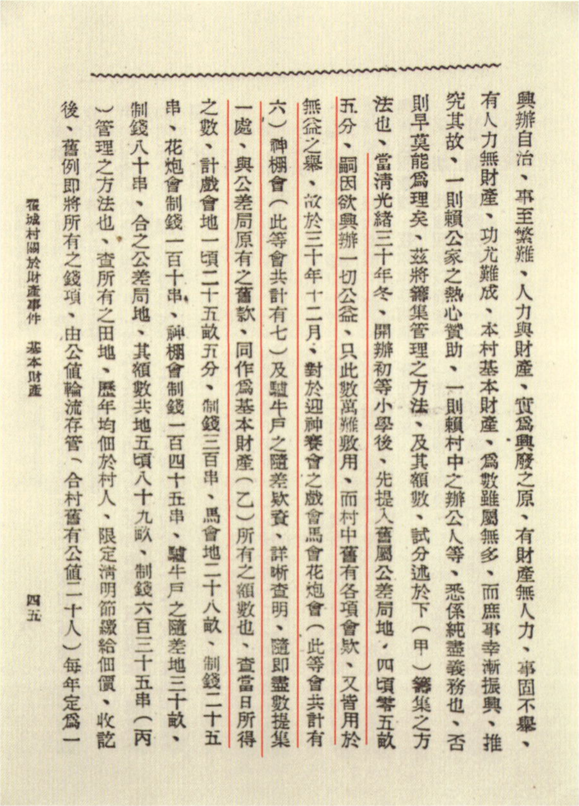

興辦自治、事至繁難、人力與財產、實爲興廢之原、有財產無人力、事固不舉、有人力無財產、功尤難成、本村基本財產、爲數雖屬無多、而庶事幸漸振興、推究其故、一則賴公家之熱心贊助、一則賴村中之辦公人等、悉係純盡義務也、否則早莫能爲理矣、玆將籌集管理之方法、及其額數、試分述於下（甲）籌集之方法也、當清光緒三十年冬、開辦初等小學後、先提入舊屬公差局地、四頃零五畝五分、嗣因欲興辦一切公益、只此數萬難敷用、而村中舊有各項會款、又皆用於無益之舉、故於三十年十二月、對於迎神賽會之戲會馬會花炮會（此等會共計有六）神棚會（此等會共計有七）及驢牛戶之隨差款資、詳晰查明、隨即盡數提集一處、與公差局原有之舊款、同作爲基本財產（乙）所有之額數也、查當日所得之數、計戲會地一頃二十五畝五分、制錢三百串、馬會地二十八畝、制錢二十五串、花炮會制錢一百十串、神棚會制錢一百四十五串、驢牛戶之隨差地三十畝、制錢八十串、合之公差局地、其額數共地五頃八十九畝、制錢六百三十五串（丙）管理之方法也、查所有之田地、歷年均佃於村人、限定淸明節繳給佃價、收訖後、舊例即將所有之錢項、由公值輪流存管（合村舊有公值二十人）每年定爲一

翟城村關於財產事件　基本財產　四五

《翟城村》中关于光绪三十年（1904 年）开始村治试验的记载。

“翟城自治”发起人之一——米迪刚。

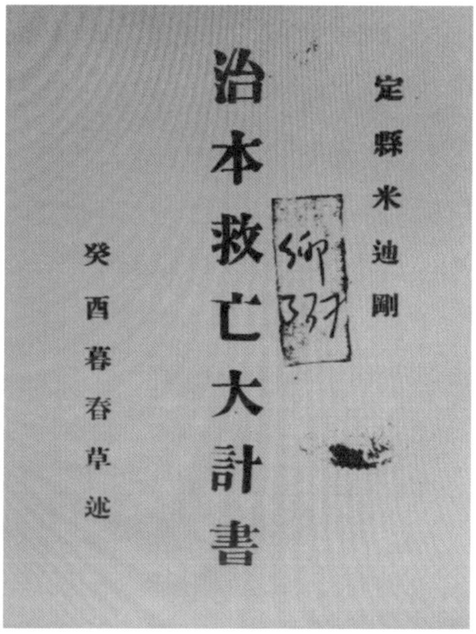

米迪刚所著《治本救亡大计书》(新新印刷局,1933 年)。

翟城村自治公所。

翟城村女子国民高等小学师生合影(1922 年)。

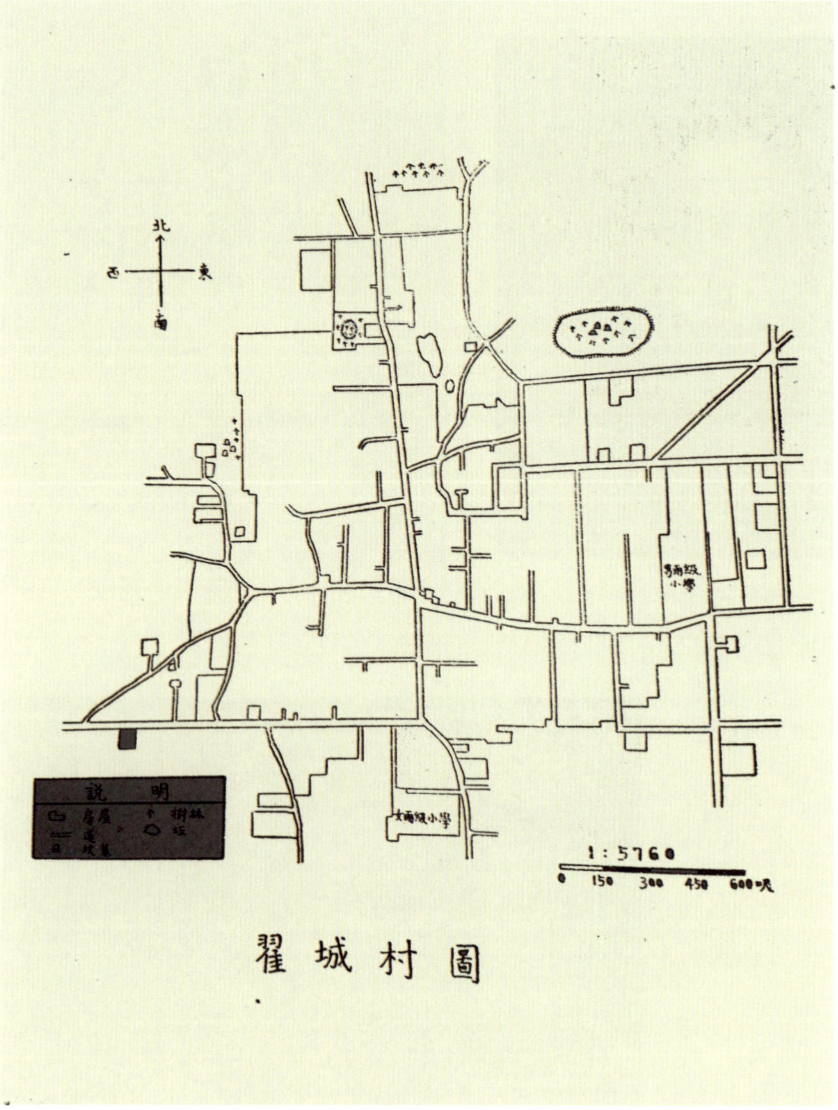

《翟城村图》。[资料来源:《定县社会概况调查》,李景汉编,中华平民教育促进会,1933 年。]

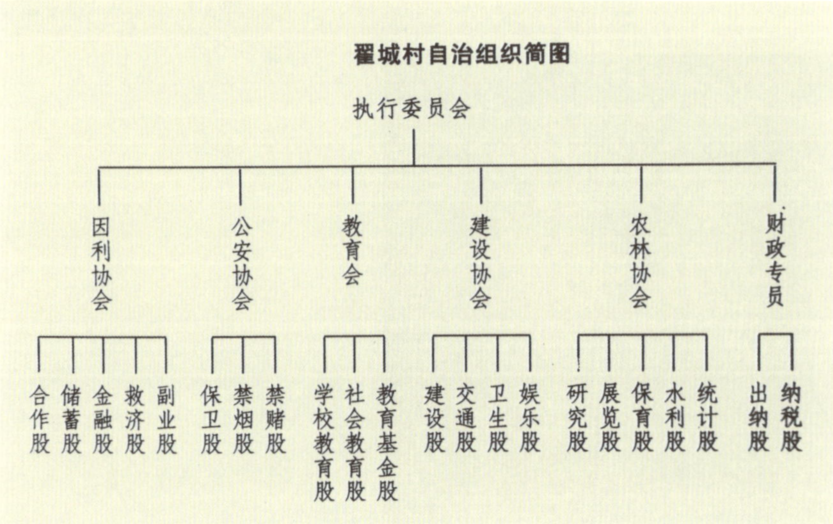

翟城村积极开展以兴办新式教育、制订村规民约、成立自治组织和发展经济为内容的乡村自治试验。图为《翟城村自治组织简图》。[资料来源:《民国乡村自治问题研究》,李德芳著,人民出版社,2001 年。]

二、南通县治

张謇(1853—1926),清末状元,中国近代实业家、政治家、教育家,主张"实业救国"。他于1894年考中状元。激愤于中日《马关条约》,主张兴办实业与教育以救国。集中精力兴办实业、教育、文化、交通、地方自治和建设等事业。其在江苏南通的一系列地方建设实践,影响和启发了一批仁人志士,被称为"有实无名"的乡村建设。

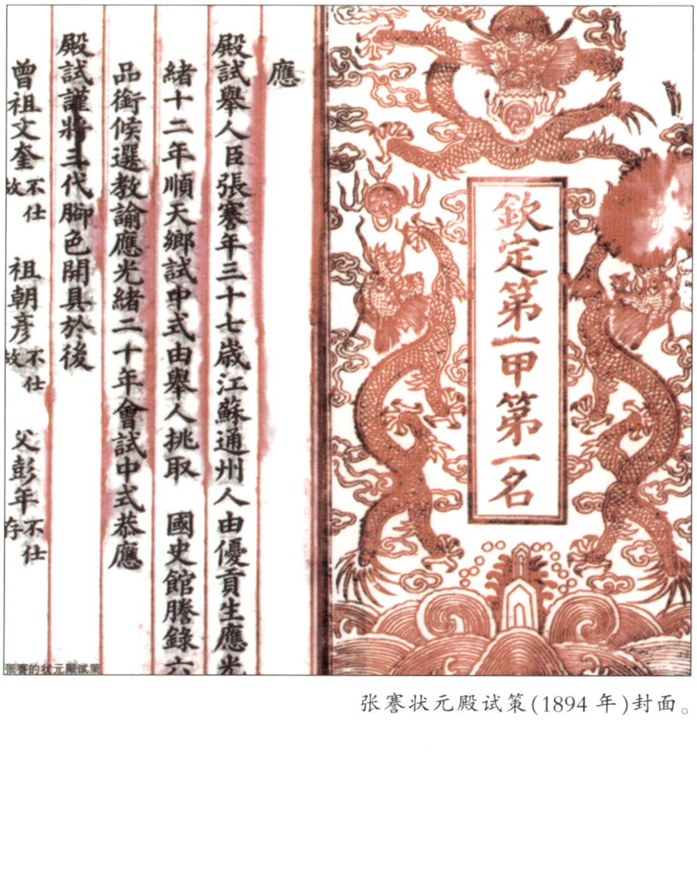

欽定第一甲第一名

應

殿試舉人臣張謇年三十七歲江蘇通州人由優貢生應光緒十二年順天鄉試中式由舉人挑取 國史館謄錄六品銜候選教諭應光緒二十年會試中式恭應

殿試謹將三代腳色開具於後

曾祖文奎 故不仕 祖朝彥 故不仕 父彭年 存不仕

张謇状元殿试策(1894年)封面。

张謇事业分布概览

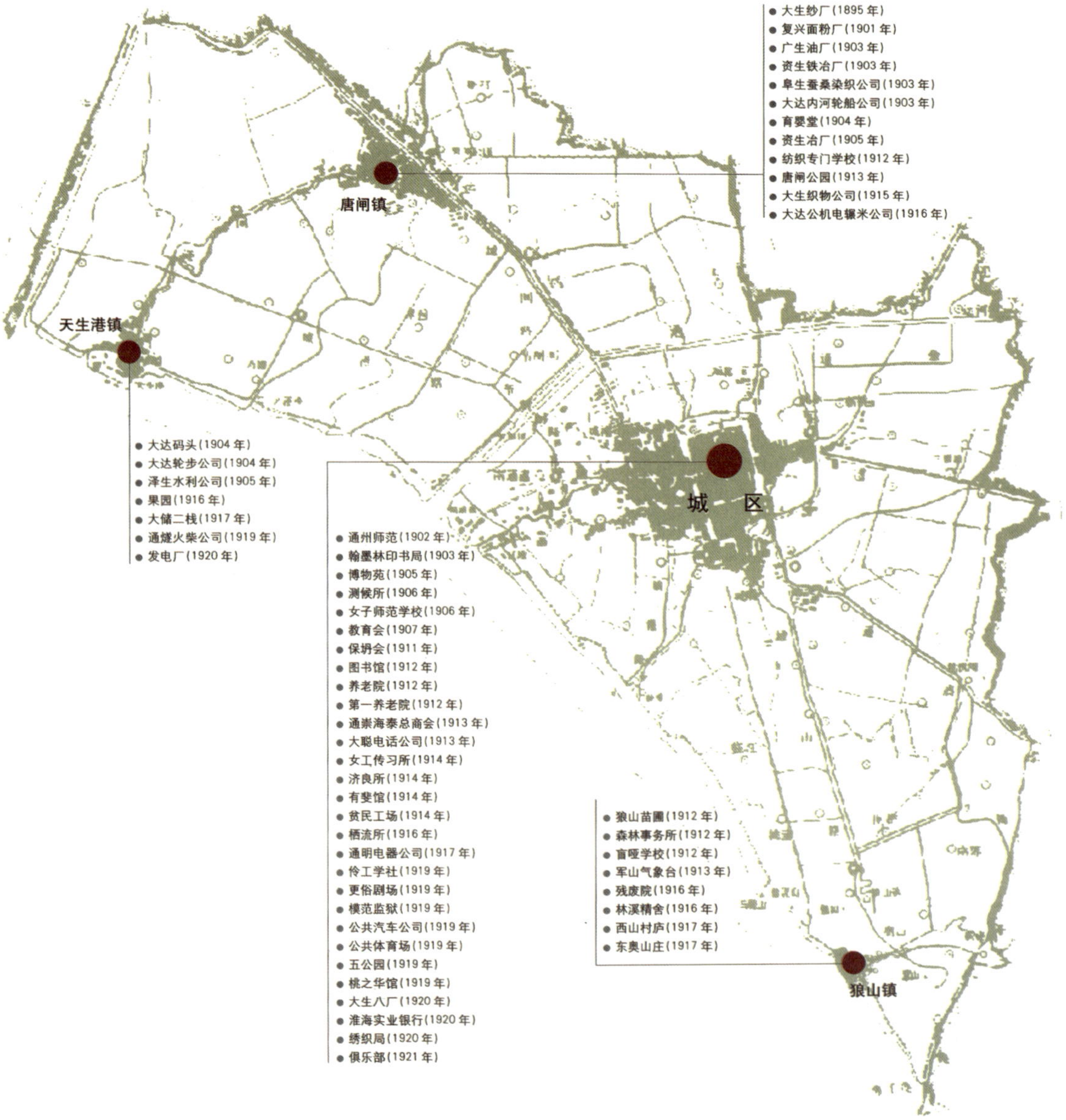

张謇在被誉为“中国近代第一城”的南通所兴办的事业分布概览。
[资料来源:《中国近代第一城》,罗一民主编,五洲传播出版社,2003年。]

南通农会约成立于清光绪二十年(1894 年)前后,1912 年于城南门外建立事务所。农会向当地农民推广优良品种,图解耕种知识,兼管理地方林业和乡人的婚丧嫁娶及邻里纠纷诸事。

南通农民在垦区挖河。

通海垦牧公司（1895 年）。

南通农校家畜试验场。

南通南郊的蚕桑讲习所，教授养蚕、制丝及栽培桑树等技能。

南通贫民工场生产的部分产品。

张謇于1902年在垦区开办了农学堂，后迁至通州城，1913年改为甲、乙两种农业学校。

张謇1902年在南通创办的通州师范学校是我国第一所民立师范学校，在师范建置内，附设了农科、蚕科、测绘科、土木工程等科。

女子师范学校附属小学学生在缝纫实习。

创办于1912年的南通图书馆的庭院。

创办于 1910 年代的南通公共体育场。场内体育设施齐全。

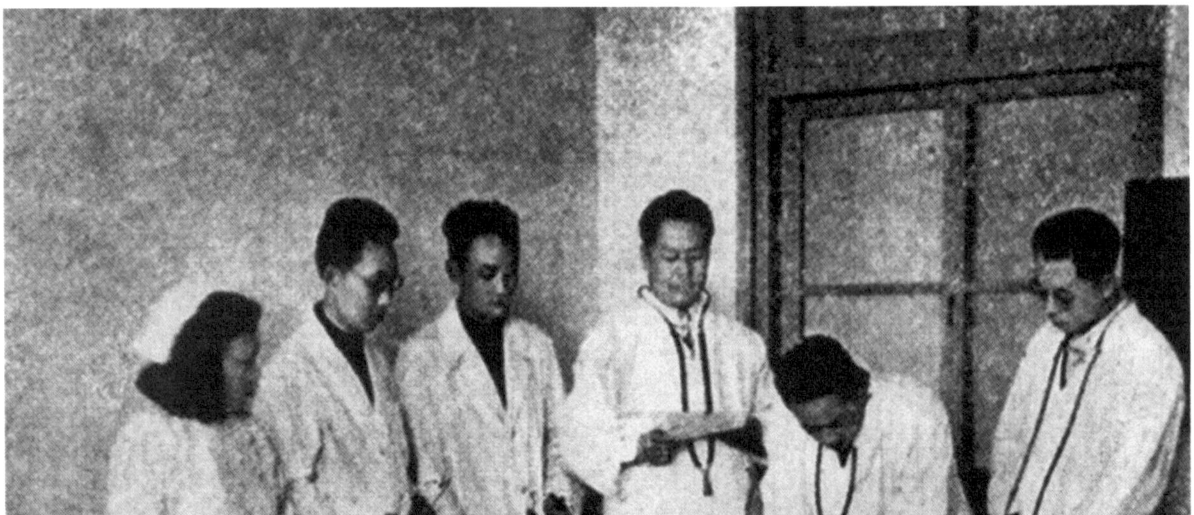

创办于 1912 年的私立南通医学专门学校。图为学生在临床实习。

第三幼稚园幼儿游戏情景。

1912年张謇在城南建立南通养老院，收养生活无依靠的老人。其后又创办了第二及第三养老院。

创办于1910年代的南通盲哑学校，设盲、哑两部。图为哑部授课情景。

创办于1916年的南通残废院。

创办于1916年的南通县栖流所，专收流浪于社会的乞丐，并培养其谋生技能，以便日后能做工自立。

第三单元 兴起与展开

我们不愿安居太师椅上，空作误民的计划，才到农民生活里去找问题，去解决问题，我们希望抛下一切东洋眼镜、西洋眼镜、都市眼镜，换上一副农夫眼镜。

晏阳初：《在欢迎来宾会上的讲话》(1932 年)

进入 20 世纪 20 年代后，“多元救国论” 因社会危机的进一步显现而兴起与落地。在此背景下，一批名家使乡村建设在海内外产生了影响，其中包括梁漱溟、晏阳初、卢作孚、陶行知、黄炎培等人及所各自领导的社会团体。

虽然进入当下公众视野的民国乡村建设实践屈指可数，但据南京国民政府实业部调查，20 世纪 20 年代末 30 年代初全国从事乡村建设工作的团体和机构有 600 多个，先后设立的各种试验区达 1000 多处。虽然出发点、学科、经历、政治立场存在着或多或少的差异，但它们都以“救民”为目标而扎根大地，呈现出“群体性”和“多样化”的特点。

一、中华平民教育促进会与定县试验

晏阳初（1890—1990），四川巴中人，平民教育家，近代中国乡村建设运动代表人物之一，中华平民教育促进会主要创办人。

1943年，在纪念哥白尼逝世400周年大会时，晏阳初（右一）与爱因斯坦（左一）等被评选为“现代世界最具革命性贡献的十大伟人”。

1918 年晏阳初在法国服务华工时留影。其间他提出“脑矿”理论，并为随后的平民教育与乡村建设实践奠定基础。

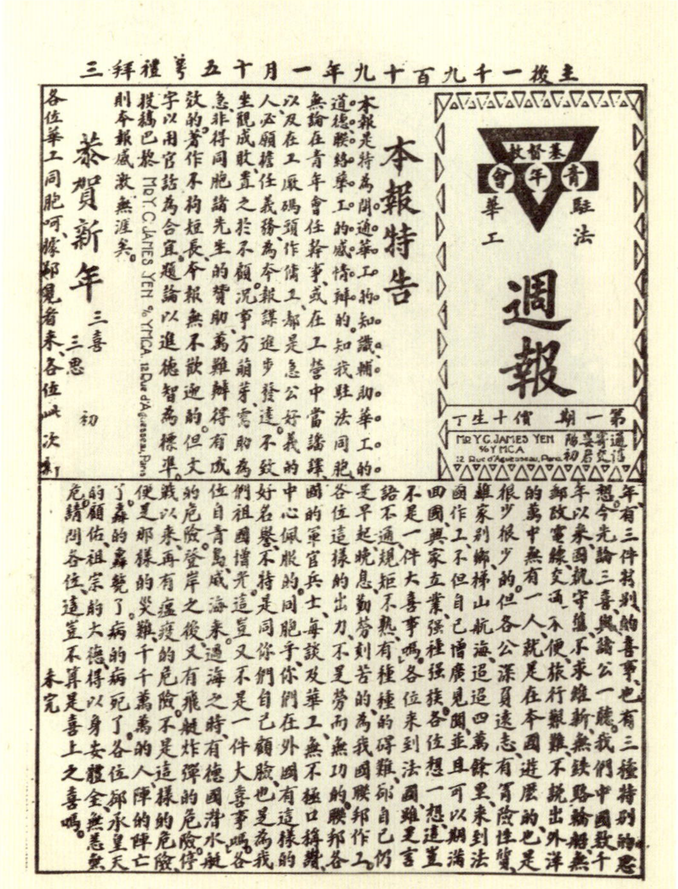

主後一千九百十九年一月十五號禮拜三

基督教青年會
駐法華工
週報
第一期 價十生丁
通信處 晏陽初君
Mr Y.C. JAMES YEN
% YMCA
12 Rue d'Aguesseau, Paris

本報特告

本報是特為開通華工的知識、輔助華工的道德、聯絡華工的感情、辦的。知我駐法同胞、無論在青年會任幹事、或在工營中當譯員、以及在工廠碼頭作傭工、都是急公好義的人、必願擔任義務、為本報謀進步發達。不致坐觀成敗、置之於不顧。況事方萌芽、需助為急、非得同胞諸先生的贊助、萬難辦得有成效的。著作不拘短長、本報無不歡迎的。但文字以用官話為合宜。題論以進德智為標準。投稿巴黎 Mr Y.C. JAMES YEN % YMCA, 12 Rue d'Aguesseau, Paris 則本報感激無涯矣。

恭賀新年

三喜三患 初

各位華工同胞呵、據鄙見看來、各位此次來法、有三件特別的喜事、也有三種特別的患想。今先論三喜、與諸公一聽。我們中國數千年以來、固執守舊、不求維新、無鐵路輪船、無郵政電線、交通不便、旅行艱難、不說出外洋的萬中無有一人、就是在本國遊歷的也是很少很少的。但各公深具遠志、有冒險性質、離家別鄉、梯山航海、迢迢四萬餘里、來到法國作工、不但自己增廣見聞、並且可以期滿回國、興家立業、強種強族。各位想一想、這豈不是一件大喜事嗎。各位來到法國、雖是言語不通、規矩不熟、有種種的困難、都自己仍是早起晚息、勤勞刻苦的、為我國聯邦作工、各位這樣的出力、不是勞而無功的。聯邦各國的軍官兵士、每談及華工、無不極口稱贊、中心佩服的。同胞手、你們在外國有這樣的好名譽、不特是同你們自己顧臉、也是為我們祖國增光。這豈又不是一件大喜事嗎。各位自青島威海來、過海之時、有德國潛水艇的危險。登岸之後、又有飛艇炸彈的危險。停戰以來、再有瘟疫的危險。不是這樣的危險便是那樣的災難。千千萬萬的人陣的陣亡了。轟的轟斃了。病的病死了。各位都承皇天的顧佑、祖宗的大德、得以身安體全、無恙無危。請問各位、這豈不算是喜上之喜嗎。

未完

晏阳初在法国创办的《驻法华工周报》第一期(1919 年)。

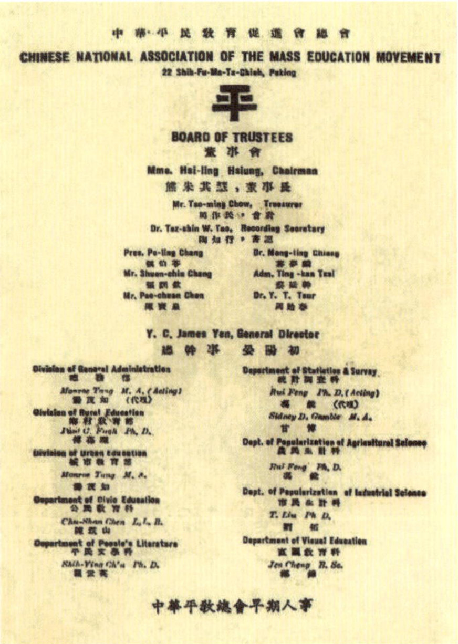
中華平民教育促進會總會
CHINESE NATIONAL ASSOCIATION OF THE MASS EDUCATION MOVEMENT
22 Shih-Fu-Ma-Ta-Chieh, Peking
平
BOARD OF TRUSTEES
董事會
Mme. Hsi-ling Hsiung, Chairman
熊朱其慧，董事長
Mr. Tso-ming Chow, Treasurer
周作民，會計
Dr. Tsz-shin W. Tao, Recording Secretary
陶知行，書記
Pres. Po-ling Chang
張伯苓
Mr. Shuen-chin Chang
張訓欽
Mr. Pao-chuan Chen
陳寶泉
Dr. Mong-ling Chiang
蔣夢麟
Adm. Ting-kan Tsai
蔡廷幹
Dr. Y. T. Tsur
周詒春
Y. C. James Yen, General Director
總幹事 晏陽初
Division of General Administration
總務部
Monroe Tung M. A. (Acting)
湯茂如 (代理)
Division of Rural Education
鄉村教育部
Paul C. Fugh Ph. D.
傅葆琛
Division of Urban Education
城市教育部
Monroe Tung M. A.
湯茂如
Department of Civic Education
公民教育科
Chu-Shan Chen L. L. B.
陳築山
Department of People's Literature
平民文學科
Shih-Ying Ch'u Ph. D.
瞿世英
Department of Statistics & Survey
統計調查科
Rui Feng Ph. D. (Acting)
馮銳 (代理)
Sidney D. Gamble M. A.
甘博
Dept. of Popularization of Agricultural Science
農民生計科
Rui Feng Ph. D.
馮銳
Dept. of Popularization of Industrial Science
市民生計科
T. Liu Ph. D.
劉拓
Department of Visual Education
直觀教育科
Jen Cheng B. Sc.
鄭錦
中華平教總會早期人事

1923 年，晏阳初和陶行知、朱其慧等人利用中华教育改进社在北京召开第二届年会的机会，邀请各省代表成立中华平民教育促进会，总会设在北京，并陆续在全国 20 余省区设立分会，开办平民学校。朱其慧任董事长，陶行知任董事会书记，晏阳初为总干事。图为中华平民教育促进会人事表。

中华平民教育促进会徽章。

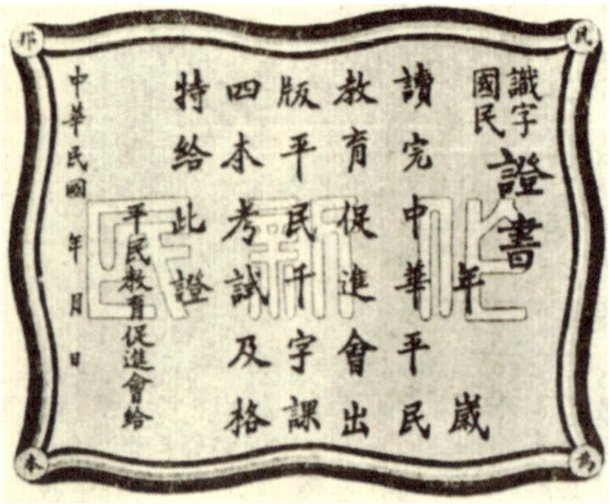
識字國民證書
年 歲
讀完中華平民教育促進會出版平民千字課四本考試及格特給此證
平民教育促進會給
中華民國 年 月 日
中华平民教育促进会颁发的识字国民证书。

中华平民教育促进会在长沙、烟台、南京、杭州、武汉等地组织的平民识字群众集会场景之一。

1926年,晏阳初及中华平民教育促进会同仁开始在河北定县进行平民教育与乡村建设试验。图为中华平民教育促进会在定县的办公场所,两侧书有“除文盲”“作新民”字样。

美国康奈尔大学农村教育博士傅葆琛1924年就任中华平民教育促进会乡村教育部主任。

中华平民教育促进会公民教育部主任兼平民文学部主任陈筑山和美国社会学家西德尼·D.甘博(Sidney David Gamble)于河北定县(1931年)。

周作人(左)与俞平伯(中)前往河北定县参观中华平民教育促进会乡村试验工作。

中华平民教育促进会吸引了越来越多的知识分子深入民间,并与农民一起工作、生活。图为晏阳初全家在定县合影(1931 年)。

中华平民教育促进会同仁及家属在定县(1930 年摄于定县草场胡同陈筑山家,前排左起:陈菊久、陈桂元、姚恒瑞;中排右起:金淑英、Chandler(钱德勒)、晏夫人、汤夫人、冯夫人、姚夫人等;后排右起:李景汉、韩博士、瞿菊农、郑锦、晏阳初、陈筑山、王贺宸、张世文、汤茂如、冯梯霞、姚寻源)。

中华平民教育促进会生计部同仁及家属在定县合影(前排右九为晏阳初)。

晏阳初和中华平民教育促进会外籍工作人员在定县。

1926年中华平民教育促进会选定河北定县为华北试验区,并将工作重心转向农村。1929年,该会总部迁至定县。图为定县南城门。

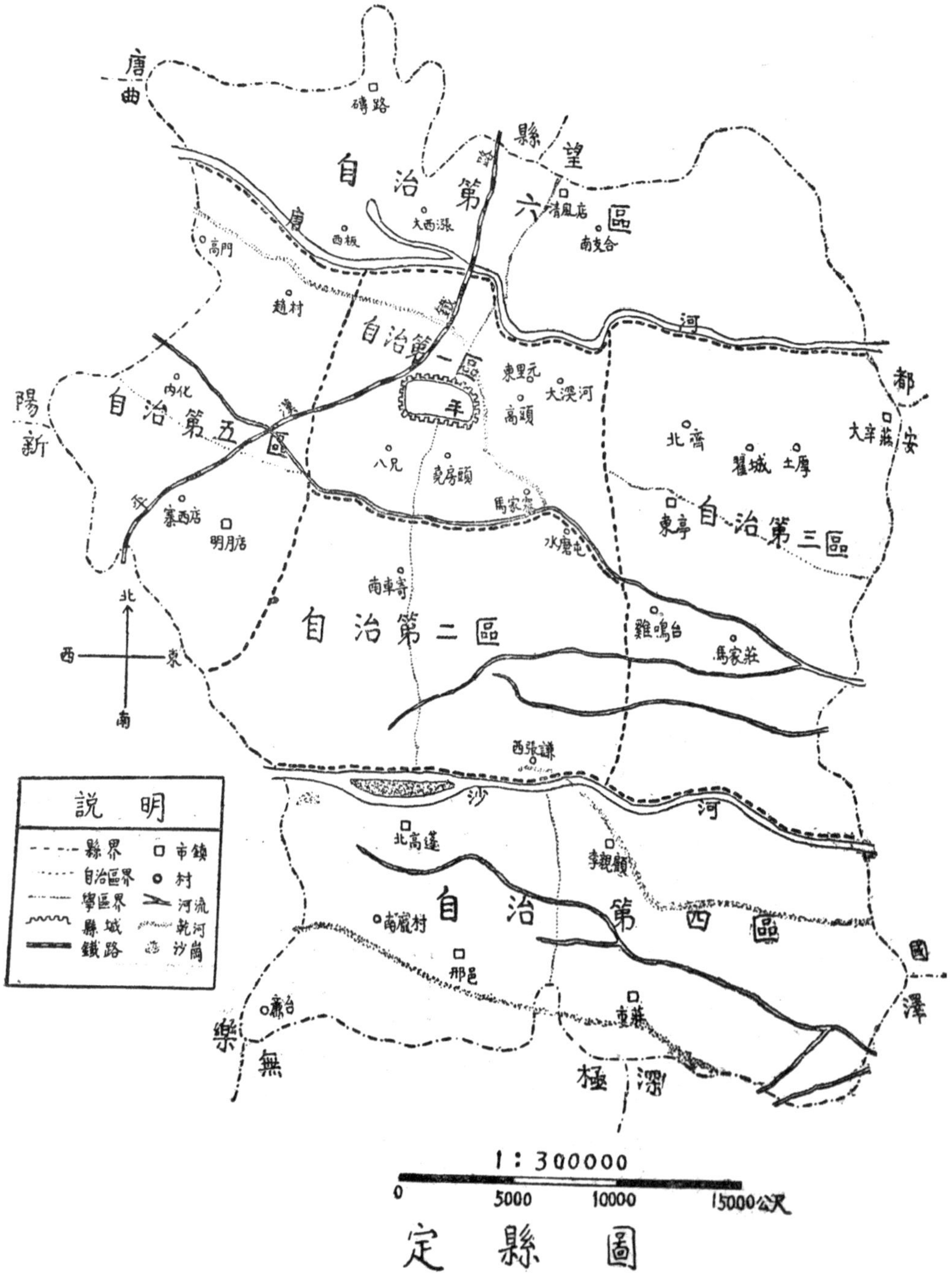
唐
曲
磚路
縣
望
自治第六區
清風店
南支合
大西漲
西板
高門
趙村
河
都
安
自治第一區
東里元
大漠河
高頭
陽
新
內化
自治第五區
八兄
堯房頭
馬家寨
北齊
翟城
土厚
大辛莊
東亭
自治第三區
寨西店
明月店
水磨屯
南車寄
自治第二區
雞鳴台
馬家莊
北
西
東
南
西張謙
沙
河
說明
縣界
市鎮
自治區界
村
學區界
河流
縣城
乾河
鐵路
沙崗
北高蓬
李親顧
自治第四區
南巖村
邢邑
樂
無
極
深
國
澤
1:300000
0
5000
10000
15000公尺
定縣圖

定县地图。

从全国各地前来参加试验的知识分子在河北定县火车站。

中华平民教育促进会定县试验区社会调查部成员(前排中坐者为负责人李景汉)。该部1933年出版《定县社会概况调查》,产生了较大的社会影响。

定县农村的家庭合作社(1936年)。

位于定县翟城村的中华平民教育促进会试验农场(20世纪30年代)。

定县试验区的乡村民主选举。

中华平民教育促进会推动生计、文艺、卫生和公民四大教育，通过培养生产力、知识力、健康力和团结力以造就新民，从而达到强国救国的目的。图为定县贡院影壁上“除文盲，作新民”的宣传画。

中华平民教育促进会生计教育部在定县举办的农产品展览。

中华平民教育促进会艺术教育部成员在定县。

定县平民学校同学会音乐会。

中华平民教育促进会在定县组织农民演出话剧。

文艺演出场景。

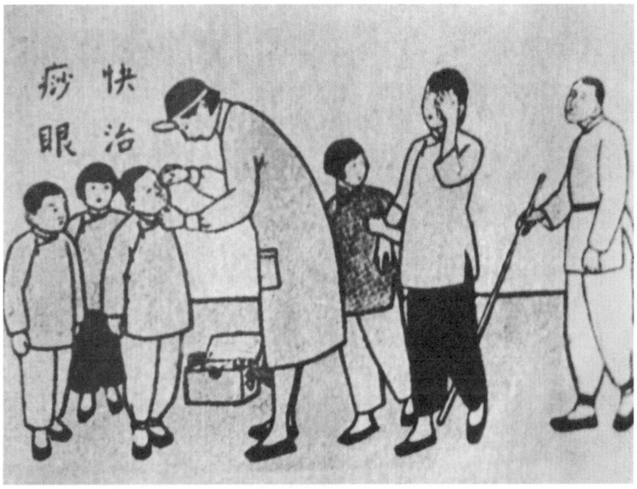

卫生教育宣传画。

组织儿童大扫除，改善环境卫生。

组织乡村少年灭蝇队，减少病菌传播。

定县产婆训练班。

定县卫生员给农民检查身体。

定县幼稚园的卫生教育。

定县儿童的个人卫生训练。

中华平民教育促进会
公民教育宣传画。

中华平民教育促进会以“三大方式”(学校式、家庭式和社会式)来推动其所主张的乡村建设实践。图为在河北定县的平民学校露天课堂(1931年)。

定县女子平民学校。

中华平民教育促进会第四初级实验平民学校。中坐者为村长，其余为教师、校董与学生。

定县村长、村佐训练班。

定县平民小学学生。

平民小学学生的游戏活动。

定县剃头挑边上的街头阅报栏(1930年)。

定县乡村流动图书担。

二、山东乡村建设研究院与邹平试验

梁漱溟(1893—1988),原籍广西桂林,生于北京。中国近代著名思想家、哲学家,近代中国乡村建设运动代表人物之一,山东乡村建设研究院主要创办人。

梁漱溟(中坐者)与学生。

1929 年 2 月，梁漱溟(右四)从广州北上考察江苏昆山、河北定县及山西太原等地的乡村改进运动，图为考察山西村政时的合影。

创办山东乡村建设研究院期间的梁漱溟(1934 年，山东邹平)。

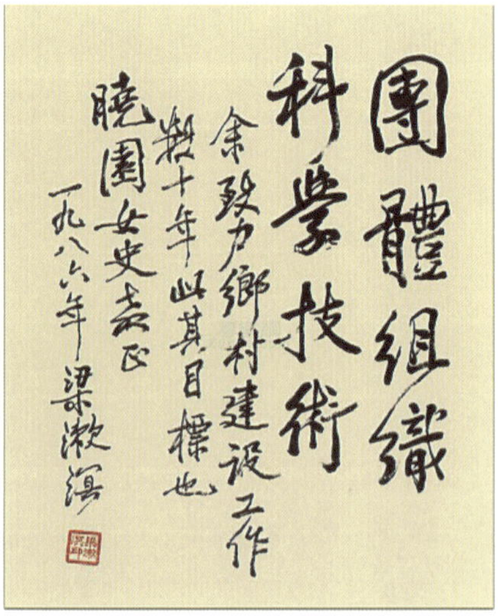

梁漱溟晚年对乡村建设的总结(1986 年，时年 93 岁)。

山东乡村建设研究院于1931年在山东邹平成立，梁仲华任院长，梁漱溟任研究部主任（1933年接任院长）。研究院设立乡村建设研究部、乡村服务人员训练部及乡村建设实验区，并在邹平、菏泽、济宁等地开展乡村建设实验工作。图为研究院大门。

山东乡村建设研究院校舍。据《本院院址之设置及其社会环境》（1934年）记载，研究院设于山东邹平县东门外。院址系购置旧日之盐店房舍加以修葺，另建大礼堂一座、讲堂七座、宿舍及办公房屋百余间，并以购地之一部七亩余为操场。研究部比连在东，系利用旧天齐庙庙址。在其东南有旧基督教会所建房舍六十余间，即租借作为农场办事之所。

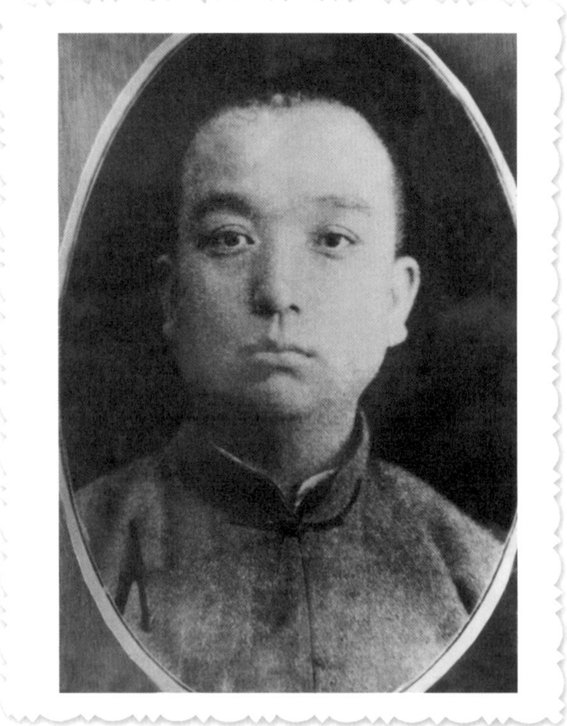

山东乡村建设研究院首任院长梁仲华。

山东乡村建设研究院院旗。

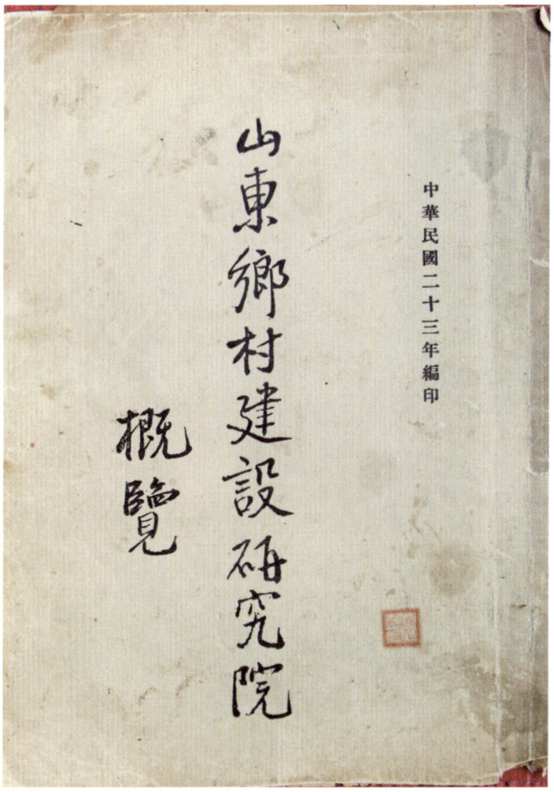

1934 年，山东乡村建设研究院编印的《山东乡村建设研究院概览》。

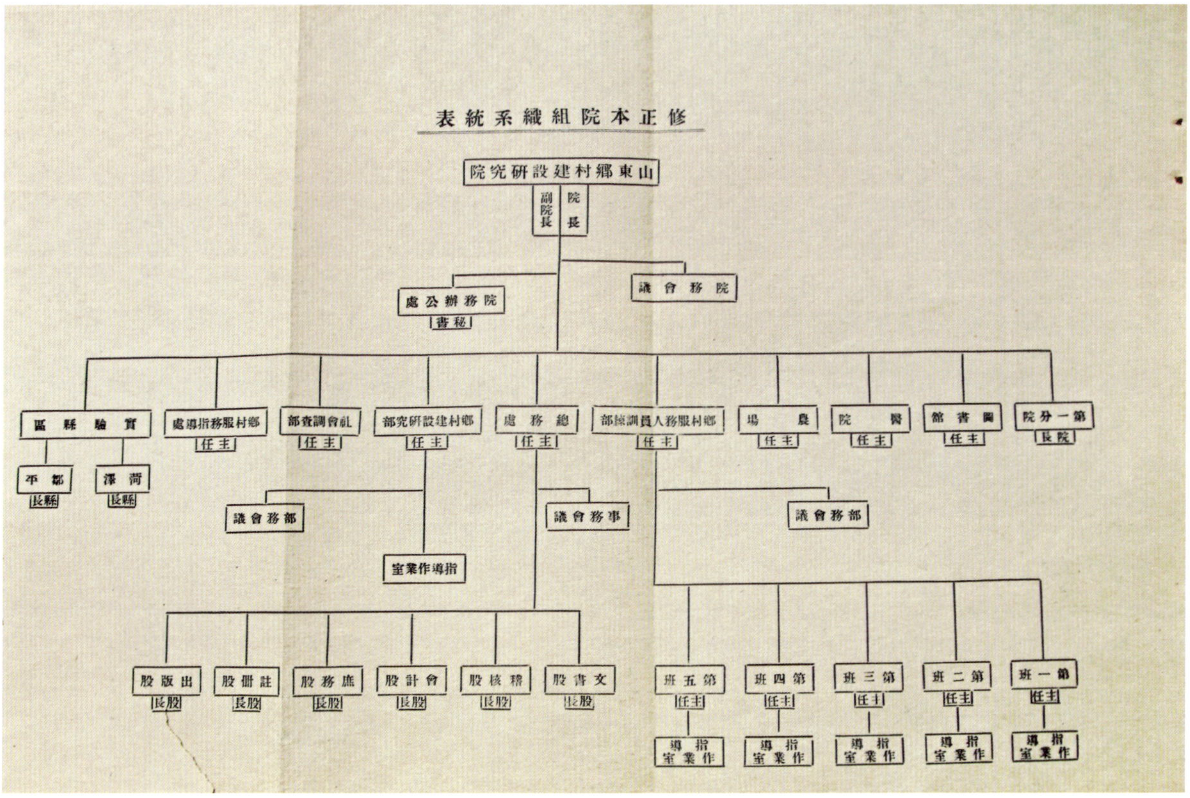

山东乡村建设研究院组织系统图。

山东乡村建设研究院学生宿舍。

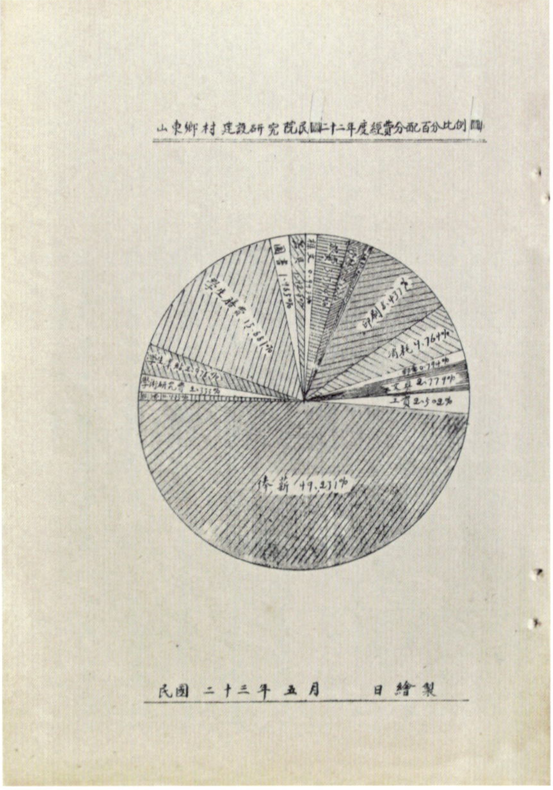

1934 年 5 月绘制的山东乡村建设研究院 1933 年经费分配比例图。

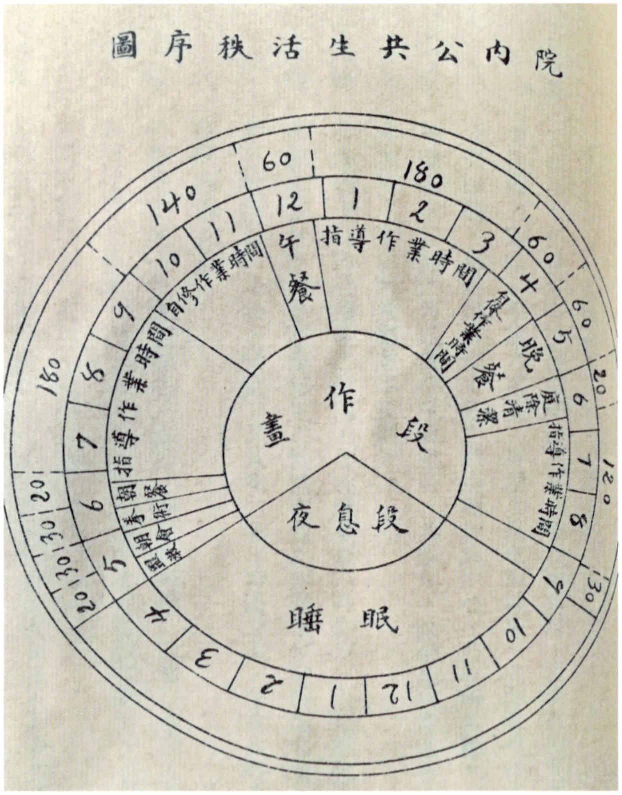

山东乡村建设研究院公共生活秩序图。

山东乡村建设研究院研究部部分学员(1933 年)。

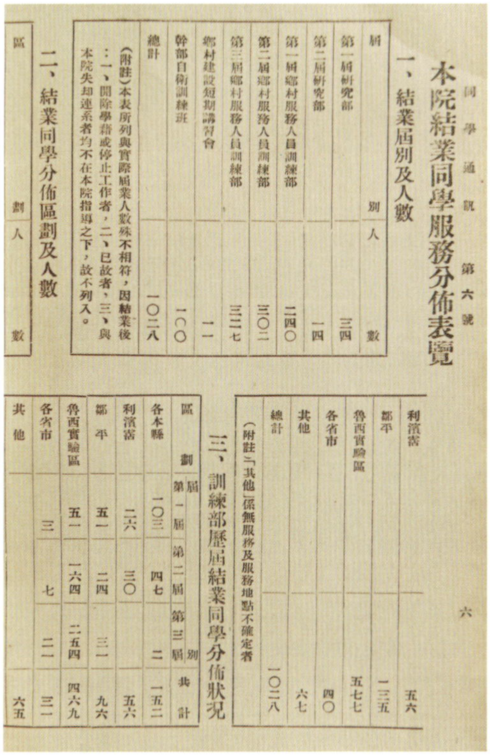

同學通訊 第六號

本院結業同學服務分佈表覽

一、結業屆別及人數

屆別	人數
第一屆研究部	三四
第二屆研究部	一四
第一屆鄉村服務人員訓練部	二四〇
第二屆鄉村服務人員訓練部	三〇二
第三屆鄉村服務人員訓練部	三二七
鄉村建設短期講習會	一一
幹部自衛訓練班	一〇〇
總計	一〇二八

(附註)本表所列與實際屆業人數殊不相符,因結業後:一、開除學籍或停止工作者,二、已故者,三、與本院失却連系者均不在本院指導之下,故不列入。

二、結業同學分佈區劃及人數

區劃	人數
利濱害	五六
鄒平	一三五
魯西實驗區	五七七
各省市	四〇
其他	六七
總計	一〇二八

(附註)「其他」係無服務及服務地點不確定者

三、訓練部歷屆結業同學分佈狀況

區劃	第一屆	第二屆	第三屆	共計
各本縣	一〇三	四七	二	一五二
利濱害	二六	三〇		五六
鄒平	五一	二四	三一	九六
魯西實驗區	五一	一六四	二五四	四六九
各省市	三	七	二一	三一
其他				六五

六

山东乡村建设研究院部分学院结业同学服务分布表。[资料来源:《国学通讯》第 6 号,山东乡村建设研究院乡村服务人员指导处编,1934 年。]

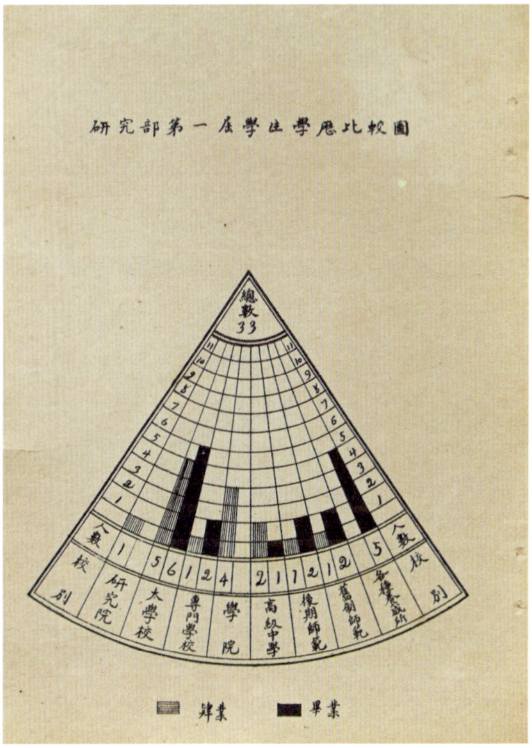

山东乡村建设研究院研究部第一届学生学历比较图。

陈亚三(1896—1964),山东郓城人,北京大学学生,1924年毕业后一直追随梁漱溟。1931年担任山东乡村建设研究院训练部首任主任,1933年担任菏泽实验县副县长、县长,山东乡村建设研究院菏泽第一分院副院长、院长。

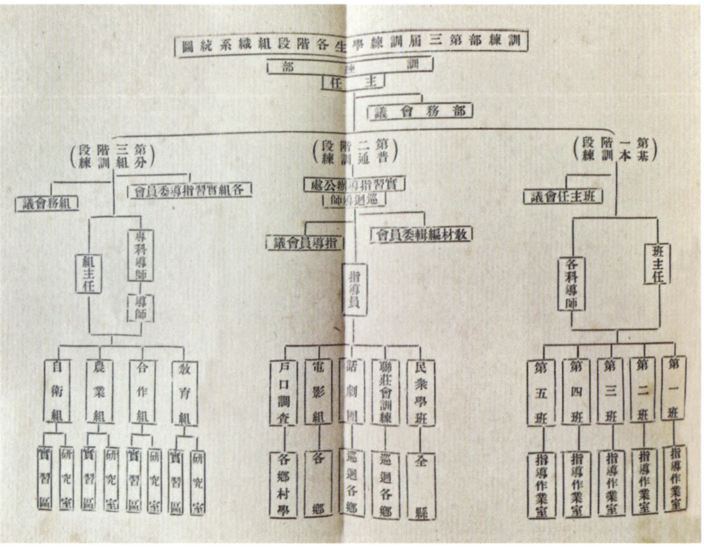

山东乡村建设研究院训练部第三届训练学生各阶段组织系统图。

山东乡村建设研究院训练部自卫组师生合影。

山东乡村建设研究院训练部学生。

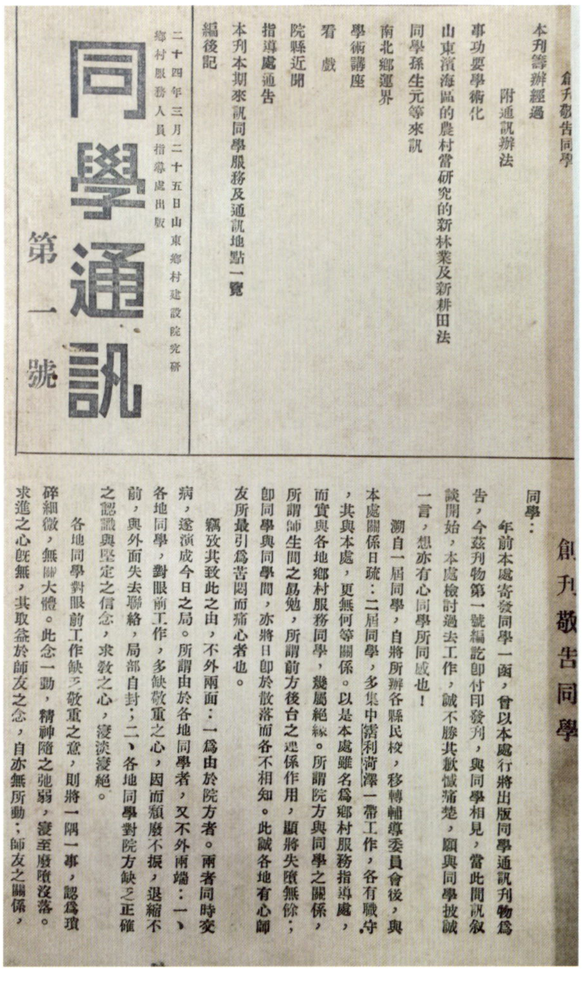

創刊敬告同學
本刊籌辦經過
附通訊辦法
事功要學術化
山東濱海區的農村當研究的新林業及新耕田法
同學孫生元等來訊
南北鄉運界
學術講座
看戲
院縣近聞
指導處通告
本刊本期來訊同學服務及通訊地點一覽
編後記

二十四年三月二十五日山東鄉村建設研究院鄉村服務人員指導處出版

同學通訊

第一號

創刊敬告同學

同學：

年前本處寄發同學一函，曾以本處行將出版同學通訊刊物爲告，今茲刊物第一號編訖即付印發刊，與同學相見，當此間訊叙談開始，本處檢討過去工作，誠不勝其歉憾痛楚，願與同學披誠一言，想亦有心同學所同感也！

溯自一屆同學，自將所辦各縣民校，移轉輔導委員會後，與本處關係日疏；二屆同學，多集中霑利菏澤一帶工作，各有職守，其與本處，更無何等關係。以是本處雖名爲鄉村服務指導處，而實與各地鄉村服務同學，幾屬絕緣。所謂院方與同學之關係，所謂師生間之勗勉，所謂前方後台之連係作用，顯將失墮無餘；即同學與同學間，亦將日即於散落而各不相知。此誠各地有心師友所最引爲苦悶而痛心者也。

竊攷其致此之由，不外兩面：一爲由於院方者。兩者同時交病，遂演成今日之局。所謂由於各地同學者，又不外兩端：一、各地同學，對眼前工作，多缺敬重之心，因而頹廢不振，退縮不前，與外面失去聯絡，局部自封；二、各地同學對院方缺乏正確之認識與堅定之信念，求教之心，寖淡寖絕。

各地同學對眼前工作缺乏敬重之意，則將一隅一事，認爲瑣碎細微，無關大體。此念一動，精神隨之弛弱，寖至廢墮沒落。求進之心既無，其取益於師友之念，自亦無所動；師友之關係，

山东乡村建设研究院乡村服务人员指导处刊行的《同学通讯》第一号(1935 年)。

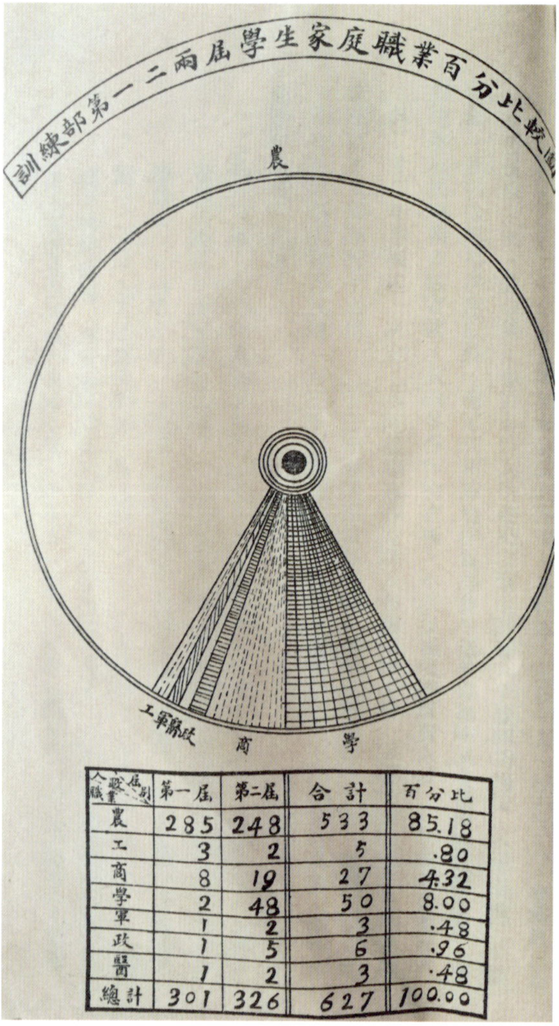

職業＼屆別	第一屆	第二屆	合計	百分比
農	285	248	533	85.18
工	3	2	5	.80
商	8	19	27	4.32
學	2	48	50	8.00
軍	1	2	3	.48
政	1	5	6	.96
醫	1	2	3	.48
總計	301	326	627	100.00

山东乡村建设研究院训练部第一、二两届学生家庭职业百分比较图。［资料来源：《山东乡村建设研究院概览》，山东乡村建设研究院编，1934 年。］

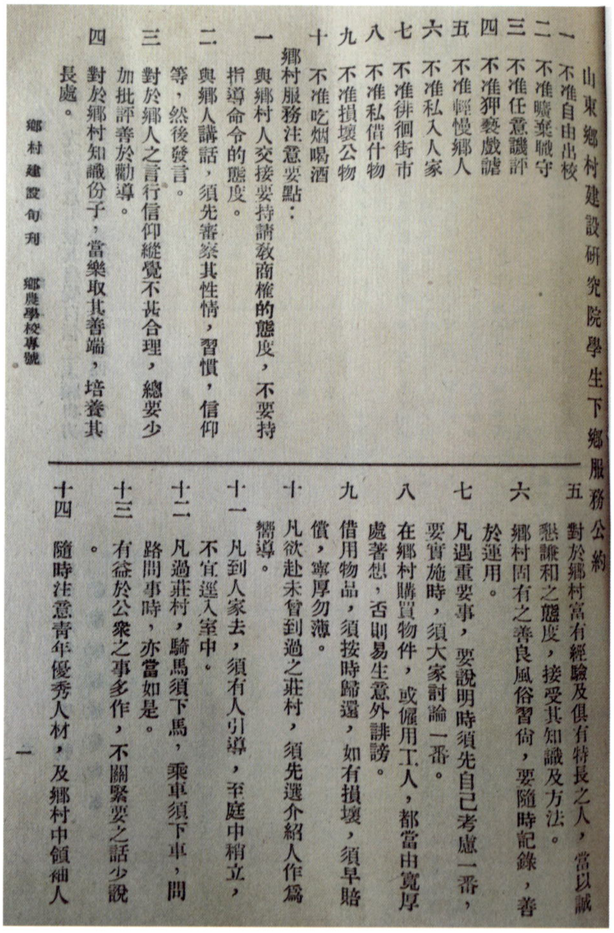

山東鄉村建設研究院學生下鄉服務公約

一 不准自由出校
二 不准曠棄職守
三 不准任意譏評
四 不准狎褻戲謔
五 不准輕慢鄉人
六 不准私入人家
七 不准徘徊街市
八 不准私借什物
九 不准損壞公物
十 不准吃烟喝酒

鄉村服務注意要點：

一 與鄉村人交接要持請教商榷的態度，不要持指導命令的態度。
二 與鄉人講話，須先審察其性情，習慣，信仰等，然後發言。
三 對於鄉人之言行信仰縱覺不甚合理，總要少加批評善於勸導。
四 對於鄉村知識份子，當樂取其善端，培養其長處。
五 對於鄉村富有經驗及俱有特長之人，當以誠懇謙和之態度，接受其知識及方法。
六 鄉村固有之善良風俗習尚，要隨時記錄，善於運用。
七 凡遇重要事，要說明時須先自己考慮一番，要實施時，須大家討論一番。
八 在鄉村購買物件，或僱用工人，都當由寬厚處著想，否則易生意外誹謗。
九 借用物品，須按時歸還，如有損壞，須早賠償，寧厚勿薄。
十 凡欲赴未曾到過之莊村，須先選介紹人作為嚮導。
十一 凡到人家去，須有人引導，至庭中稍立，不宜逕入室中。
十二 凡過莊村，騎馬須下馬，乘車須下車，問路問事時，亦當如是。
十三 有益於公衆之事多作，不關緊要之話少說。
十四 隨時注意青年優秀人材，及鄉村中領袖人

鄉村建設旬刊　鄉農學校專號　一

山东乡村建设研究院学生下乡服务公约。［资料来源：《乡村建设旬刊·乡农学校专号》，1932 年 7 月。］

山东乡村建设研究院邹平实验县县长徐树人。

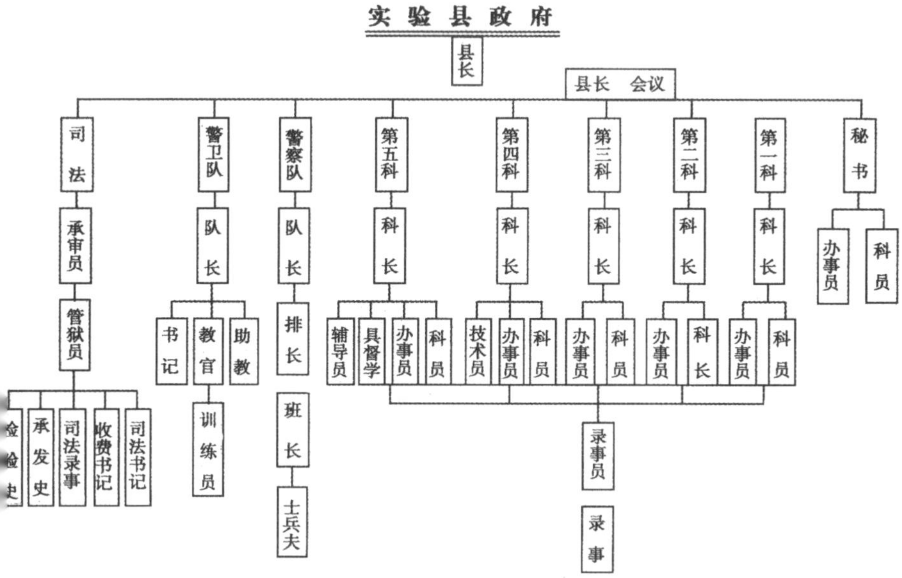

邹平实验县政府组织机构图。

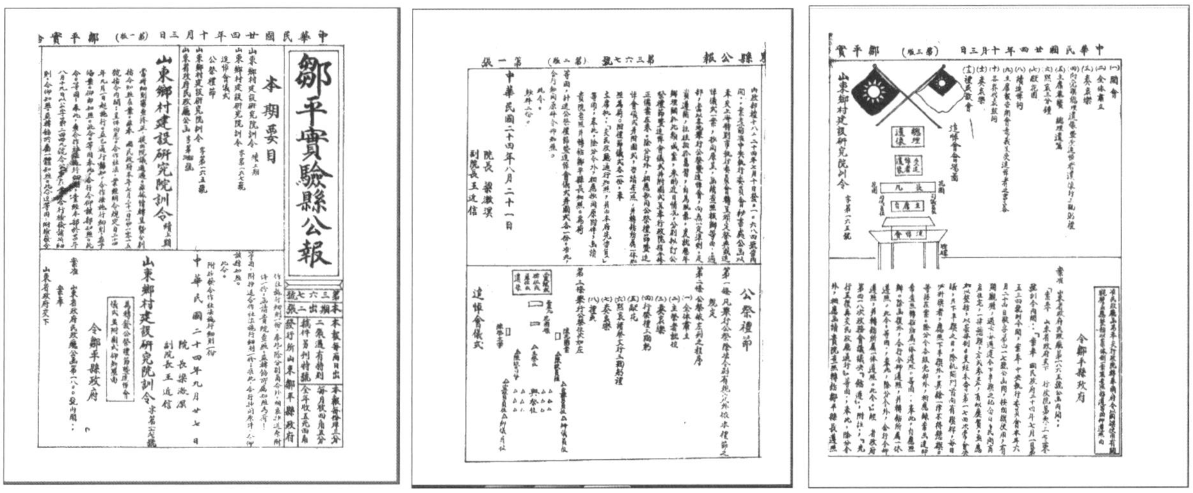

《邹平实验县公报》。

邹平实验县合署办公，降低治理成本。

1929 年，山东邹平县孙镇辉里村自办学堂，村民捐款一千多元，李梅葆捐献故宅三处，村民义务出工并任教，1930 年建成“辉里村日新初级小学”。1934 年，梁漱溟亲笔题写“共成斯举”以资鼓励，村民遂刻碑留念。该碑现仍立于辉里村。

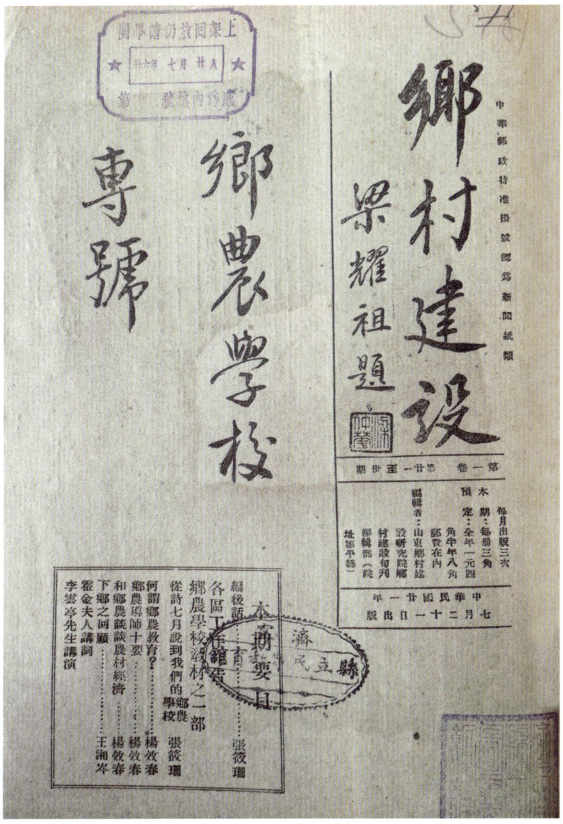

山东乡村建设研究院出版的《乡村建设·乡农学校专号》(1932 年)。

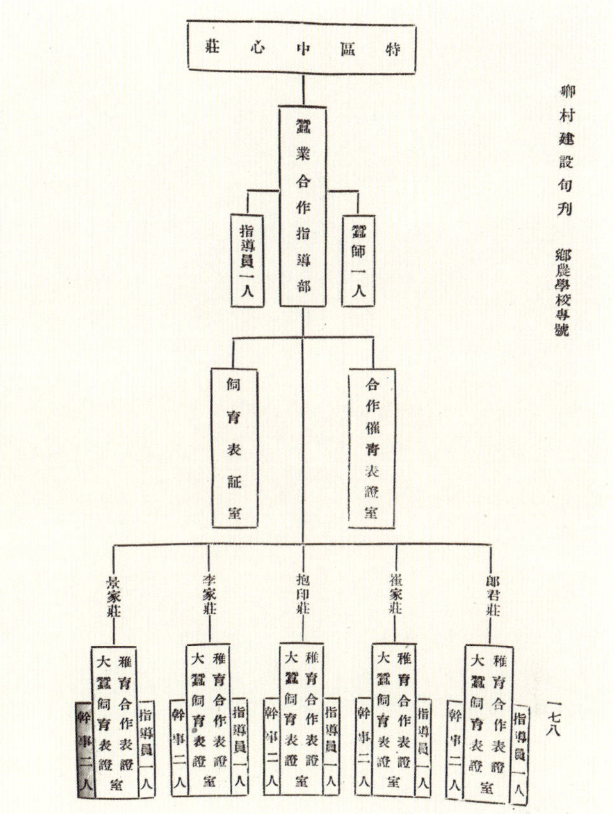

乡农学校组织系统图。

邹平县辉里村附近乡农学校的部分学生。

霍家坡乡农学校国术竞赛。

韩家店乡农学校高级部师生合影。

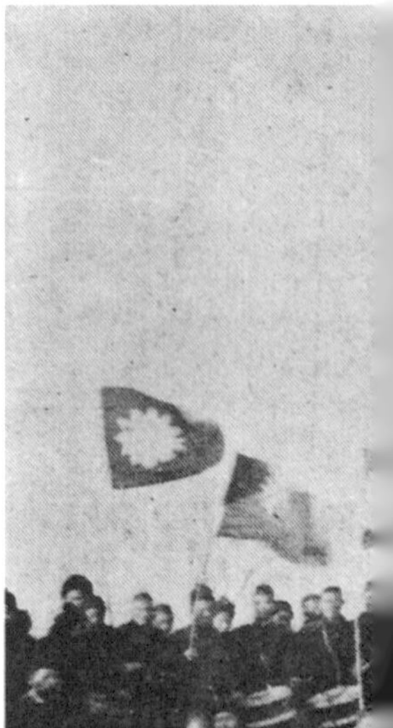

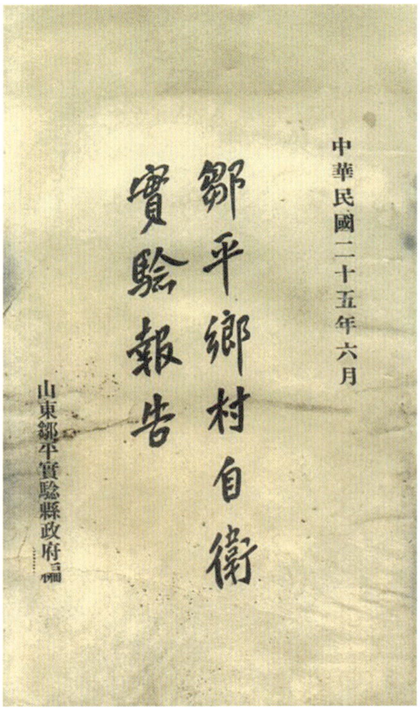

山东邹平实验县政府所编《邹平乡村自卫实验报告》(1936 年)。

邹平县第六区乡农学校自卫演习后师生合影。

山东乡村建设研究院第一期合作讲习会师生合影(1934年)。

鄒平第二鄉新成立之信用莊倉合作社一覽表

社名		青陽店無限責任信用莊倉合作社	西阿陀無限責任信用莊倉合作社	董家莊無限責任信用莊倉合作社	劉家莊無限責任信用莊倉合作社
職員	社務委員	主席王獻齋 書記王子豐 會計王秉釗 金櫃王效庭 倉庫劉洛中 委員劉清祥 趙恆仁 趙恆恭 王憲章 宋榮修 王馨三	主席趙慎明 書記李明德 會計王慶霖 金櫃王雲志 倉庫王雲茂 委員曹萬箱	主席王秀三 文書董子賓 會計田志青 金櫃尹永成 倉庫董仁山	主席劉一善 文書劉恆源 會計劉道同 金櫃劉同義 倉庫劉道潤
	信用審查委員	王席白 靖秀金 賈振興 王玉太 傅振英 王現吉 劉充義 王秉方 王公修 賈繼義 劉公謙 鞠元貞 劉清錫 張興業 王延方 王延用 王延廷	王云漢 趙子坤 曹萬箱 王永祥 袁傳玉 趙懷瑞 趙懷禮 趙懷之	焦兆慶 王永利 尹家廷 王文煥 曹奎武 董秀臣 王青云	劉訓勳 劉淑善 劉春芳 劉耀煜 劉瑞生 劉恆榮 劉一亨
社員人數		258名	161人	61人	145人
共認股數		718元	722元	206元	548元
共收股數		474元	661.65元	169.17元	447元
未收股數		35元	60.35元	36.83元	101元
借款數目		800元	820.元	565元	
社址		本莊中大街王氏祠堂	本莊村學	本莊村學	本莊向陽街25號
成立年月		二十五年一月七日	二十五年一月六日	二十五年一月七日	二十五年一月七日

邹平第二乡新成立的信用庄仓合作社一览表。[资料来源:《乡村建设》,1936年。]

梁邹美棉运销合作社联合会轧花厂落成典礼(1936年)。

梁邹美棉运销合作社联合会会务委员及指导人员 1936 年合影。

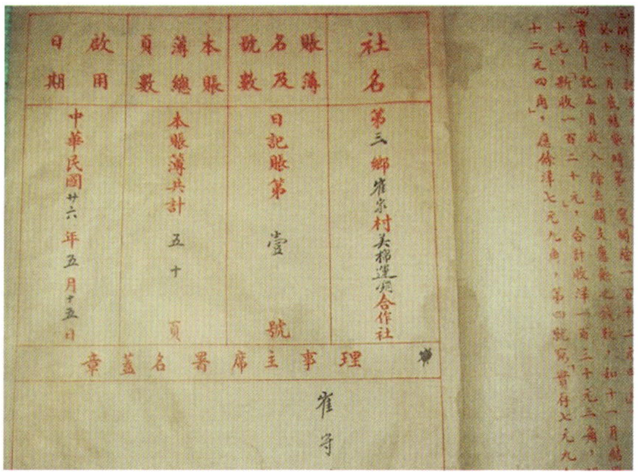

社名：第三鄉崔家村美棉運銷合作社
賬簿名及號數：日記賬第壹號
本賬簿總頁數：本賬簿共計五十頁
啟用日期：中華民國廿六年五月十五日
理事主席署名蓋章：崔守

梁邹美棉运销合作社账本。

山东邹平实验县农村金融流通处印章。

山东乡村建设研究院实验农场大门。

山东乡村建设研究院实验农场鸡舍。

山东乡村建设研究院邹平试验区（又称“实验区”）第一次农品展览会颁奖合影（1931 年）。

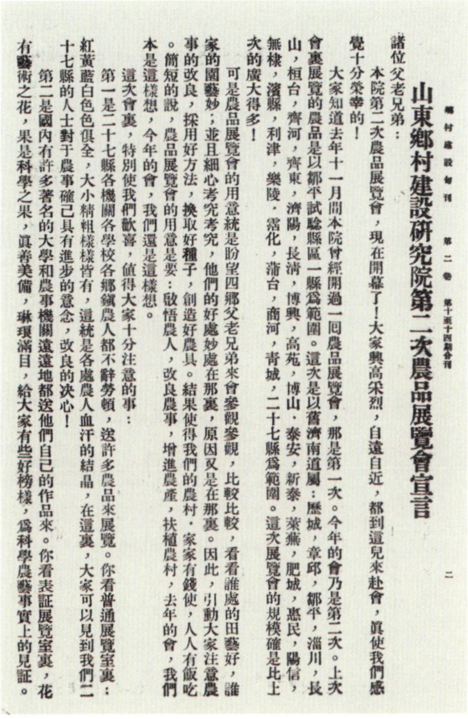

鄉村建設旬刊 第二卷 第十至十四期合刊 二

山東鄉村建設研究院第二次農品展覽會宣言

諸位父老兄弟：

本院第二次農品展覽會，現在開幕了！大家興高采烈，自遠自近，都到這兒來赴會，眞使我們感覺十分榮幸的！

大家知道去年十一月間本院曾經開過一回農品展覽會，那是第一次。今年的會乃是第二次。上次會裏展覽的農品是以鄒平試驗縣區一縣爲範圍。這次是以舊濟南道屬：歷城，章邱，鄒平，淄川，長山，桓台，齊河，齊東，濟陽，長淸，博興，高苑，博山，泰安，新泰，萊蕪，肥城，惠民，陽信，無棣，濱縣，利津，樂陵，霑化，蒲台，商河，靑城，二十七縣爲範圍。這次展覽會的規模確是比上次的廣大得多！

可是農品展覽會的用意統是盼望四鄉父老兄弟來會參觀參觀，比較比較，看看誰處的田藝好，誰家的園藝妙；並且細心考究考究，他們的好處妙處在那裏，原因又是在那裏。因此，引動大家注意農事的改良，採用好方法，換取好種子，創造好農具。結果使得我們的農村，家家有錢使，人人有飯吃。簡短的說，農品展覽會的用意是要：啟悟農人，改良農事，增進農產，扶植農村，去年的會，我們本是這樣想，今年的會，我們還是這樣想。

這次會裏，特別使我們歡喜，值得大家十分注意的事：

第一是二十七縣各機關各學校各鄉鎭農人都不辭勞頓，送許多農品來展覽。你看普通展覽室裏：紅黃藍白色色俱全，大小精粗樣樣皆有，這統是各處農人血汗的結晶，在這裏，大家可以見到我們二十七縣的人士對于農事確已具有進步的意念，改良的決心！

第二是國內有許多著名的大學和農事機關遠遠地都送他們自己的作品來。你看表証展覽室裏，花有藝術之花，果是科學之果，眞善美備，琳瑯滿目，給大家有些好榜樣，爲科學農藝事實上的見証。

山东乡村建设研究院第二次农品展览会宣言(1933 年)。

山东乡村建设研究院邹平试验区农品展览会奖品——刻有“农为国本”的银盾。

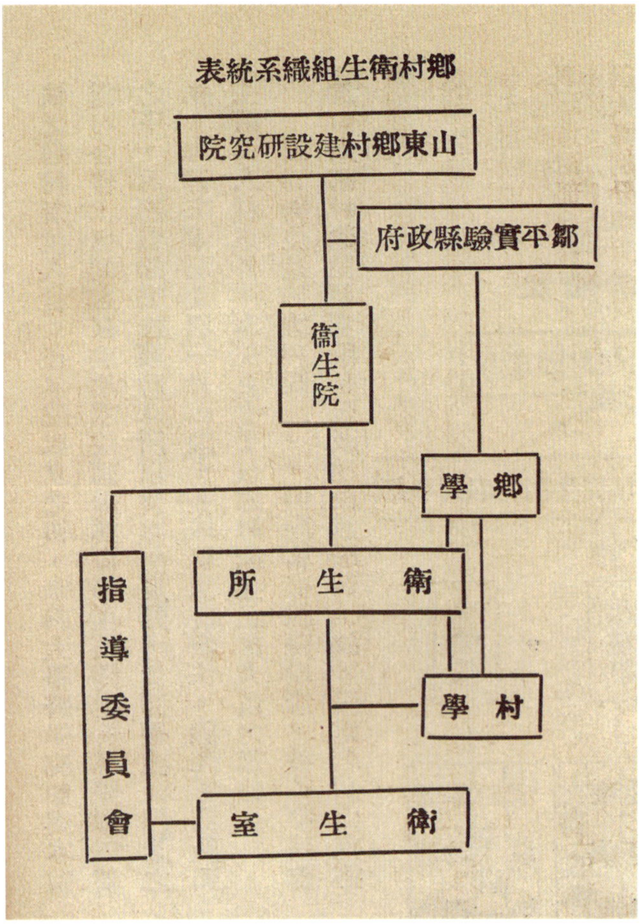

山东乡村建设研究院邹平实验区乡村卫生组织系统图。

邹平实验区第十一乡卫生所。

三、嘉陵江三峡乡村建设实验

卢作孚(1893—1952),重庆合川人,1925年创办的民生公司是中国近现代最大和最有影响的民营企业之一。自1927年开始以北碚为中心在中国西部开展嘉陵江三峡乡村建设实验,被誉为"北碚之父"。

卢子英(1905—1994),卢作孚四弟,黄埔军校第四期学生,嘉陵江三峡乡村建设实验区奠基人和主持者。

民生公司的第一艘轮船——"民生"轮,1926年7月28日首开合川经北碚至重庆的嘉陵江航线。

民生公司办公大楼。

民生公司海报。

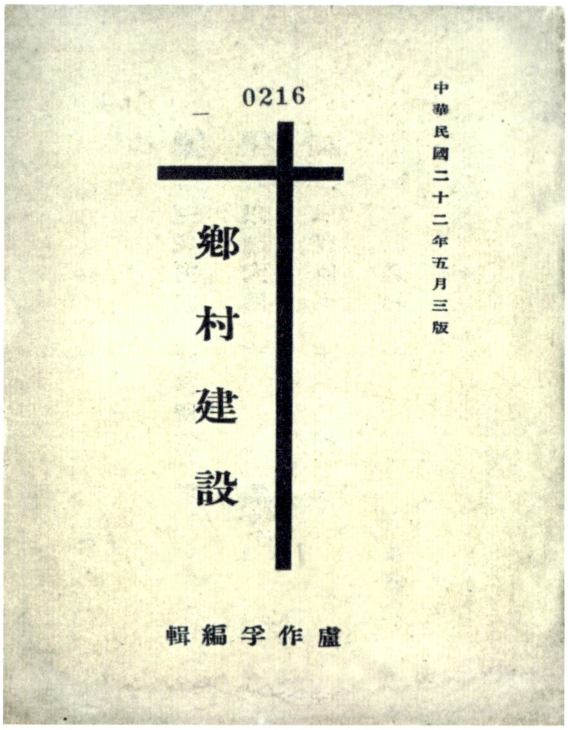

卢作孚撰于1929年10月的《乡村建设》(图为1933年5月第三版)。全书共8章,对乡村建设的意义,乡村地位的重要性,乡村的教育建设、经济建设、交通建设、治安建设、卫生建设以及乡村的自治建设八个方面进行了阐述。[资料来源:《北碚图书馆精品图录·民国文献卷》,北碚图书馆编,中华书局,2014年。]

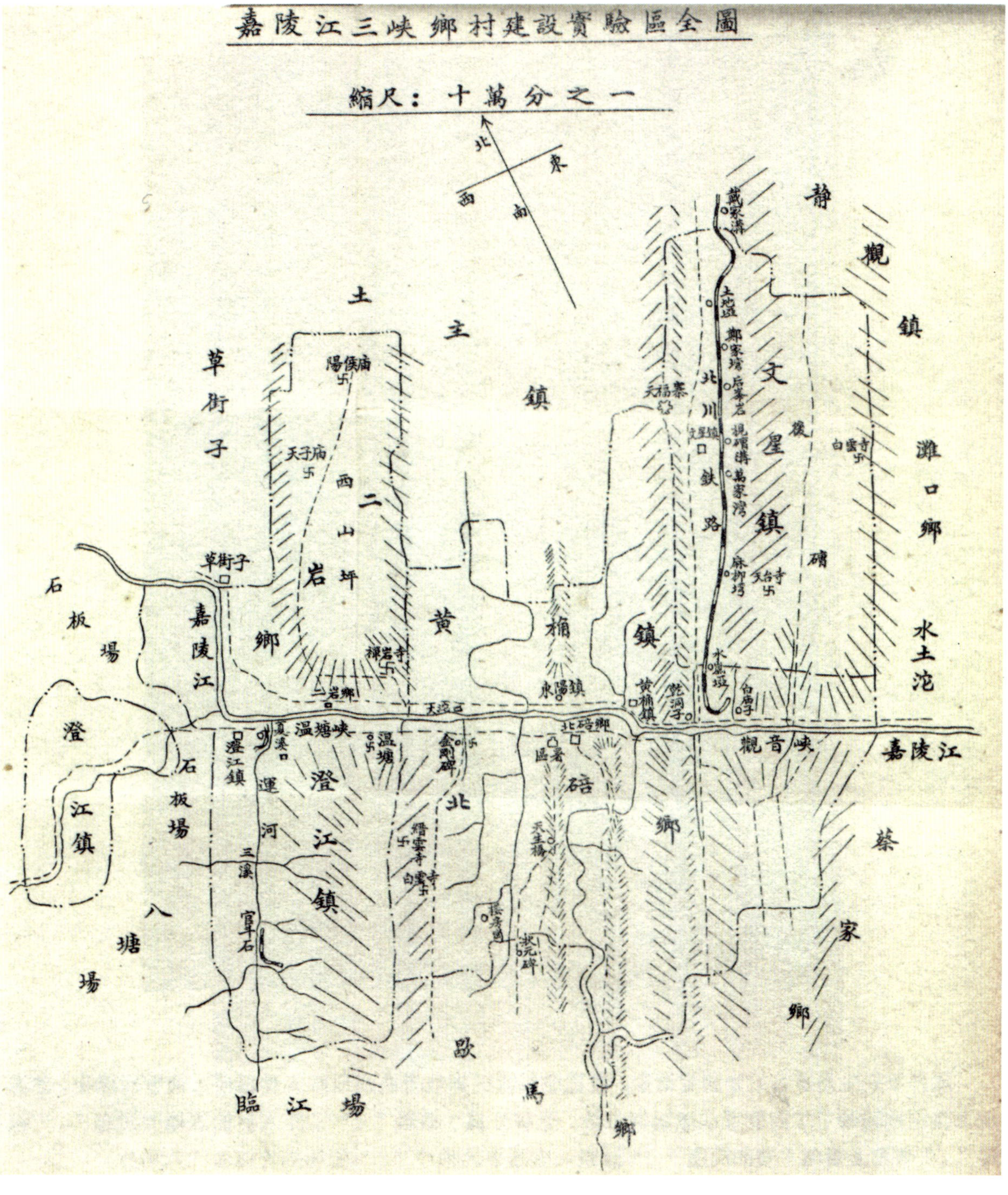

《嘉陵江三峡乡村建设实验区全图》。实验区以经济建设为中心，以交通建设为先行，以乡村城市化为带动，以文化教育为重点的“乡村现代化”建设模式，在较短时间里，使嘉陵江三峡地区的社会经济发生了很大变化，把北碚从一个昔日贫穷落后、偏僻闭塞、盗匪横行的小乡场建设成了被誉为“建设新中国缩影”的美丽城市。

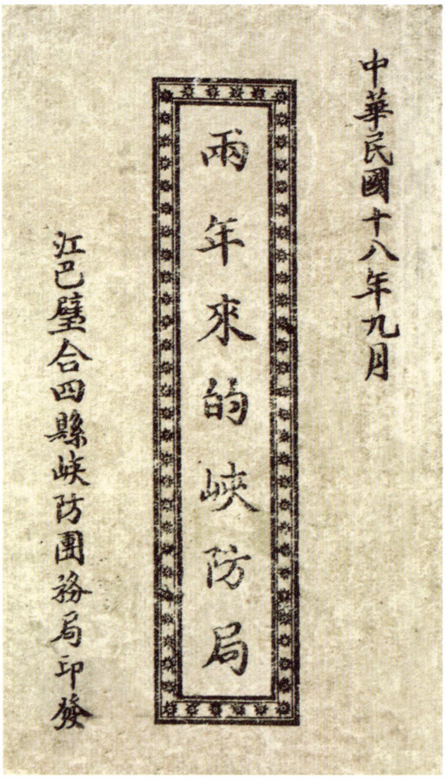

《两年来的峡防局》封面。峡防局于1923年正式成立，为北碚地区的地方行政机构，卢作孚于1927年任峡防局局长。该书反映了自1927年起两年中北碚在交通、教育、实业、卫生、团务、地方治安、市政、公众娱乐等方面的发展概貌。[资料来源：《北碚图书馆精品图录·民国文献卷》，北碚图书馆编，中华书局，2014年。]

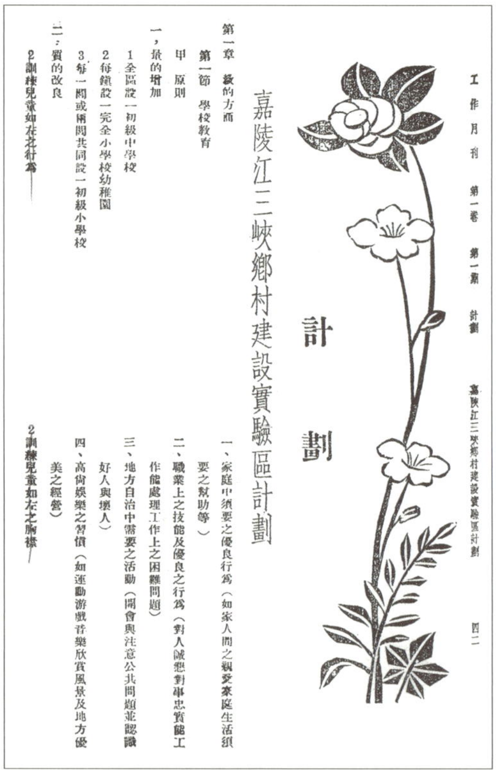

工作月刊　第一卷　第一期　計劃　嘉陵江三峽鄉村建設實驗區計劃　四一

計劃

嘉陵江三峽鄉村建設實驗區計劃

第一章　教的方面

第一節　學校教育

甲　原則

一，量的增加

1全區設一初級中學校

2每鎮設一完全小學校幼稚園

3每一閭或兩閭共同設一初級小學校

二，質的改良

2訓練兒童如左之行爲

一、家庭中須要之優良行爲（如家人間之親愛家庭生活須要之幫助等）

二、職業上之技能及優良之行爲（對人誠懇對事忠實能工作能處理工作上之困難問題）

三、地方自治中需要之活動（開會與注意公共問題並認識好人與壞人）

四、高尚娛樂之習慣（如運動游戲音樂欣賞風景及地方優美之經營）

2訓練兒童如左之胸襟

《嘉陵江三峡乡村建设实验区计划》。该实践通过创造地方割据条件下的“和平红利”以完成建设，同时创造出中国本土第一批现代意义上的社会企业。

《北碚》之嘉陵江三峡乡村建设实验区署成立周年纪念专号(1937年)。

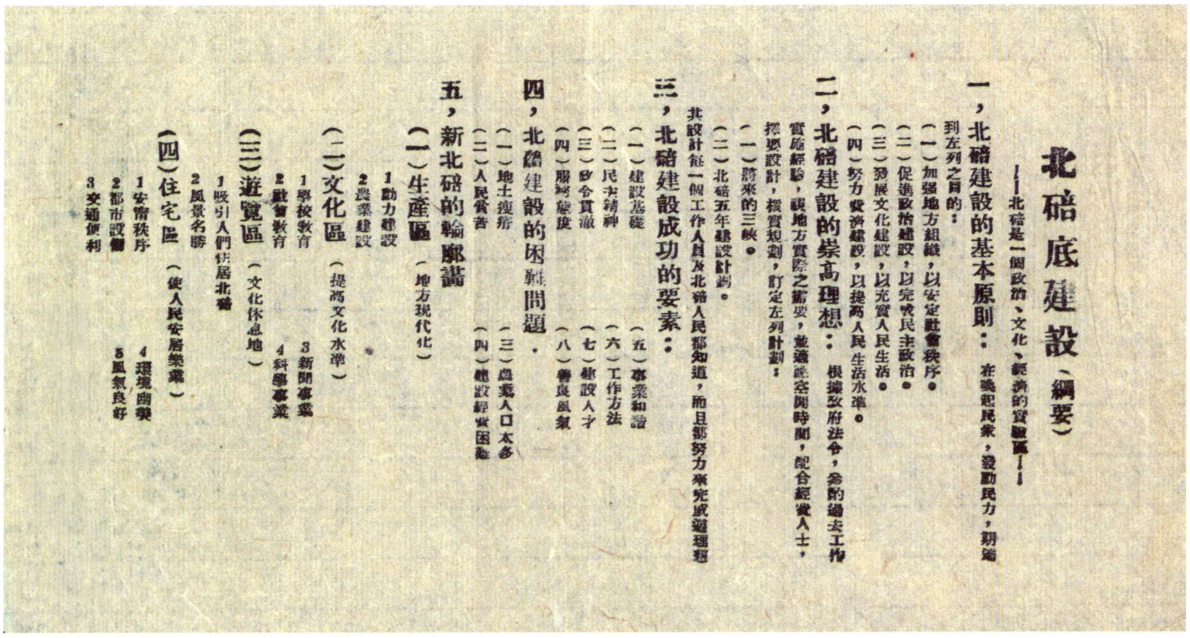

北碚底建設（綱要）

——北碚是一個政治、文化、經濟的實驗區——

一，北碚建設的基本原則： 在喚起民衆，發動民力，期爲到左列之目的：

（一）加强地方組織，以安定社會秩序。
（二）促進政治建設，以完成民主政治。
（三）發展文化建設，以充實人民生活。
（四）努力發濟建設，以提高人民生活水準。

二，北碚建設的崇高理想： 根據政府法令，參酌過去工作實施經驗，視地方實際之需要，並適應空間時間，配合經資人士，擇要設計，核實規劃，訂定左列計劃：

（一）將來的三峽。
（二）北碚五年建設計劃。

其設計能一個工作人員及北碚人民都知道，而且都努力來完成這理想

三，北碚建設成功的要素：

（一）建設基礎 （五）事業和諧
（二）民主精神 （六）工作方法
（三）命令貫徹 （七）建設人才
（四）服務態度 （八）善良風氣

四，北碚建設的困難問題．

（一）地土瘦瘠 （三）農業人口太多
（二）人民貧苦 （四）建設經費困難

五，新北碚的輪廓講

（一）生產區（地方現代化）
1 動力建設
2 農業建設

（二）文化區（提高文化水準）
1 學校教育 3 新聞事業
2 社會教育 4 科學事業

（三）遊覽區（文化休息地）
1 吸引人們住居北碚
2 風景名勝

（四）住宅區（使人民安居樂業）
1 安寧秩序 4 環境幽雅
2 都市設備 5 風氣良好
3 交通便利

20 世纪 30 年代嘉陵江三峡乡村建设实验区时期北碚建设宣传文告。[资料来源:《高孟先文选》,高代华、高燕编,西南师范大学出版社,2016 年。]

20 世纪 40 年代的北碚中正路。

1930 年在北碚创办的三峡染织工厂为四川第一家机器织布厂。

三峡染织工厂广告。

天府煤矿于 1933 年由 6 个小煤矿联合组成，年产原煤 10 万吨。经不断改造和建设，年产达 45 万吨，成为战时大后方最大的煤矿。

四川第一条铁路北川铁路于 1928 年至 1934 年分三期建设，总长 16.8 公里。它的建成标志着近代重庆工业革命迎来了新的起点。天府煤矿的煤通过北川铁路运至嘉陵江边码头，再用船运到四川各地(1942 年)。

天府煤矿于 1944 年自制三台火车头，为全国首创。

卢作孚等人 1940 年创办的兼善餐厅。

卢作孚亲率峡防局官兵屯垦西山坪，并创办西山坪农场苗圃。图为农场工人在中国西部科学院专家指导下进行生产。

位于北碚文星乡的新辟堰沟——协利堰建成开闸(20 世纪 30 年代)。

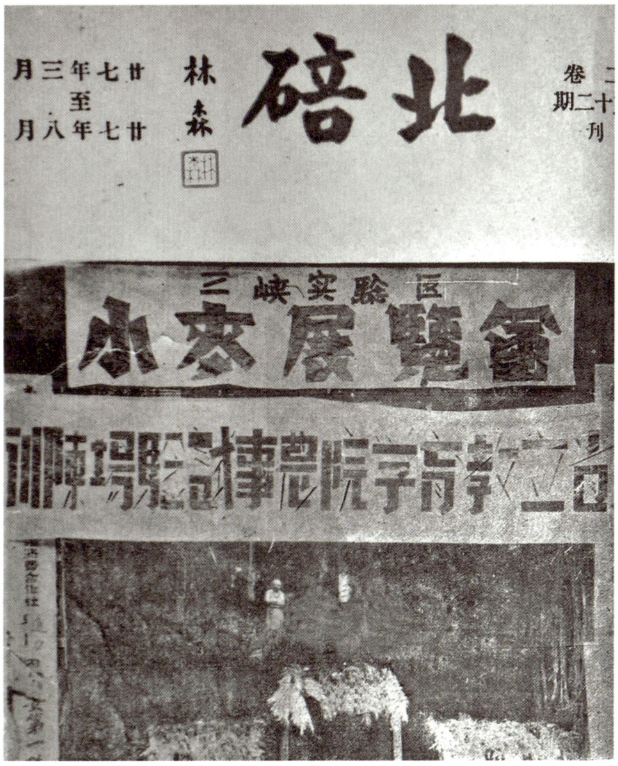

《北碚》三峡实验区小麦展览会专辑(1938 年)。

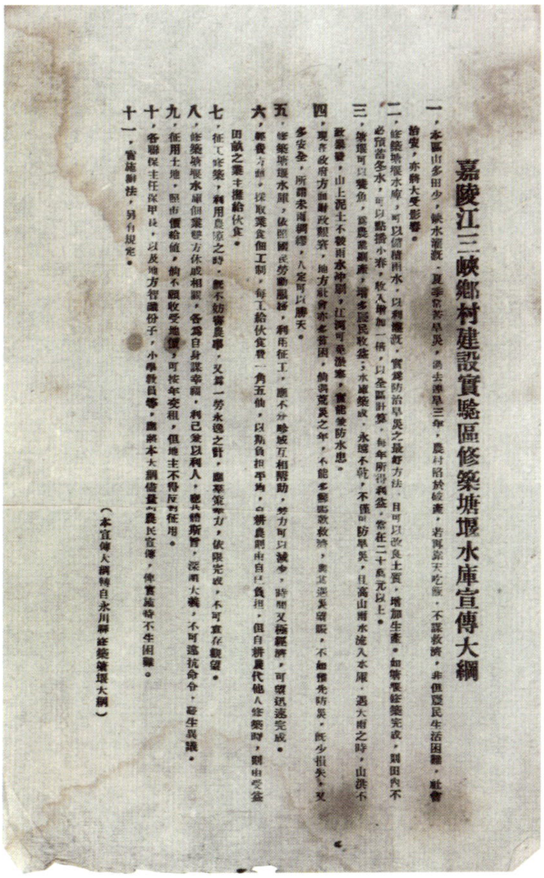

嘉陵江三峽鄉村建設實驗區修築塘堰水庫宣傳大綱

一，本區山多田少，缺水灌溉，夏季常苦旱災，過去連旱三年，農村陷於破產，若再靠天吃飯，不謀救濟，非但農民生活困難，社會治安，亦將大受影響。

二，修築塘堰水庫，可以儲積雨水，以利灌溉，實爲防治旱災之最好方法，且可以改良土質，增加生產。如塘堰修築完成，則田內不必預蓄冬水，可以點播小春，收入增加一倍，以全區計算，每年所得利益，當在二十萬元以上。

三，塘堰可以養魚，富農業副產，增多農民收益；水庫築成，永遠不乾，不僅可防旱災，且高山雨水流入水庫，遇大雨之時，山洪不致暴發，山上泥土不被雨水沖刷，江河可免淤塞，實能兼防水患。

四，現在政府方面財政艱窘，地方社會亦多貧困，倘遇荒災之年，不能多籌賑款救濟，與其遇災賑濟，不如預先防災，既少損失，又多安全，所謂未雨綢繆，人定可以勝天。

五，修築塘堰水庫，依照國民勞動服務，利用征工，應不分畛域互相幫助，勞力可以減少，時間又極經濟，可望迅速完成。

六，經費方面，採取業食佃工制，每工給伙食費一角五仙，以期負担平均，自耕農則由自己負担，但自耕農代他人修築時，則由受益田畝之業主擔給伙食。

七，征工修築，利用農隙之時，既不妨害農事，又爲一勞永逸之計，應羣策羣力，依限完成，不可稍存觀望。

八，修築塘堰水庫佃業雙方休戚相關，各爲自身謀幸福，利己兼以利人，應共體斯旨，深明大義，不可違抗命令，發生異議。

九，征用土地，照市價給值，倘不願收受地價，可按年交租，但地主不得反對征用。

十，各聯保主任保甲長，以及地方智識份子，小學教員等，應將本大綱儘量向農民宣傳，俾實施時不生困難。

十一，實施辦法，另有規定。

（本宣傳大綱轉自永川縣修築塘堰大綱）

《嘉陵江三峡乡村建设实验区修筑塘堰水库宣传大纲》(20 世纪 30 年代)。[资料来源:《高孟先文选》,高代华、高燕编,西南师范大学出版社,2016 年。]

嘉陵江三峡乡村建设实验区的民众俱乐部、消费合作社和嘉陵江报社(20 世纪 40 年代)。

北碚朝阳镇合作社社员代表大会合影(20 世纪 40 年代)。

卢作孚主持修建的北碚平民公园(20世纪30年代)。

平民公园中的清凉亭。陶行知曾于此设立晓庄研究所。

1928 年建成的北碚民众体育场。图为同年 10 月 10 日举办的四川省首场农民运动会。

1932 年落成的兼善中学教学大楼。

民众会堂(20 世纪 40 年代)。

嘉陵江三峡乡村建设实验区评选出的健康儿童与优秀母亲(20世纪30年代)。

邓颖超(右一)与北泉慈幼院院长周之廉(右二)等教职工合影。

1936年10月10日,嘉陵江三峡乡村建设实验区举办敬老会,图为区内应邀参加的70岁以上老人合影。

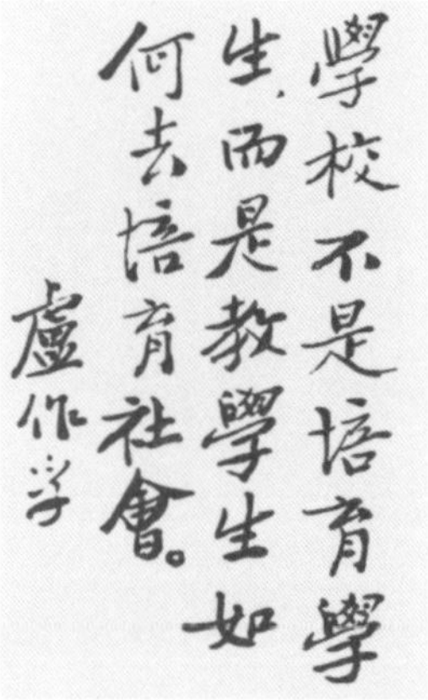

卢作孚手书。

通过教育与组织，峡防团务局的学生和士兵成为实验区建设的重要力量。图为团务局学生第二队、模范第一队毕业合影(1928 年)。

修建平民公园的峡防团务局学生队(1930 年)。

峡防团务局士兵送书下乡(20世纪40年代)。

嘉陵江三峡乡村建设实验区实施民众教育，先后办有民众学校11所，如挨户学校、力夫学校、船夫学校、场期学校等。图为女子职业学校。

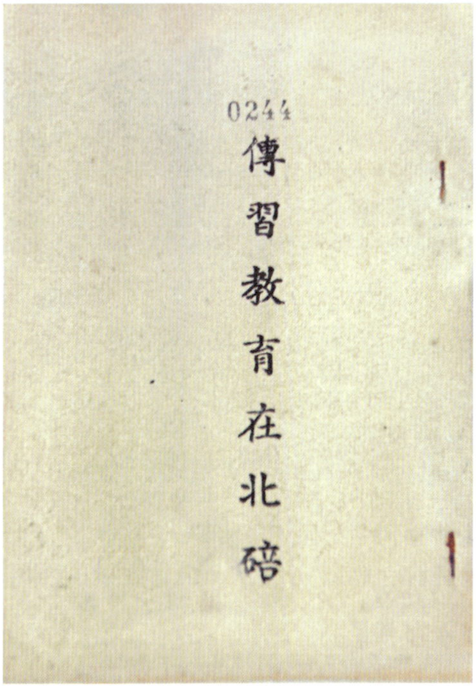

实验区也尝试在教学方法上进行探索与创新，图为反映其传习教育情况的《传习教育在北碚》。

卢作孚在北碚创办兼善学校，图为私立兼善初级中学暨附属小学中四、高六两班毕业合影(1936年)。

20世纪40年代的北碚夏令营活动。

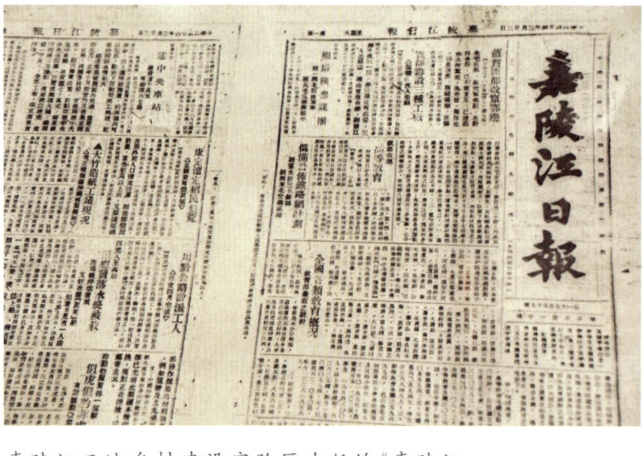
嘉陵江日報

嘉陵江三峡乡村建设实验区出版的《嘉陵江日报》(创办于1928年)。

民众阅读《嘉陵江日报》(20世纪40年代)。

1933 年组建的江巴璧合峡防团务局小朋友剧社。

实验区民众学习唱歌(20 世纪 40 年代)。

成立于 1927 年 6 月的北碚峡区地方医院。

北碚峡区地方医院的乡村防疫队(1937 年)。

1930 年 9 月，卢作孚在地方军政当局、部分科研单位、学术团体和社会各界的支持和赞助下，在北碚火焰山东岳庙正式成立了中国西部地区第一家民办科学院——中国西部科学院。该院以“研究实用科学，辅助中国西部经济文化事业之发展”为宗旨，内设理化研究所、地质研究所、生物研究所、农林研究所等。图为中国西部科学院大楼。

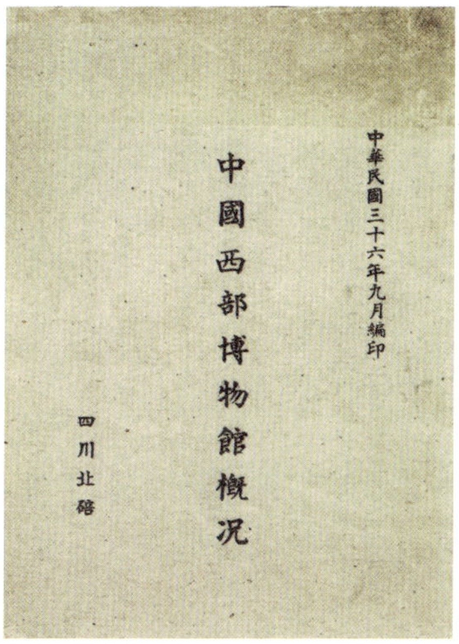

为了普及科学教育，国立中央研究院动植物研究所、气象研究所、中国西部科学院等十二个研究机构共同发起组建中国西部博物馆，公推翁文灏、卢作孚为正副主任委员。1944年12月，博物馆落成开馆，设工矿、地理、地质、生物、医药卫生、农林六个陈列馆。［资料来源：《北碚图书馆精品图录·民国文献卷》，北碚图书馆编，中华书局，2014年。］

中国西部科学院在兼善中学设立奖学金奖励学生。图为西部科学院董事长康心如（中）与获奖学生合影（1934年）。

1944年12月25日，中国西部科学博物馆开馆典礼合影。

四、从晓庄师范到育才学校

陶行知(1891—1946),安徽歙县人。人民教育家、思想家。1917年从美国哥伦比亚大学回国,先后任南京高等师范学校、国立东南大学教授、教务主任等职。1927年在南京郊区创办晓庄师范,抗战时期在重庆创办育才学校。其教育思想和实践对中国近代教育产生了重要影响。图为伍必端木刻作品《人民教育家陶行知先生》。

陶行知著《中国教育改造》初版(亚东图书馆,1928年)封面。

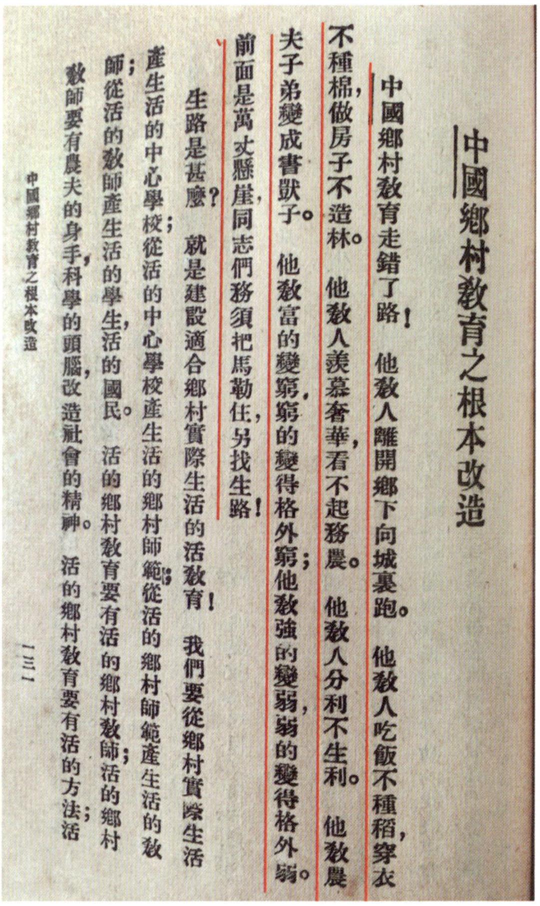
中國鄉村敎育之根本改造

中國鄉村敎育走錯了路！他敎人離開鄉下向城裏跑。他敎人吃飯不種稻，穿衣不種棉，做房子不造林。他敎人羡慕奢華，看不起務農。他敎人分利不生利。他敎農夫子弟變成書獃子。他敎富的變窮，窮的變得格外窮；他敎強的變弱，弱的變得格外弱。前面是萬丈懸崖，同志們務須把馬勒住，另找生路！

生路是甚麼？就是建設適合鄉村實際生活的活敎育！我們要從鄉村實際生活產生活的中心學校；從活的中心學校產生活的鄉村師範；從活的鄉村師範產生活的敎師；從活的敎師產生活的學生活的國民。活的鄉村敎育要有活的鄉村敎師。活的鄉村敎師要有農夫的身手，科學的頭腦，改造社會的精神。活的鄉村敎育要有活的方法；活

中國鄉村教育之根本改造 一三一

陶行知在《中国教育改造》中大声疾呼："中国乡村教育走错了路！"

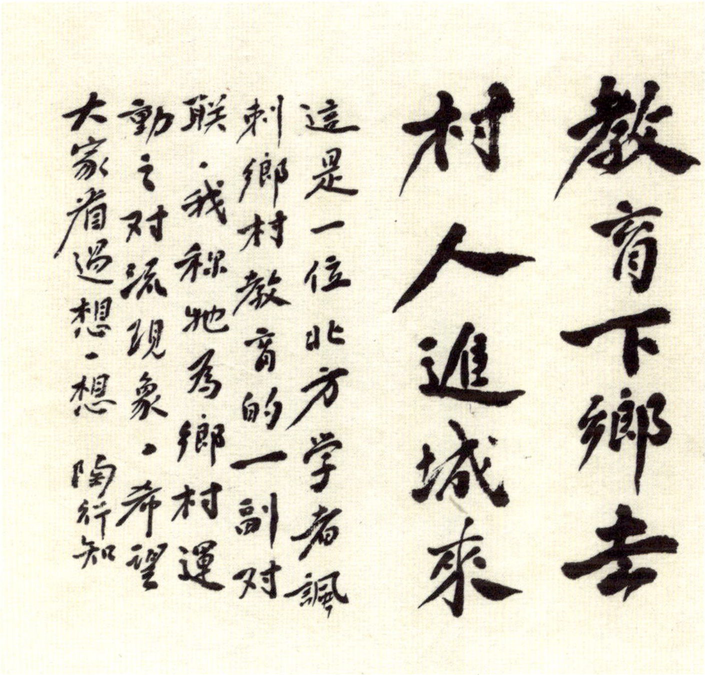

陶行知手迹。

1927年，陶行知在南京北郊晓庄创办乡村师范学校（晓庄师范）。该校是我国近代乡村教育运动的最早发源地和试验场之一。图为位于劳山下的学校全景。

陶行知将西方教育思想与中国国情相结合，提出"生活即教育""社会即学校""教学做合一"三大主张。图为晓庄联村运动会上举行的耕牛比赛。

陶行知陪同冯玉祥参观晓庄师范。

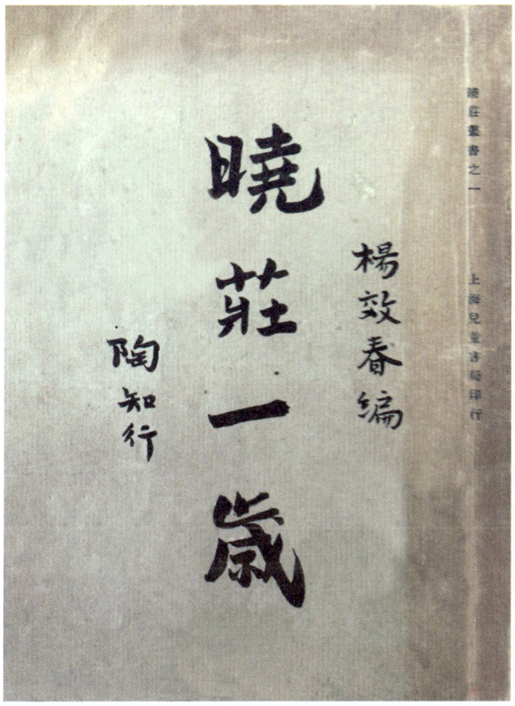

《晓庄一岁》初版(杨效春编,上海儿童书局,1928 年)封面。

1928 年春, 为发展苏北乡村教育, 陶行知派晓庄师范学生李友梅、吴辅仁、蓝九盛到淮安创办新安小学,陶行知兼任校长,后由汪达之接任。图为新安小学部分师生在古庙校舍前留影。

1928 年秋,陶行知先后委派晓庄师范学生操震球、程本海、方与严、王琳、李楚材等赴浙江湘湖创办湘湖师范。图为湘湖师范校舍。

1930 年初，在晓庄师范举行全国乡村教师讨论会，陶行知在会上阐述了“生活教育”理念。他指出“生活即教育，是要解放全人类的”，“也是要解放儿童的”。他宣布生活教育者要与传统旧教育、外来买办洋教育进行斗争。图为与会代表在“犁宫”前合影（前排正中为陶行知）。

1932 年 10 月 1 日，陶行知在上海创立山海工学团，提出“工以养生，学以明生，团以保生”，将工场、学校、社会融为一体，进行军事训练、生产训练、民权训练、生育训练等。图为陶行知（前左二）在工学团成立大会上。

晨更工学团北新泾女工识字班。

陶行知于1939年在重庆合川草街古圣寺创办育才学校,作为生活教育的实验基地。育才学校实施因材施教、一校两轨的教育,在设置文化基础课的同时开设专业学习组,聘请一批著名学者为各专业组任课教师,如音乐组贺绿汀、戏剧组章泯、文学组艾青、舞蹈组戴爱莲等。图为育才学校部分师生在古圣寺大门前。

陶行知题写的育才学校校牌(1940 年)。

古圣寺育才学校旧址。

陶行知与育才学生。

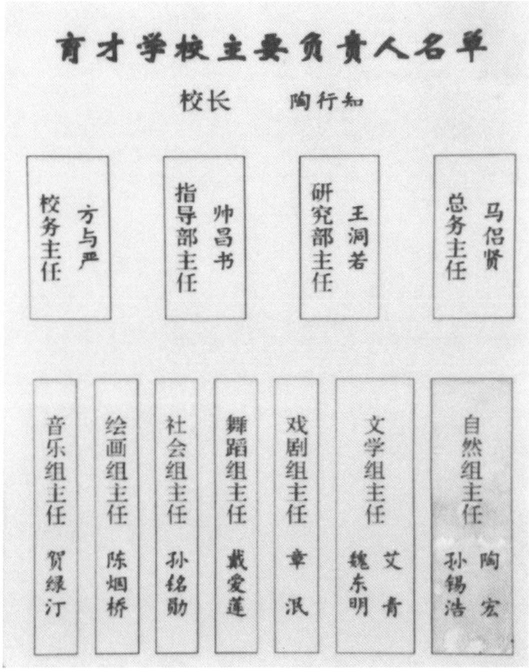

育才学校主要负责人名单

校长 陶行知

校务主任	方与严
指导部主任	帅昌书
研究部主任	王洞若
总务主任	马侣贤
音乐组主任	贺绿汀
绘画组主任	陈烟桥
社会组主任	孙铭勋
舞蹈组主任	戴爱莲
戏剧组主任	章泯
文学组主任	艾青 魏东明
自然组主任	陶宏 孙锡浩

育才学校主要负责人名单。

“当！当！当！”起床钟声响了，新的一天开始了！（每天由同学们轮流敲钟。这是文学组韦荷珍同学在敲钟。）

育才学校学生军训操练（1940 年）。

育才学校学生军训实弹射击(1940年)。

育才学校部分教师摄于古圣寺门口(1940年)。

育才学校图书馆。

社会组学生名录

烈士

胡芳玉(女,1926-1949)
四川梁山人,社会组学生,中共党员。1946年起在合川农村和重庆市区从事"农运"、"学运"、"工运",1947年回梁山开展武装斗争,1948年1月被捕,押赴渣滓洞监禁,1949年11月27日壮烈牺牲,时年23岁。

易元祺(1923-1949)
重庆合川人,社会组学生,中共党员。1947年派往农村开展工作,1949年由重庆运送弹药赴大竹途中被捕牺牲,时年26岁。

陈尧楷(1922-1949)
四川大竹人,社会组学员,中共党员。任大竹县张家场特支书记,华蓥山游击队独立中队队长,广安、邻水、大竹山区党委书记兼游击队支队司令,东山区党委书记兼武工队长。1949年6月在反"围剿"中不幸牺牲,时年27岁。

王有余(1926-1949)
重庆人,社会组学生,中共党员。1946年参加华蓥山游击队,任驻重庆联络站工作人员。1949年7月被捕,11月29日被押送松林坡被枪杀,时年23岁。第二天重庆解放。

徐永培(1923-1949)
四川大竹人,社会组学生,中共党员,任大竹县张家场特支副书记,广安、邻水、大竹山区党委委员兼游击队政治部主任,中山区党委书记兼武工大队队长,1949年5月不幸被捕,8月壮烈牺牲,时年26岁。

刘光荣(1928-1949)
四川广元人,中共党员,社会组学生。1948年被派往广安县开展农村工作,1949年3月被捕,在城关白骨塔刑场牺牲,时年21岁。

其他学生

姓名	原工作单位	姓名	原工作单位	姓名	原工作单位
李　鹏	全国人大常委会	郭坚俭	安徽师范大学	邝中炽	中共重庆市北碚区委宣传部
潘合定	中央档案馆	雷道瑜	中山大学	秦玉声	重庆市广播电台
张学如	北京语言学院	罗克汀	中山大学	周梦林	中共重庆市委统战部
罗亚东	中共中央党校	李文帆	湖北水利枢纽管理局	彭　洋	
徐春轩	铁道部	周泓寿	山东省群众艺术馆	毕汝钦	四川社科院
林兆充	中国人民解放军军事科学院	宋虹郁	泰安水利专科学校	向杰栋	四川运动技术学院
冯鸿甲	上海电影学院	周力生	中共辽宁省委	佘定珊	四川冶金设计院
王有德	上海市杨浦区政府	时滨佩	中国人民解放军第四军医大学	邹　冶	四川冶金设计院
钱行健	中国福利会	吴克之	陕西人民出版社	张梅媞	西南建筑设计院
王为英	上海戏剧学院	傅之祝	陕西人民日报社	董淑文	美国洛杉矶
彭　英	中共南京市委宣传部	周文彬	新疆昌吉师范专科学校	高嘉嘉	加拿大
魏雨修	南京师范学院	龙西村	西南机械研究院	金尚烨	朝鲜
杨寿南	安徽省科协	吴绍荣	北碚朝阳中学	孙振侠	朝鲜
石婴盛	华东冶金学院	李一林	中共重庆市南岸区区委		

育才学校社会组部分学生名单。

育才學校三周紀念募捐緣起

育才學校依據其創學旨趣而建立。現有學生一百五十五人係從十五省流亡之難童中選拔而來。教育方針除依部章指導其一般功課外,從小便注意發現其特殊才能與興趣而加以適當之培養。在這三年當中普修課已從小學辦到初中程度,現在要接着籌設相當於高中程度的班次。特修課已建立自然,社會,文學,音樂,繪畫,戲劇六組,我們想接着籌備工藝組,農藝組以期因材施教,務使各得其所,我們要準備充分精神食糧配合着小孩們的進度逐漸將學校一級級的辦上去,一組一組的充實起來。我們必須預先擴充圖書儀器設備才能免去臨時供不應求之恐慌。而且當此物價飛漲,倘不設法增籌經費,誠恐減少營養,有礙兒童發育。因此我們想趁舉行創校三周年紀念的機會,請求同情本校的朋友慨予樂捐,共同創造。倘蒙賜助,則難童幸甚,本校幸甚。

育才學校董事　李組紳　何雯蓮　張宗麟　張一麐　楊德昭　吳涵眞　許世英　崔載陽　陶行知　同啓

三

《育才学校三周(年)纪念募捐缘起》(1941年)。[资料来源:《北碚图书馆精品图录·民国文献卷》,北碚图书馆编,中华书局,2014年。]

具备"农夫的身手"是生活教育的首要目标。图为育才学校学生在平整操场和修建露天舞台(1941年)。

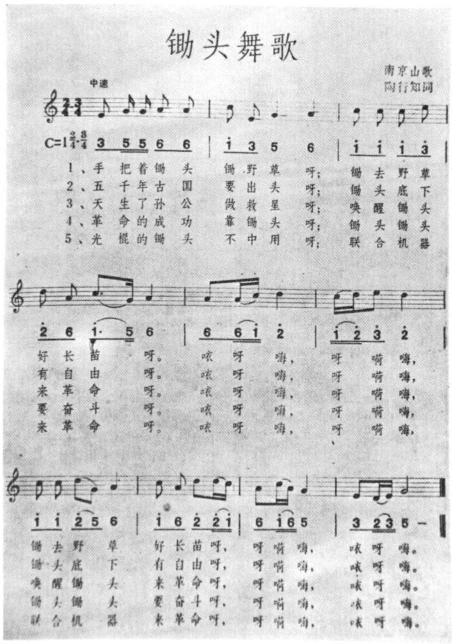

在育才学校学生中传唱的《锄头舞歌》。

育才学校学生采摘自己种植的四季豆(末排左三为指导部主任帅昌书)。

育才学校学生在校园里喂养鸭子。

为使学生努力具备“科学的头脑”，陶行知聘请中国科学社生物研究所所长秉农山等人担任育才自然组顾问。图为陶行知在北碚与中国科学社生物研究所人员合影(坐者左二为陶行知，右一为秉农山)。

育才学校自然组上动物解剖课(1945 年)。

陶行知提倡艺术教育及儿童的“六大解放”，即解放儿童的脑、手、嘴、眼，空间、时间，使儿童得到全面发展，也使儿童的创造力得到充分的发挥。图为育才学校绘画组同学在写生。

育才学校社会组进行木刻创作。前排右一为后成为版画家的伍必端(1940年)。

育才学校音乐组杜鸣心同学（后成为作曲家）正在作曲。

育才学校音乐组同学在古圣寺大门口练习合唱。末排左一为陈贻鑫（后成为指挥家），前排左一为杜鸣心（1941 年）。

育才学校学生弦乐四重奏。

育才学校戏剧组自编自演儿童剧《小主人》在重庆公演获得巨大成功。图为1943年4月17日育才学校学生在渝演出剧照。

1944年贵州独山失守后，育才学校戏剧组创作了四川方言戏《啷格办》。

育才学校戏剧组为农民演出《朱大嫂送鸡蛋》(1945年)。

陶行知十分注重学生的创造精神培养和创新性教学方法实践。图为育才学校高年级同学用自制教具给低年级同学演示齿轮传动原理。

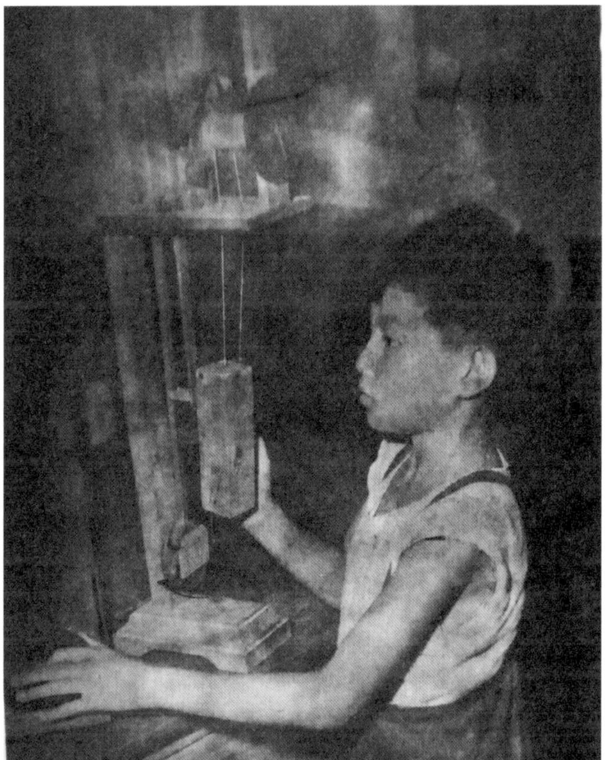

育才学校自然组同学自制木质钟摆。

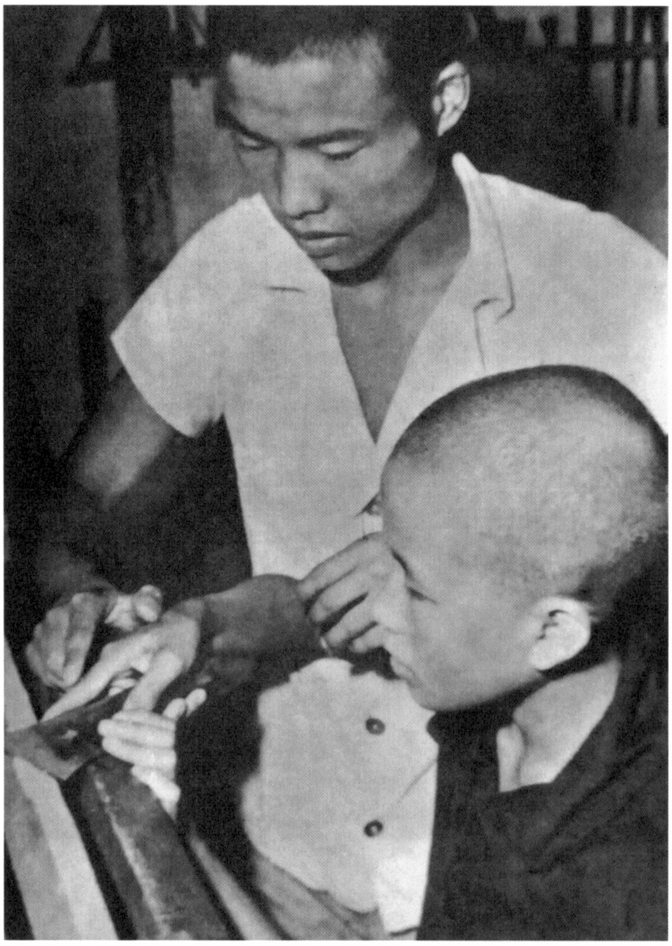

育才学校高年级同学教低年级同学做木工。

陶行知教育理念手迹。

“小先生制”是陶行知针对教育资源极度稀缺状况而进行的创新性探索。图为陶行知母亲与孙儿共读《平民千字课》。

“小先生”在坟头开展识字教育。

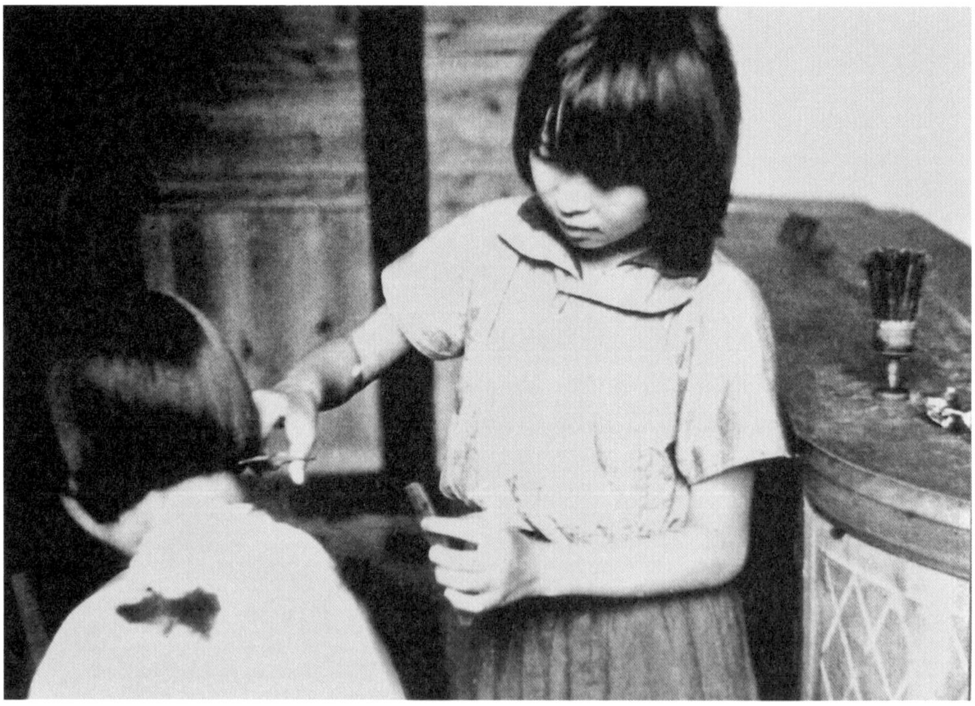

育才学校提倡知行合一和手脑并用。图为学生互助理发。

生活教育倡导教学做合一。图为育才学校学生在古圣寺办农民识字班。

育才学校学生与参加识字班的孩子们合影。

每逢过年过节，育才学校学生都要在操场上为附近的农民演出节目并举办图片展览。图为演出会场(1945 年)。

五、河南村治学院与宛西乡建

彭禹廷(1893—1933)，河南镇平县七里庄人。历任西北边防督办公署秘书长、国民革命军第二集团军高等执法官等职。1927年8月因母亲病危返乡。时值镇平土匪猖獗，民无宁日，彭禹廷应乡邻哭请而抛弃高官，戴孝出任镇平县南区区长，组建地方民团，剿匪安民，成为宛西自治运动领袖，在乡村建设运动中享有较高声誉。

河南镇平县彭公祠中关于彭禹廷返乡经历的介绍。

河南镇平县七里庄村中关于彭禹廷的部分评价。

河南内乡县宛西地方自治馆中彭禹廷自求自塑像。

因触动地方当局及土豪劣绅的利益，彭禹廷不幸于1933年3月25日遇刺身亡。图为位于河南镇平县的彭禹廷墓。

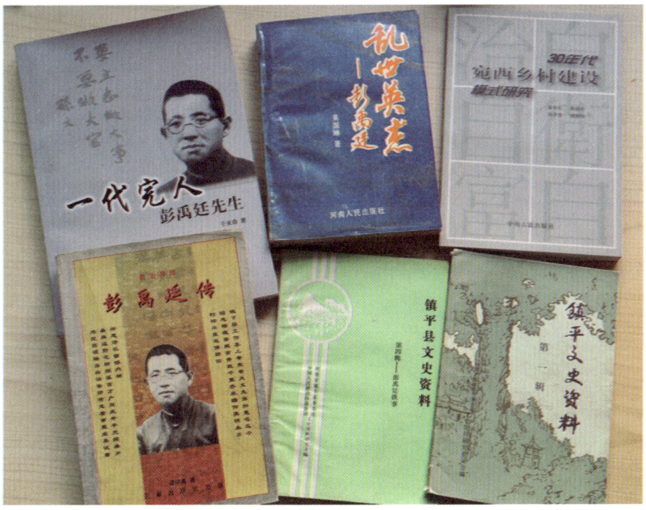

有关彭禹廷的部分书籍。

1929年彭禹廷在河南省辉县百泉主持成立河南村治学院。该院由彭禹廷任院长，梁仲华任副院长，梁漱溟任教务长，设立“农村组织训练部”和“农村师范部”，并附办“村长训练部”“农林警察训练部”“农业实习部”等。图为河南村治学院纪念章。

河南村治学院还邀请王柄程、孙廉泉等人来院任教，尝试实现研究乡村建设问题和培养乡村建设人才的双重目的，后因蒋、冯、阎“中原大战”被迫停办，前后历时一年。图为河南村治学院办学旧址（河南辉县百泉乡村师范学校）大门。

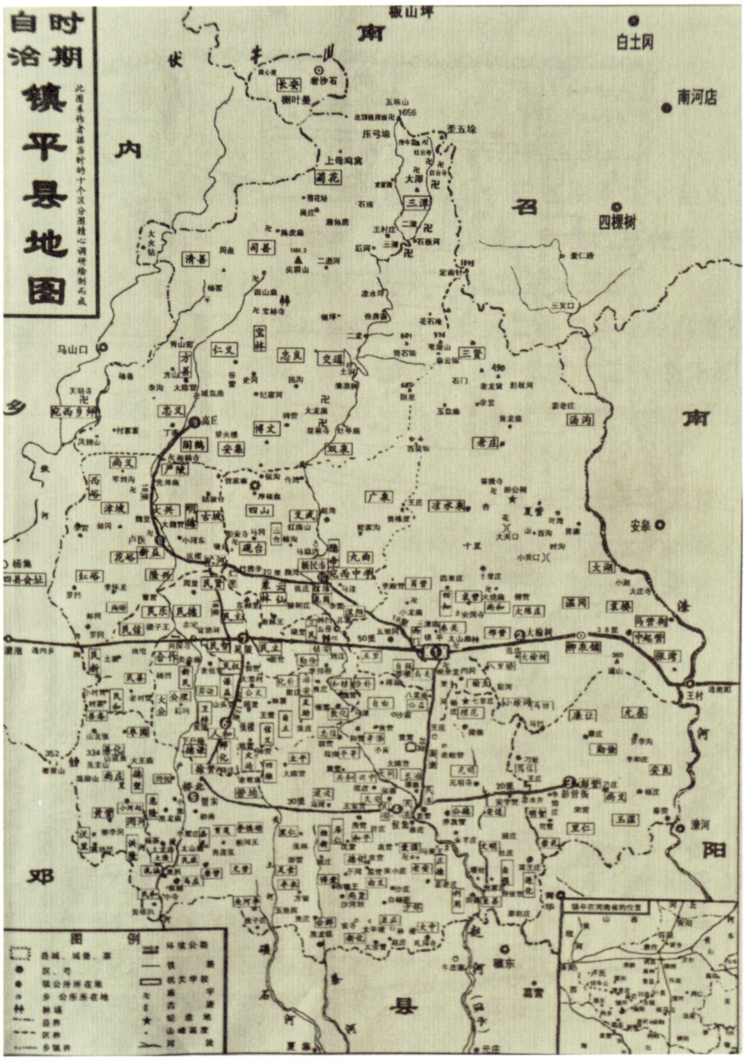

自治时期镇平县地图。[资料来源:《自治导师——彭禹廷传》,谭学禹著,三秦出版社,2003年。]

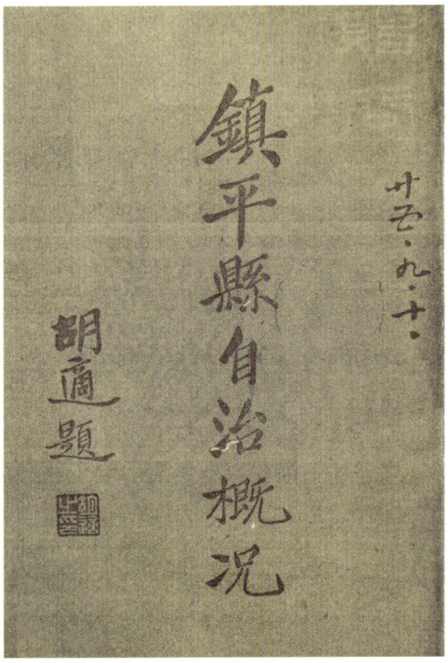

彭禹廷在镇平县推行自卫、自治、自富为特征的“三自主义”,大刀阔斧实施地方自治。图为镇平县十区自治办公处编、京城印书局1933年出版的《镇平县自治概况》封面。

河南镇平县十区自治办公处成立纪念合影(1930 年)。

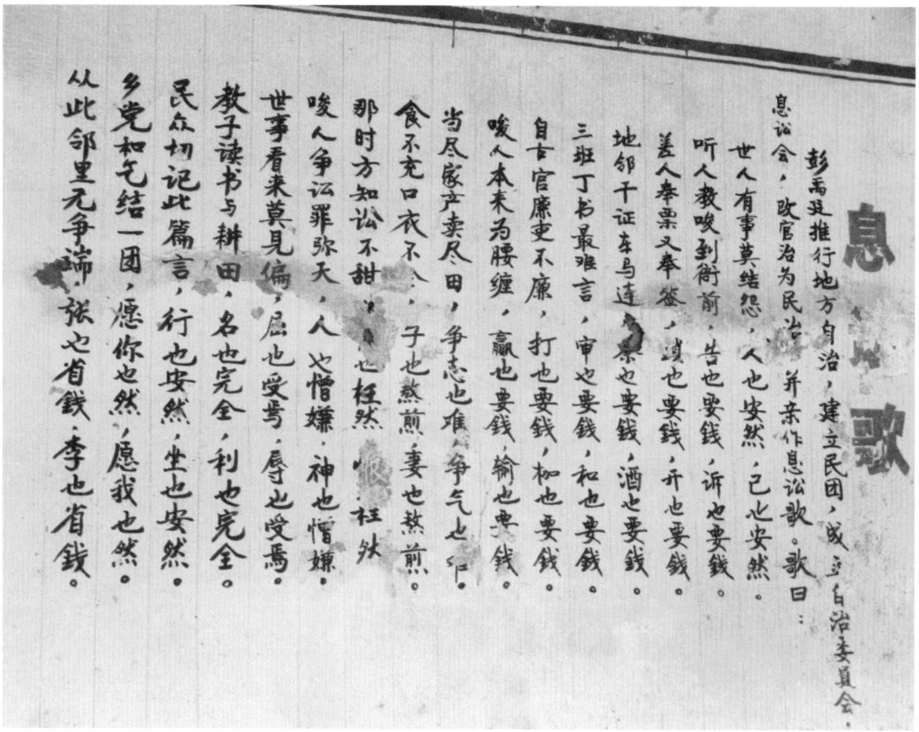

息讼歌

彭禹廷推行地方自治，建立民团，成立自治委员会，息讼会，改官治为民治，并亲作息讼歌。歌曰：

世人有事莫结怨，人也安然，己也安然。
听人教唆到衙前，告也要钱，诉也要钱。
差人奉票又奉签，锁也要钱，开也要钱。
地邻干证车马连，茶也要钱，酒也要钱。
三班丁书最难言，审也要钱，和也要钱。
自古官廉吏不廉，打也要钱，枷也要钱。
唆人本来为腰缠，赢也要钱，输也要钱。
当尽家产卖尽田，争志也难，争气也难。
食不充口衣不全，子也熬煎，妻也熬煎。
那时方知讼不甜，悔也枉然，恨也枉然。
唆人争讼罪弥天，人也憎嫌，神也憎嫌。
世事看来莫见偏，屈也受焉，辱也受焉。
教子读书与耕田，名也完全，利也完全。
民众切记此篇言，行也安然，坐也安然。
乡党和气结一团，愿你也然，愿我也然。
从此邻里无争端，张也省钱，李也省钱。

镇平自治时期的《息讼歌》(1933 年)。

河南内乡县宛西地方自治馆，横放的有裂纹的馆名碑意味深长。

1930年9月27日，在彭禹廷的倡议下，内乡县民团首领别廷芳等人聚首内乡县杨集，决定成立宛西四县地方自治委员会和宛西四县联防办事处。图为内乡民团司令别廷芳（左二）、镇平民团司令彭禹廷（右二）、淅川民团司令陈重华（右一）、邓县民团司令宁洗古（左一）在内乡杨集召开会议，研究四县联防和宛西自治事宜蜡像。

杨集会议制订不泥法纵匪、不偏听诬陷、不奔营说情、不浪费公帑、不拂逆民情的“五不办法”，同时制订工农兵合一、统一指挥、抚恤划一、弹药自筹、整编保甲、清丈地亩、普及教育、设保健所、采会议制、务实去虚的“十条公约”。图为杨集会议旧址。

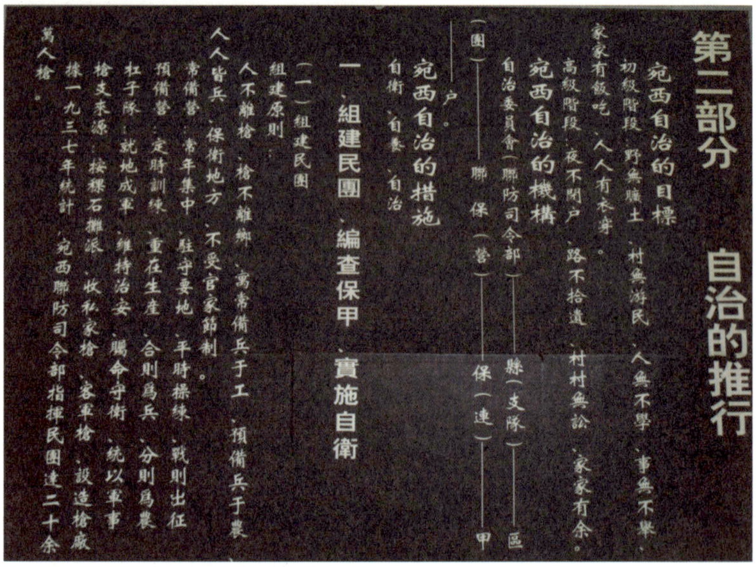

第二部分　自治的推行

宛西自治的目標

初級階段，野無曠土、村無游民、人無不學、事無不舉、家家有飯吃、人人有衣穿。

高級階段，夜不閉戶、路不拾遺、村村無訟、家家有余。

宛西自治的機構

自治委員會（聯防司令部）——縣（支隊）——區（團）——聯保（營）——保（連）——甲——戶。

宛西自治的措施

自衛、自養、自治

一、組建民團、編查保甲、實施自衛

（一）組建民團

組建原則：

人不離槍、槍不離鄉、寓常備兵于工、預備兵于農、人人皆兵、保衛地方、不受官家節制。

常備營：常年集中、駐守要地、平時操練、戰則出征

預備營：定時訓練、重在生產、合則爲兵、分則爲農

杠子隊：就地成軍、維持治安、臨命守衛、統以軍事

槍支來源：按糧石攤派、收私家槍、客軍槍、設造槍廠

據一九三七年統計，宛西聯防司令部指揮民團達二十余萬人槍。

宛西自治的目标与措施。

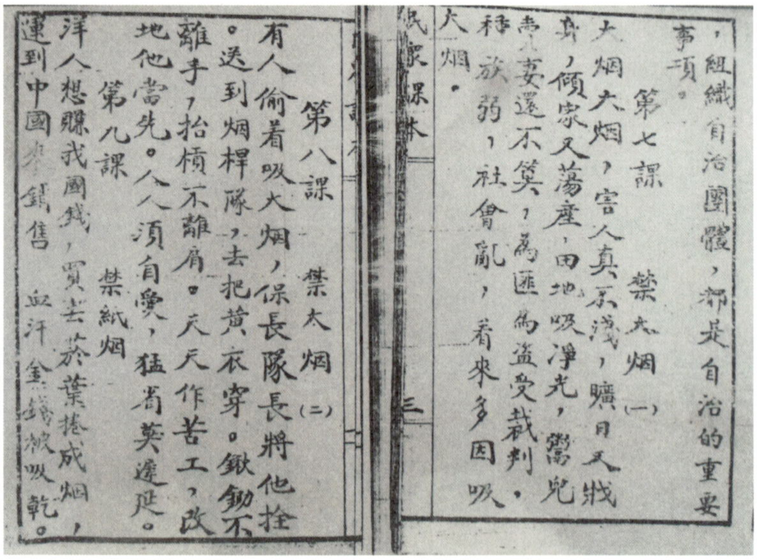

，組織自治團體，都是自治的重要事項。

第七課　禁大烟（一）

大烟大烟，害人真不淺，曠日又燬身，傾家又蕩產，田地吸淨光，鬻兒賣妻還不算，為匪為盜受裁判，種族弱，社會亂，看來多因吸大烟。

民衆課本　三

第八課　禁大烟（二）

有人偷着吸大烟，保長隊長將他拴。送到烟桿隊，去把黃衣穿。鍬鋤不離手，抬槓不離肩。天天作苦工，改地他當先。人人須自愛，猛省莫遲延。

第九課　禁紙烟

洋人想賺我國錢，買去菸葉捲成烟，運到中國來銷售，血汗金錢被吸乾。

宛西自治中涉及“禁大烟”的普及教材。

别廷芳在宛西自治时期修建的莲花电站是河南省第一座水力发电站。别廷芳(1883—1940),河南西峡县人,宛西自治领导人之一。

宛西自治时期，西峡县和内乡县开始大规模植树造林。

内乡县地方金融流通券(1937年)。

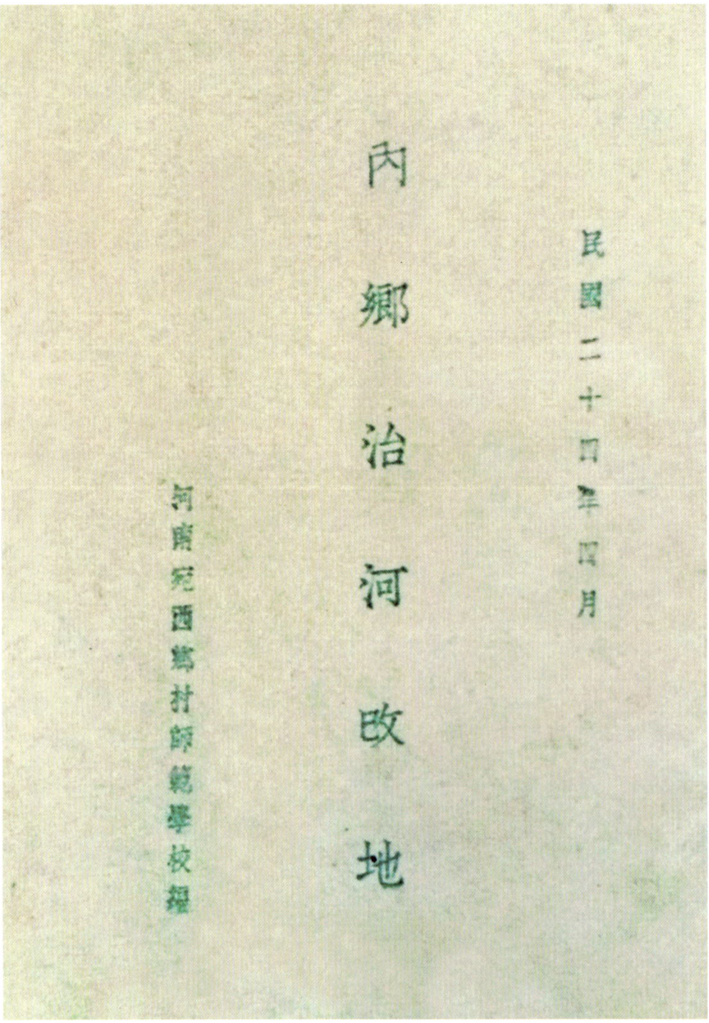
内鄉治河改地

民國二十四年四月

河南宛西鄉村師範學校編

《内乡治河改地》(河南宛西乡村师范学校编,1935 年)封面。

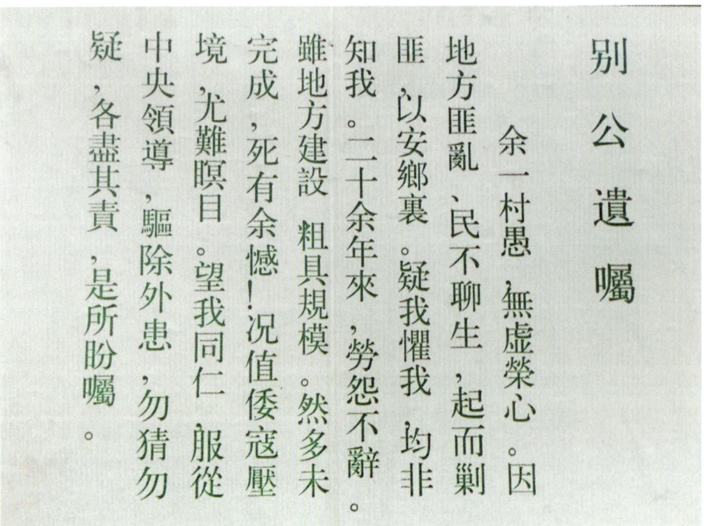
别公遺囑

余一村愚，無虛榮心。因地方匪亂，民不聊生，起而剿匪，以安鄉裏。疑我懼我，均非知我。二十余年來，勞怨不辭。雖地方建設，粗具規模。然多未完成，死有余憾！況值倭寇壓境，尤難瞑目。望我同仁，服從中央領導，驅除外患，勿猜勿疑，各盡其責，是所盼囑。

别廷芳遺嘱。

宛西乡村师范学校位于河南省内乡县马山口镇南的天宁寺遗址，1932 年建成，占地 50 余亩，校舍近 400 间，1947 年停办。毕业学生 2500 余人，培训公教人员近 3000 人。此缩微模型以该校学员所绘宛西乡村师范学校平面图为依据制作。[资料来源：宛西地方自治馆。]

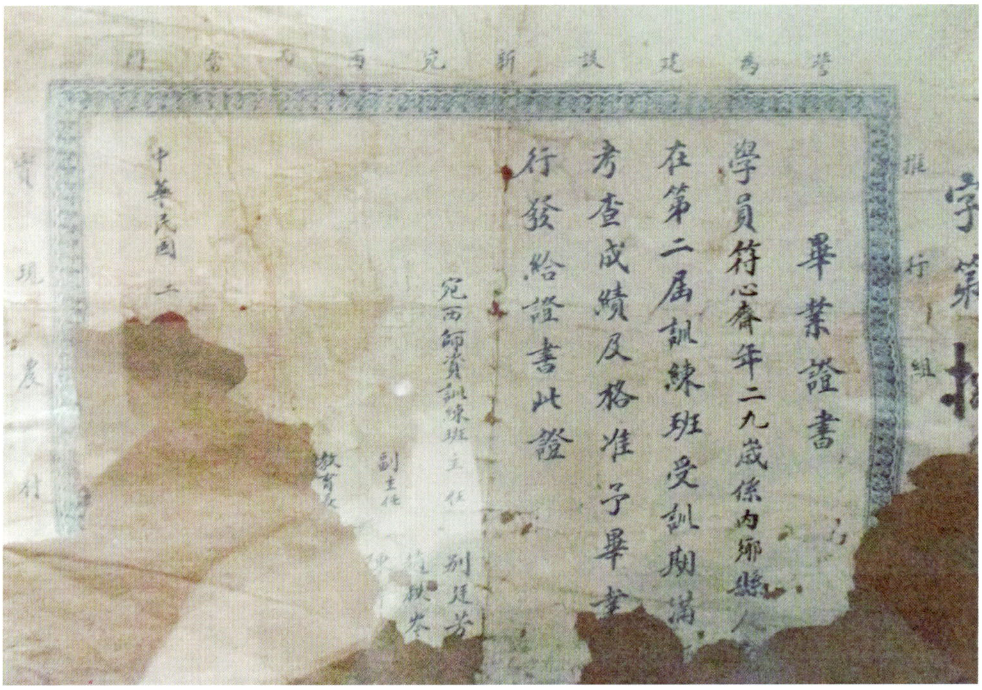

畢業證書

學員符心奮年二九歲係內鄉縣人在第二屆訓練班受訓期滿考查成績及格准予畢業行發給證書此證

宛西師資訓練班主任 別廷芳

副主任

中華民國

宛西乡村师范学校推行“三杆”教育方针：拿起枪杆能自卫，拿起锄杆能生产，拿起笔杆能书写。教学内容融合地方自治和乡村建设的理论，并附设实验区，聘请了孙伏园等国内知名人士及山东邹平、河北定县等乡村建设实践者前来任教。图为宛西乡村师范学校毕业证。

六、中华职业教育社农村改进试验

黄炎培(1878—1965),江苏川沙县(今属上海市)人。中国近现代职业教育奠基人。1917年联络教育界、实业界知名人士在上海发起中国近代第一个研究、试验、推行职业教育的全国性团体——中华职业教育社,开创了我国近现代职业教育的先河。

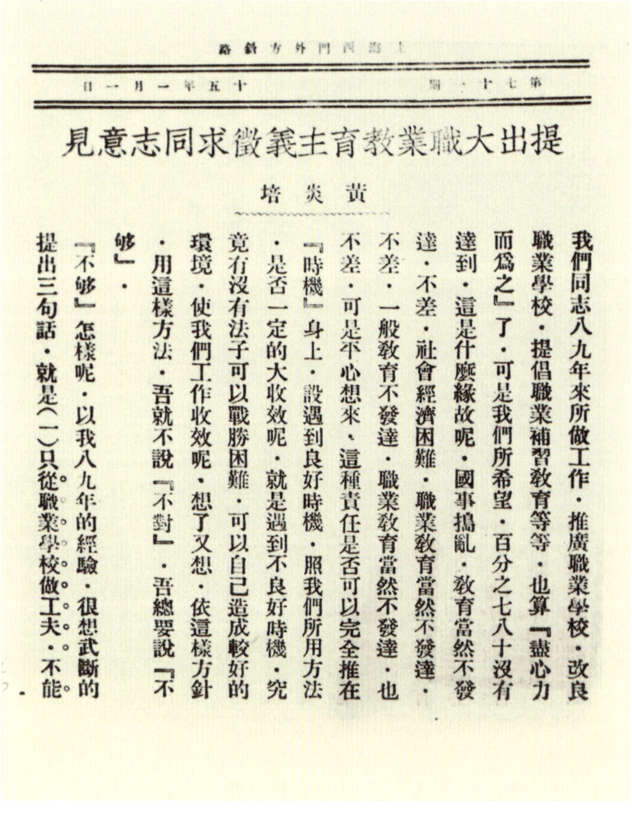

上海西門外方斜路

第七十一期　十五年一月一日

提出大職業教育主義徵求同志意見

黃炎培

我們同志八九年來所做工作·推廣職業學校·改良職業學校·提倡職業補習教育等等·也算『盡心力而爲之』了·可是我們所希望·百分之七八十沒有達到·這是什麼緣故呢·國事搗亂·教育當然不發達·不差·社會經濟困難·職業教育當然不發達·不差·一般教育不發達·職業教育當然不發達·也不差·可是平心想來、這種責任是否可以完全推在『時機』身上·設遇到良好時機·照我們所用方法·是否一定的大收效呢·就是遇到不良好時機·究竟有沒有法子可以戰勝困難·可以自己造成較好的環境·使我們工作收效呢·想了又想·依這樣方針·用這樣方法·吾就不說『不對』·吾總要說『不夠』·

『不夠』怎樣呢·以我八九年的經驗·很想武斷的提出三句話·就是(一)只從職業學校做工夫·不能

1925年12月,黄炎培提出“大职业教育主义”,主张办理职业教育须和一切教育界、职业界联络,需要进一步面向社会。其后,中华职业教育社大力推进农村改进等事业。

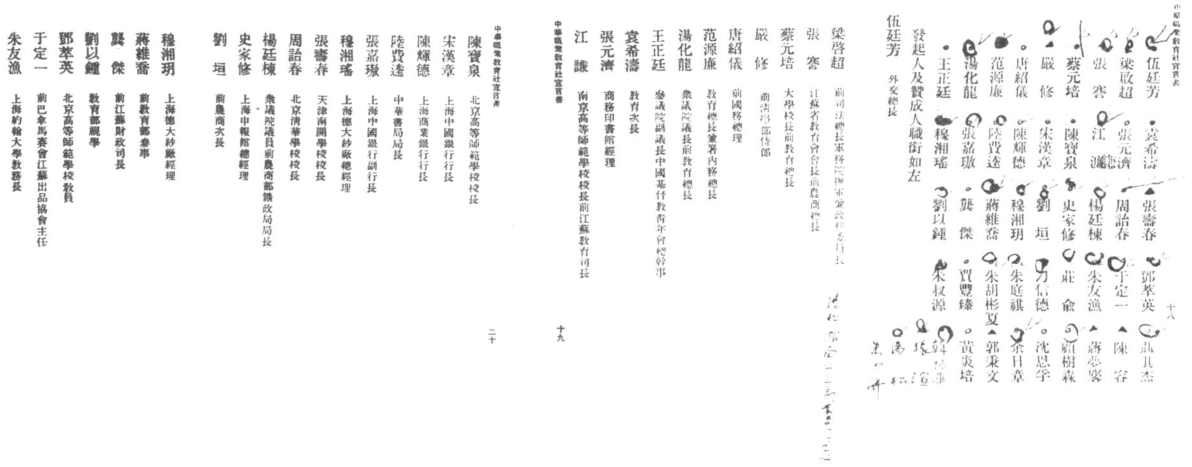

中華職業教育社宣言書

伍廷芳　袁希濤　張壽春　鄧萃英　聶其杰
梁啟超　張元濟　周詒春　于定一　陳容
張謇　江謙　楊廷棟　朱友漁　蔣夢麟
蔡元培　陳寶泉　史家修　莊俞　顧樹森
嚴修　宋漢章　劉垣　刁信德　沈恩孚
唐紹儀　陳輝德　穆湘玥　朱庭祺　余日章
范源廉　陸費逵　蔣維喬　朱胡彬夏　郭秉文
湯化龍　張嘉璈　龔傑　賈豐臻　黃炎培
王正廷　穆湘瑤　劉以鍾　朱叔源

十八

發起人及贊成人職銜如左

伍廷芳　外交總長
梁啟超　前司法總長軍務院撫軍兼政務委員長
張謇　江蘇省教育會會長前農商總長
蔡元培　大學校長前教育總長
嚴修　前清學部侍郎
唐紹儀　前國務總理
范源廉　教育總長兼署內務總長
湯化龍　衆議院議長前教育總長
王正廷　參議院副議長中國基督教青年會總幹事
袁希濤　教育次長
張元濟　商務印書館經理
江謙　南京高等師範學校校長前江蘇教育司長

中華職業教育社宣言書　十九

陳寶泉　北京高等師範學校校長
宋漢章　上海中國銀行行長
陳輝德　上海商業銀行行長
陸費逵　中華書局局長
張嘉璈　上海中國銀行副行長
穆湘瑤　上海德大紗廠總經理
張壽春　天津南開學校校長
周詒春　北京清華學校校長
楊廷棟　衆議院議員前農商部鑛政局局長
史家修　上海申報館總經理
劉垣　前農商次長
穆湘玥　上海德大紗廠經理
蔣維喬　前教育部參事
龔傑　前江蘇財政司長
劉以鍾　教育部視學
鄧萃英　北京高等師範學校教員
于定一　前巴拿馬賽會江蘇出品協會主任
朱友漁　上海約翰大學教務長

中華職業教育社宣言書　二十

中华职业教育社发起人、赞成人名单及所任职务。

中华职业教育社十周年纪念大会。

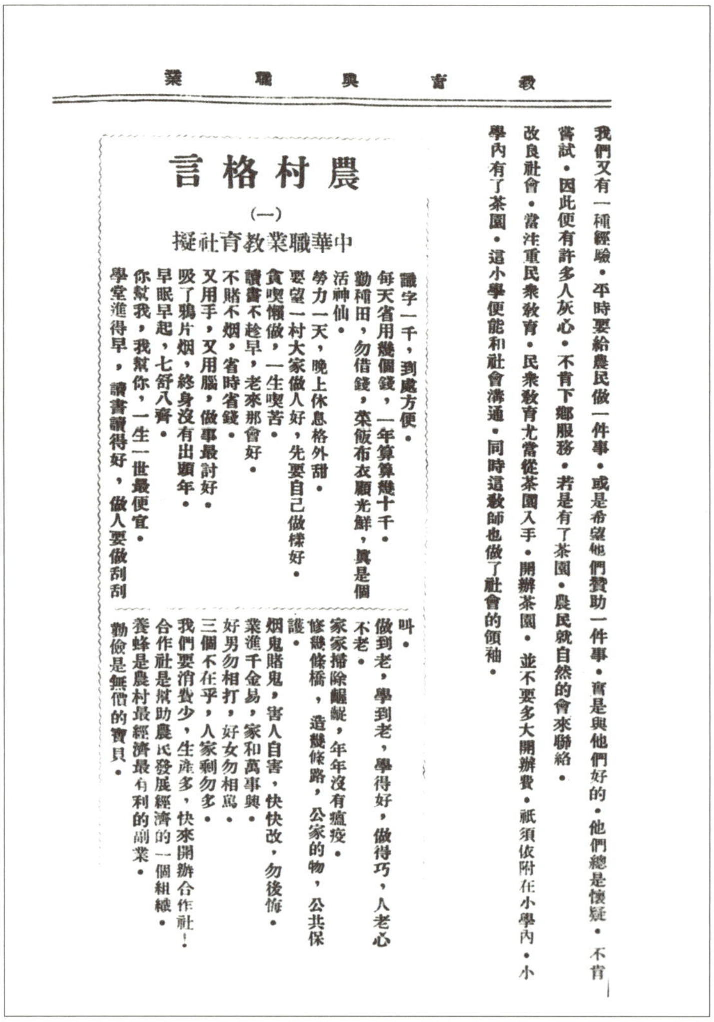

教育與職業

我們又有一種經驗。平時要給農民做一件事。或是希望他們贊助一件事。實是與他們好的。他們總是懷疑。不肯嘗試。因此便有許多人灰心。不肯下鄉服務。若是有了茶園。農民就自然的會來聯絡。改良社會。當注重民衆教育。民衆教育尤當從茶園入手。開辦茶園。並不要多大開辦費。祇須依附在小學內。小學內有了茶園。這小學便能和社會溝通。同時這教師也做了社會的領袖。

農村格言

(一)

中華職業教育社擬

識字一千，到處方便。

每天省用幾個錢，一年算算幾十千。

勤種田，勿借錢，菜飯布衣願光鮮，眞是個活神仙。

勞力一天，晚上休息格外甜。

要望一村大家做人好，先要自己做樣好。

貪喫懶做，一生喫苦。

讀書不趁早，老來那會好。

不賭不烟，省時省錢。

又用手，又用腦，做事最討好。

吸了鴉片烟，終身沒有出頭年。

早眠早起，七舒八齊。

你幫我，我幫你，一生一世最便宜。

學堂進得早，讀書讀得好，做人要做刮刮叫。

做到老，學到老，學得好，做得巧，人老心不老。

家家掃除齷齪，年年沒有瘟疫。

修幾條橋，造幾條路，公家的物，公共保護。

烟鬼賭鬼，害人自害，快快改，勿後悔。

業進千金易，家和萬事興。

好男勿相打，好女勿相駡。

三個不在乎，人家剩勿多。

我們要消費少，生產多，快來開辦合作社！

合作社是幫助農民發展經濟的一個組織。

養蜂是農村最經濟最有利的副業。

勤儉是無價的寶貝。

中华职业教育社编写的《农村格言》。

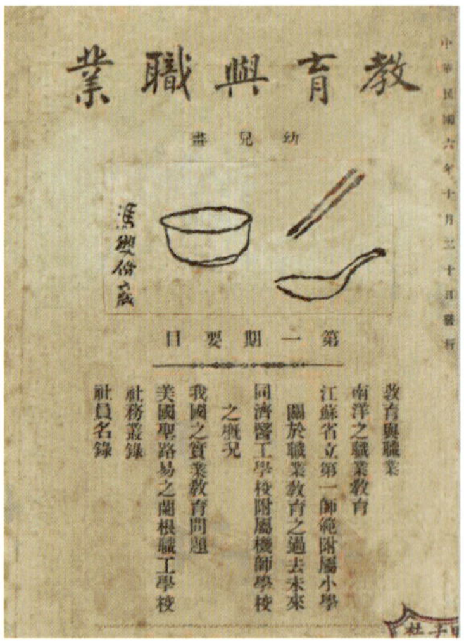

中华职业教育社出版的《教育与职业》创刊号(1917年)。

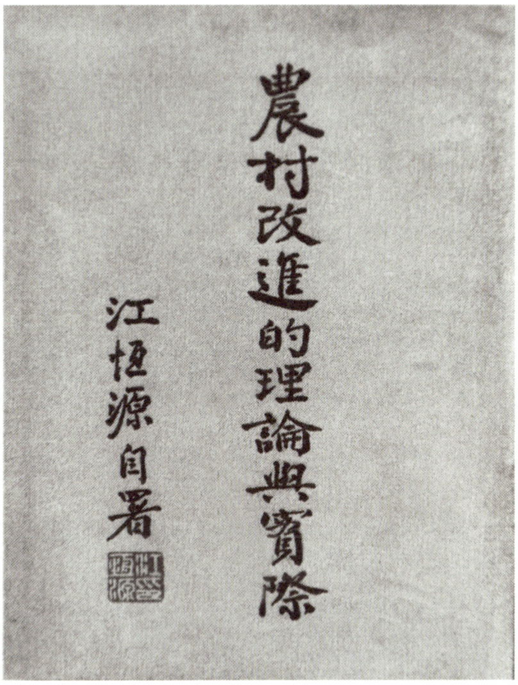

江恒源所著《农村改进的理论与实际》(生活书店，1935年)封面。江恒源(1885—1961)，江苏省灌云县人，中华职业教育社副理事长、中华职业学校校长。

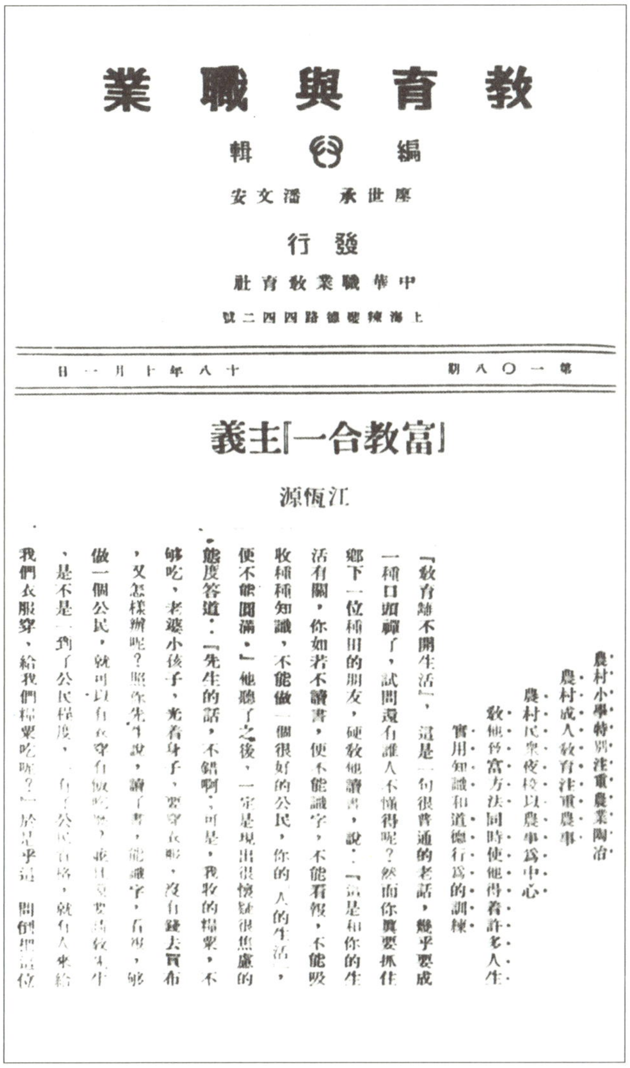

教育與職業

編輯 廖世承 潘文安

發行 中華職業教育社

上海辣斐德路四二號

第一〇八期 十八年十一月一日

「富教合一」主義

江恒源

農村小學特別注重農業陶冶
農村成人教育注重農事
農村民衆夜校以農事爲中心
教他們致富方法同時使他得着許多人生
實用知識和道德行爲的訓練

『教育離不開生活』，這是一句很普通的老話，幾乎要成一種口頭禪了，試問還有誰人不懂得呢？然而你真要抓住鄉下一位種田的朋友，硬教他讀書，說：『這是和你的生活有關，你如若不讀書，便不能識字，不能看報，不能吸收種種知識，不能做一個很好的公民，你的人的生活，便不能圓滿。』他聽了之後，一定是現出很懷疑很焦慮的態度答道：『先生的話，不錯啊，可是，我收的糧粟，不夠吃，老婆小孩子，光着身子，要穿衣服，沒有錢去買布，又怎樣辦呢？照你先生說，讀了書，能識字，看報，能做一個公民，就可以有衣穿有飯吃嗎？並且要請教先生，是不是一到了公民程度，有了公民資格，就有人來給我們衣服穿，給我們糧粟吃呢？』於是乎這一問倒把這位

江恒源关于农村教育的思考与主张(1929年)。

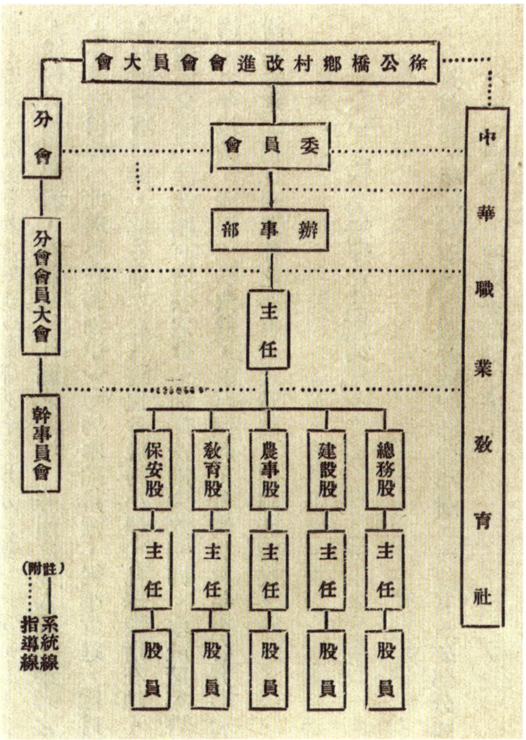

中华职业教育社1926年在江苏昆山设立徐公桥乡村改进试验区，以计划并促进徐公桥乡村自治、教育普及、生产充裕、娱乐改良为宗旨。图为该试验区组织机构概况。

徐公桥乡村改进试验区普及民众教育。

徐公桥乡村改进试验区的儿童图书馆。

江恒源(前排右六)与徐公桥乡村改进试验区村民在一起。

中华职业教育社在徐公桥乡村改进试验区设立新农具推行所，推广新农具区域达15省。图为改进区村民试用新农具打稻。

中华职业教育社在徐公桥乡村改进试验区倡办公共事业。图为公共仓库与信托储蓄银行。

中华职业教育社沪郊农村改进区赵家塘改进会开幕合影。

沪郊农村改进区的农民读报活动。

沪郊农村改进区的上课场景。

沪郊农村改进区的儿童教育。

沪郊农村改进区的学生课外活动。

1926 年 10 月，中华职业教育社与地方人士合办镇江女子职业学校。根据当地经济发展的需要，主要设立“蚕桑”和“师范”两科。图为蚕桑科学生在实习养蚕。

中华职业教育社与地方人士在镇江黄墟举办农村改进试验区，帮助农民发展经济，改善生活条件。图为黄墟改进试验区一周年纪念大会合影(1931 年)。

1933年，中华职业教育社在沪西举办漕河泾农学团，培养学识与技能兼长，有刻苦耐劳品质、舍己为群精神，同时了解农村民情，立志为农村服务的人才。图为1935年中华职业教育社同仁欢送农学团负责人黄齐生赴桂合影（前排右三为黄齐生，右四为黄炎培，右六为江恒源）。

中华职业教育社农学团与上海农民教育馆馆长姚惠滋组织国内农村考察团出发前留影（1934年）。

七、江苏省立教育学院与民众教育

俞庆棠（1897—1949），江苏太仓人，中国近代民众教育和社会教育先驱。1928年创办了以培养民众教育师资为目的的江苏省立教育学院。她坚持学做结合、走向社会、结合工农的办学方针，在无锡等地区创设民众教育馆和实验区。抗战胜利后，在上海指导、创办了140多所民众学校。

1945年底，时任上海市教育局社会教育处处长的俞庆棠将代表民众学校的小红旗插在上海市区地图上。

俞庆棠(中)与上海实验民众学校学生一起在校内修路(1947年)。

俞庆棠(前排右八)和上海市立民众学校主任教员合影(1946年)。

高阳(1892—1943),字践四,江苏无锡人。中国近代教育家。1917年美国康奈尔大学毕业后回国,先后任暨南大学教务长及中国公学大学部教务长。20年代初捐献全部家产创办私立无锡中学。1928年任中央大学区区立民众教育院院长,筹设并兼任劳农学院院长。两院合并为江苏省立教育学院后,继任院长,积极推行民众教育和乡村教育试验。

高阳所著《民众教育》初版(商务印书馆,1933年)封面。

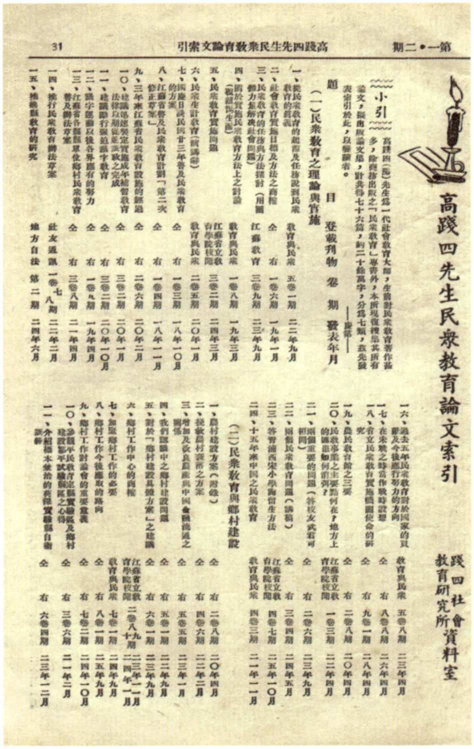

第一•二期　高踐四先生民衆教育論文索引　31

高踐四先生民衆教育論文索引

踐四社會教育研究所資料室

小引

高踐四(陽)先生爲一代社會教育大師，生前對民衆教育著作甚多，除商務出版之「民衆教育」專書外，本所現復搜集其所有論文，擬出版論文集，計共得七十六篇，約二十餘萬字，分爲七類，茲先發表索引於此，以饗讀者。——康爵——

(一)民衆教育之理論與實施

題目	登載刊物	卷期	發表年月
一、從民衆教育的起源及任務說到民衆教育的前途	教育與民衆	五卷一期	二二年九月
二、社會教育實施目標及方法之商榷	全右	一卷六期	一九年一月
三、民衆教育的任務與方法探討(用團體力量解決社會問題)	江蘇教育	三卷九期	二三年九月
四、關於實施民衆教育方法上之討論(致鈕惕生函)	教育與民衆	一卷八期	一九年三月
五、民衆教育實施問題	江蘇省立教育學院校聞	三卷二期	二四年三月
六、民衆生計教育(演講辭)	教育與民衆	二卷五期	二〇年一月
七、國慶日談民國廿三年普及民衆教育的方案	全右	一卷三期	一八年一〇月
八、江蘇省普及民衆教育計劃「第二次修正草案」	全右	一卷四期	一八年一一月
九、三年來江蘇省民衆教育設施的經過	全右	二卷六期	二〇年二月
一〇、建議從速規定實施成年補習教育法律以期從速訓政之完成	全右	三卷二期	二〇年一月
一一、建議厲行強迫識字教育	全右	三卷二期	二〇年一〇月
一二、識字運動以後各界應有的努力	全右	一卷九期	一九年四月
一三、江蘇省各縣縣單位鄉村民衆教育普及辦法草案	全右	三卷八期	二一年四月
一四、推行民衆教育辦法草案	社友通訊	一卷七八期	二二年二月
一五、推進縣教育的研究	地方自治	第二期	二四年六月
一六、過去五年民衆教育對於國家的貢獻及今後應行努力的方向	教育與民衆	五卷八期	二三年四月
一七、在未戰之時當作戰時設想	全右	八卷八期	二六年四月
一八、省立民衆教育實施機關使命的研究	全右	九卷一期	二八年四月
一九、農民教育館之三要	全右	二卷八期	二〇年四月
二〇、民教事業之主要點何在?地方上的障礙如何消弭?	江蘇省立教育學院校聞	一卷三期	二二年四月
二一、兩個重要的問題(答校友武君可桓問)	全右	二卷六期	二三年九月
二二、兩個民衆教育問題(講稿)	全右	三卷四期	二四年五月
二三、答胥浦西宋小學陶恒生方法	江蘇省立教育學院校聞	四卷七期	二五年一〇月
二四、十五年來中國之民衆教育	教育與民衆	四卷三期	二一年一一月

(二)民衆教育與鄉村建設

題目	登載刊物	卷期	發表年月
一、農村建設方案(附錄)	全右	二卷八期	二〇年四月
二、挽救農村衰落之方案	全右	四卷六期	二二年二月
三、增加及改良農產與中國金融流通之關係	全右	五卷五期	二三年一月
四、我們試驗區中之鄉村建設問題	全右	五卷一期	二二年九月
五、對於「鄉村建設具體方案」之建議	全右	六卷一期	二三年九月
六、鄉村工作中心的商榷	江蘇省立教育學院校聞	二卷八九十期	二三年一一月 二四年一月
七、加緊鄉村工作的必要	教育與民衆	七卷一期	二四年九月
八、鄉村工作今後應取的路向	全右	八卷一期	二五年九月
九、鄉村工作討論會的重要意義	全右	七卷二期	二四年一〇月
一〇、參觀平民教育定縣實驗區及鄉村建設鄒平試驗縣區之心得	全右	三卷六期	二一年二月
一一、介紹標本兼治的有保實驗縣自衛訓練	全右	六卷四期	二三年一二月

高践四先生民众教育论文索引。[资料来源:《教育与民众》第十二卷第一、二期,江苏省立教育学院,1948年。]

江苏省立教育学院院徽与院歌。

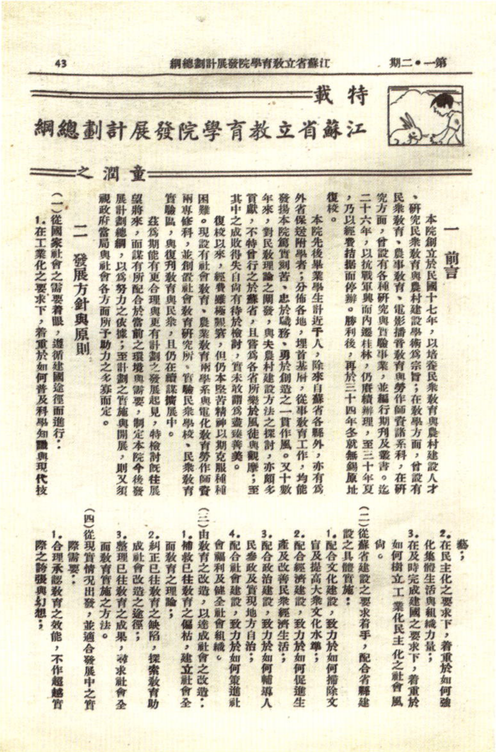

43　江蘇省立教育學院發展計劃總綱　第一•一二期

特載

江蘇省立教育學院發展計劃總綱

童潤之

一　前言

本院創立於民國十七年，以培養民衆教育與農村建設人才、研究民衆教育與農村建設學術爲宗旨；在教學方面，曾設有民衆教育、農事教育、電影播音教育與勞作師資諸系科，在研究方面，曾設有各種研究與實驗事業，並編行期刊及叢書。迄二十六年，以抗戰軍興而內遷桂林，仍賡續辦理，至三十年夏，乃以經費拮据而停辦。勝利後，再於三十四年冬就無錫原址復校。

本院先後畢業學生計近千人，除來自蘇省各縣外，亦有爲外省保送附學者；分佈各地，埋首基層，從事教育工作，均能發揚本院篤實刻苦、忠於職務、勇於創造之一貫作風。又十數年來，對民教理論之闡發，與夫農村建設方法之探討，亦頗多貢獻，不特曾行之於蘇省，且嘗爲各省所樂於風從與觀摩；至其中之成敗得失自尚有待於檢討，實未敢謂爲盡臻善美。

復校以來，經費雖極艱窘，但仍本堅苦精神以期克服種種困難。現設有社會教育、農業教育兩學系與電化教育勞作師資兩專修科，並創設社會教育研究所、實驗民衆學校、民衆教育實驗區，與復刊教育與民衆，且仍在籌謀擴展中。

茲爲期能有更合理與更有計劃之發展起見，特檢討既往展望將來，而謀有所配合於當前之環境與需要，制定本院今後發展計劃總綱，以爲努力之依據；至計劃之實施與開展，則又須視政府當局與社會各方面所予助力之多寡而定。

二　發展方針與原則

(一)從國家社會之需要着眼，遵循建國途徑而進行：

1.在工業化之要求下，着重於如何普及科學知識與現代技藝；

2.在民主化之要求下，着重於如何強化集體生活與組織力量；

3.在及時完成建國之要求下，着重於如何樹立工業化民主化之社會風尚。

(二)從蘇省建設之要求着手，配合省縣建設之具體實施：

1.配合文化建設，致力於如何掃除文盲及提高大衆文化水準；

2.配合經濟建設，致力於如何促進生產及改善民衆經濟生活；

3.配合政治建設，致力於如何輔導人民參政及實現地方自治；

4.配合社會建設，致力於如何策進社會福利及健全社會組織。

(三)由教育之改造，以達成社會之改造：

1.補救已往教育之偏枯，建立社會全面教育之理論；

2.糾正已往教育之缺陷，探索教育助成社會改造之途徑；

3.整理已往教育之成果，尋求社會全面教育實施之方法。

(四)從現實情况出發，並適合發展中之實際需要：

1.合理承認教育之效能，不作超越實際之誇張與幻想；

江苏省立教育学院以“培养民众教育与农村建设人才，研究民众教育与农村建设学术”为宗旨，以创立于1929年的黄巷实验区、1932年的北夏实验区和惠北实验区为实验基地，开展乡村教育与地方自治等乡村建设实践。学院聘请傅葆琛、雷沛鸿等知名教育专家来校任教。图为江苏省立教育学院发展计划总纲。[资料来源：《教育与民众》第十一卷第一、二期，1946年。]

江苏省立教育学院主办的《教育与民众》创刊号(1929年)封面。

江苏省立教育学院校园一角(1947 年)。

江苏省立教育学院男生及部分教职工宿舍(1947 年)。

江苏省立教育学院劳作师资专修科第一届毕业生合影(1938 年 7 月于桂林)。

本院歷屆畢業生統計

項	別	人	數
系科	民衆教育	408	779
	農事教育	356	
	勞作師資	13	
	研究生	2	
籍貫	本省	669	779
	外省	110	

本院現在在院學生統計

項	別	人	數
系科	社會教育學系	202	382
	農業教育學系	121	
	電化教育專修科	30	
	勞作師資專修科	28	
	研究生	1	
籍貫	本省	356	382
	外省	26	

1946 年江苏省立教育学院历届毕业生及在院学生统计。[资料来源:《教育与民众》第十一卷第一、二期,1946 年。]

第四单元　群体与多样

乡村建设，实非建设乡村，而意在整个中国社会之建设，或可云一种建国运动。

梁漱溟：《乡村建设理论》(1937 年)

贯穿于百年中国的乡村建设实践，不仅由农村落后破败的现实促成，也是国情自觉与文化自信的产物；既源于“救济乡村”“乡村自救”“积极建设”“重建新社会构造”等多方因素，也内含着对主流发展思路的质疑与挑战。

因此，乡村建设不限于技术层面，也不只是个案实践或纯理论的静态设计。作为立足地方且互动于复杂现实的实践行动，乡村建设形式多样，且在实践中因地制宜，不断地推陈出新。

一、“有实无名”的乡村建设

黄展云(1875—1938)，福建永泰人。辛亥革命先驱、孙中山秘书，同盟会福建支部创办人。1927年任福建省政府农工厅厅长，选定福建长乐营前为试验区，以农工厅厅长身份自兼村长，建立营前模范村。

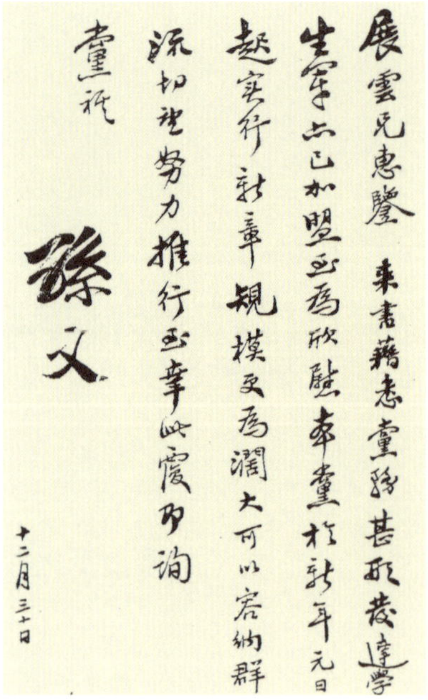

展雲兄惠鑒　來書藉悉黨務甚形發達學
生等亦已加盟至為欣慰本黨於新年元日
起實行新章規模更為擴大可以容納群
流切望努力推行至幸此復即詢
黨祺
孫文
十二月三十日

孙中山致黄展云的信。

孙中山访问福州合影（前排右五为孙中山，右二为黄展云）。

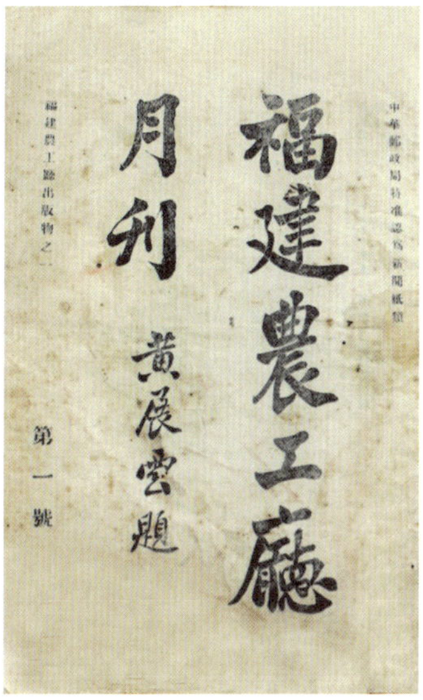

黄展云创办的《福建农工厅月刊》第一期封面。

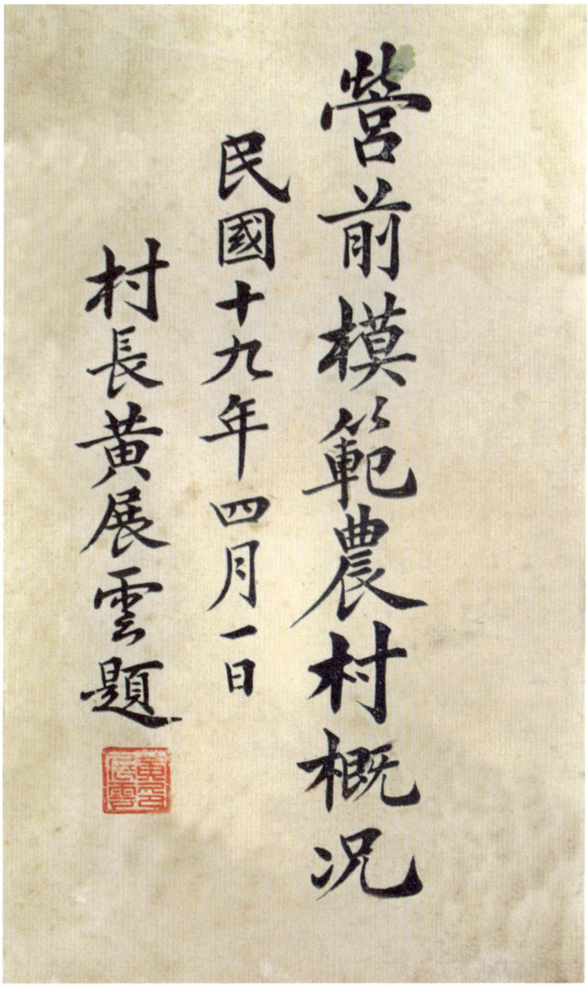

《营前模范农村概况》(1930 年)。模范村由黄展云与其助手黄朝平(周恩来留法同学)共同主持,设农工银行,创办学校,清查田亩,整顿警务,打击土豪劣绅,进行村政改革、教育改革、工业建设、农业建设等系列乡村建设改良实践。

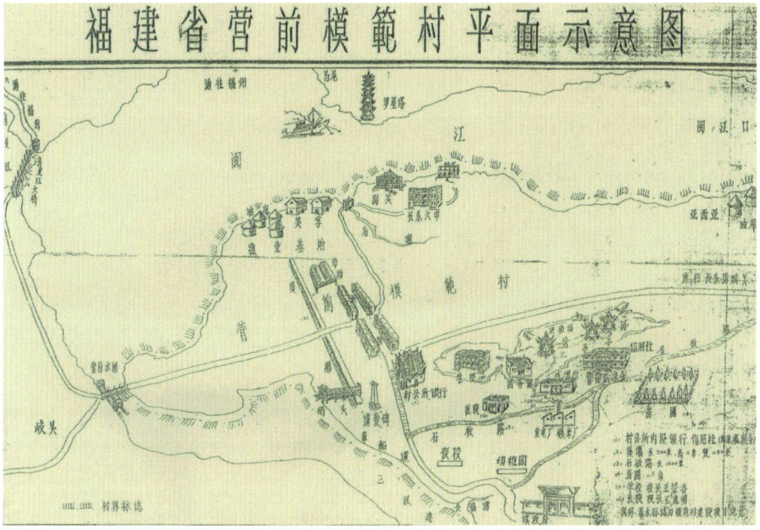

营前模范村平面示意图。营前模范村位于闽江下游、罗星塔南岸,距福州水程三十余里。虽然叫村,但原是闽侯县辖之第十三区,辖 76 乡,共 9450 户、38425 人。(1930 年)

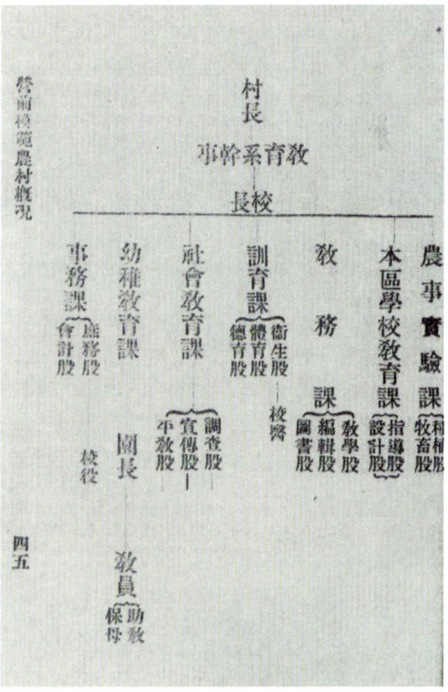

营前模范村组织系统图。

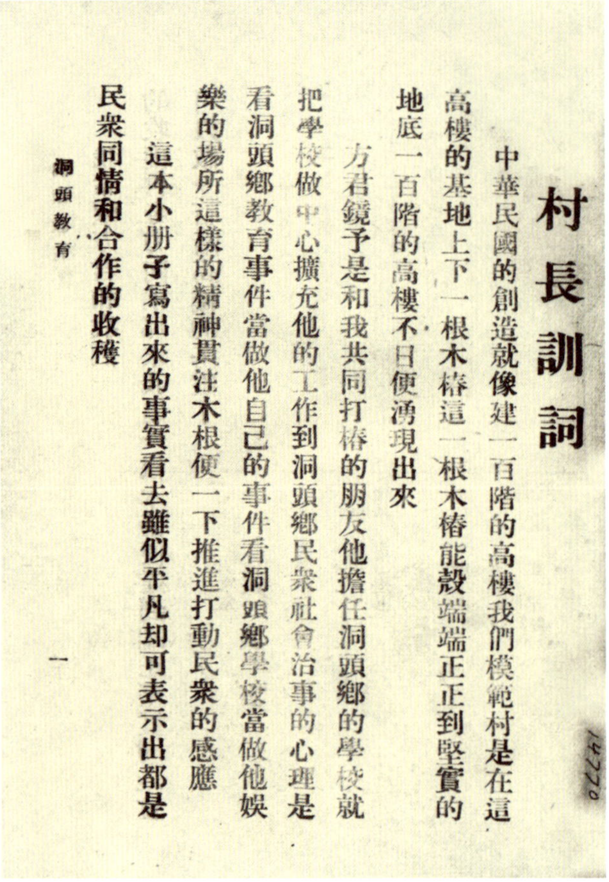

村長訓詞

中華民國的創造就像建一百階的高樓我們模範村是在這高樓的基地上下一根木樁這一根木樁能彀端端正正到堅實的地底一百階的高樓不日便湧現出來

方君鏡予是和我共同打樁的朋友他擔任洞頭鄉的學校就把學校做中心擴充他的工作到洞頭鄉民衆社會治事的心理是看洞頭鄉教育事件當做他自己的事件看洞頭鄉學校當做他娛樂的場所這樣的精神貫注木根便一下推進打動民衆的感應

這本小冊子寫出來的事實看去雖似平凡却可表示出都是民衆同情和合作的收穫

洞頭教育　一

黄展云为《洞头教育》(方镜予编,营前模范村洞头小学校发行,1932 年)写的《村长训词》。

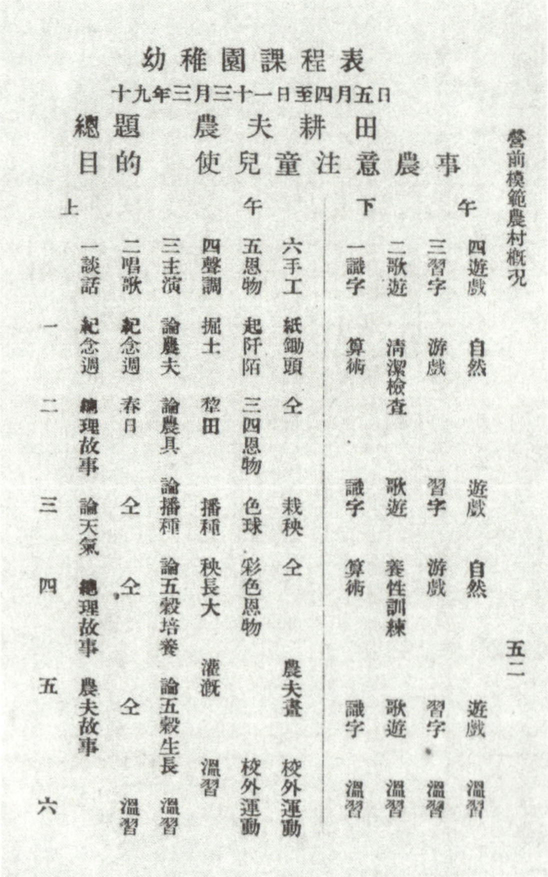

營前模範農村概況　五二

幼稚園課程表

十九年三月三十一日至四月五日

總題　農夫耕田

目的　使兒童注意農事

	上午 一談話	上午 二唱歌	上午 三主演	上午 四聲調	上午 五恩物	上午 六手工	下午 一識字	下午 二歌遊	下午 三習字	下午 四遊戲
一	紀念週	紀念週	論農夫	掘土	起阡陌	紙鋤頭	算術	清潔檢查	游戲	自然
二	總理故事	春日	論農具	犂田	三四恩物	仝				
三	論天氣	仝	論播種	播種	色球	栽秧	識字	歌遊	習字	遊戲
四	總理故事	仝	論五穀培養	秧長大	彩色恩物	仝	算術	養性訓練	游戲	自然
五	農夫故事	仝	論五穀生長	灌溉		農夫畫	識字	歌遊	習字	遊戲
六		溫習	溫習	溫習	校外運動	校外運動	溫習	溫習	溫習	溫習

营前模范村幼稚园课程表(1930 年)。

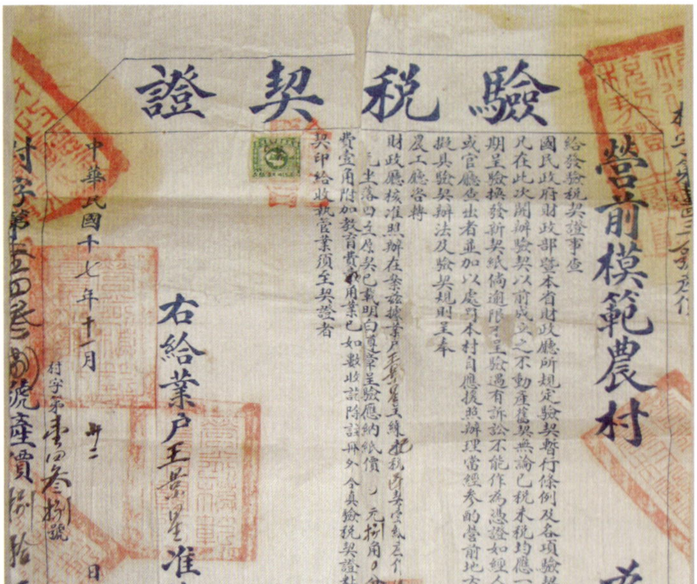

驗稅契證

營前模範農村　為

給發驗稅契證事查

國民政府財政部暨本省財政廳所規定驗契暫行條例及各項驗契章程凡在此次開辦驗契以前成立之不動產舊契無論已稅未稅均應一律限期呈驗換發新契紙倘逾限不呈驗遇有訴訟不能作為憑證如經人告發或官廳查出者並加以處罰本村自應援照辦理當經參酌營前地方情形擬具驗契辦法及驗契規則呈奉

農工廳咨轉

財政廳核准照辦在案茲據業戶[illegible]呈繳[illegible]契[illegible]坐落四至原契已載明白遵章呈驗應納紙價[illegible]元[illegible]角[illegible]分註冊費壹角附加教育費[illegible]角業已如數收訖除註冊外合具驗稅契證粘連原契印給收執管業須至契證者

右給業戶王[illegible]准此

中華民國十七年十二月　日給

营前模范村验税契证。此前田赋由“粮胥”“粮房”包办,结果地主豪绅往往“有田无赋”,而把田赋分摊到贫苦农民头上。模范村第一项重大改革是组织人员通过清查人口、登记田产、丈量土地,实施“废两改元”“丁粮合一”,杜绝了以前吏胥在田赋税收上的舞弊,使农民免受欺骗。

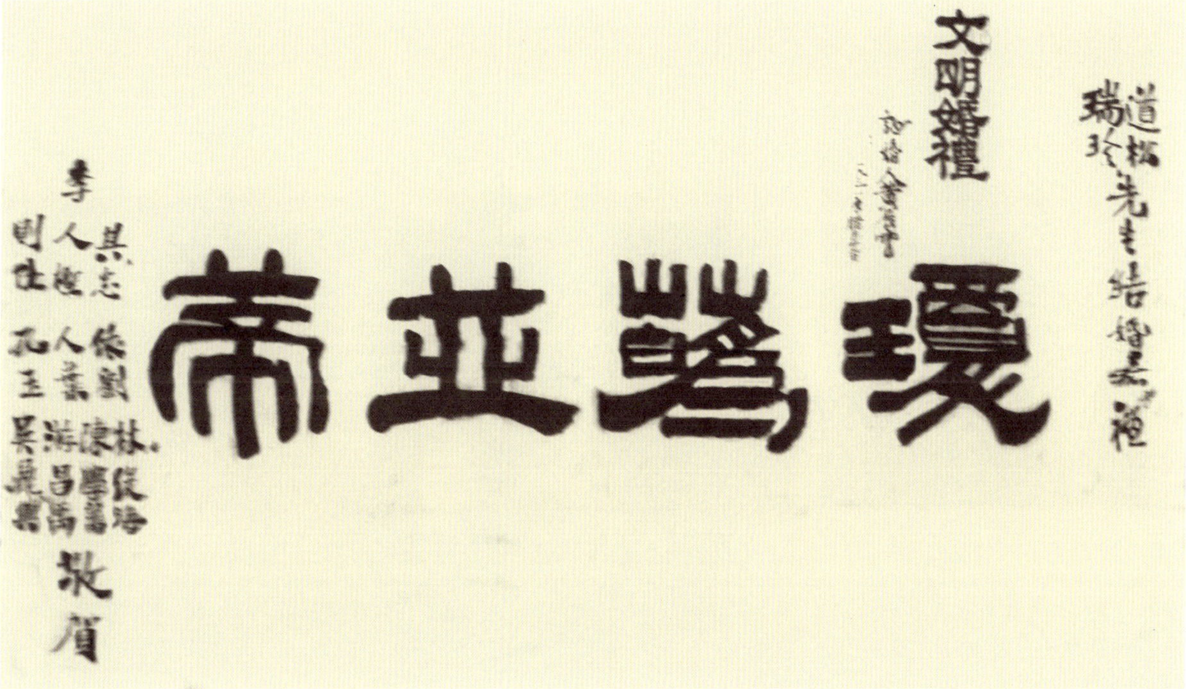

营前模范村反对包办婚姻，倡导文明婚礼。图为文明婚礼贺礼。

1929 年营前模范村工作人员合影（前排右四为黄展云）。1933 年 3 月，国民党当局认为模范村带有红色政治色彩而将其撤销。营前模范村前后历时五年又四个月。

王拱璧(1886—1976),河南西华县人。同盟会早期会员,留学日本早稻田大学,为中华留日学生总会的学生领袖,1920年返乡创建青年公学,实行“农教合一”,探索新村建设和普及农村教育的途径与方法,为河南乡村教育实践奠基人。

青年公学旧址(河南省西华县孝武营村,今属漯河市召陵区青年乡青年村)。

青年公学全体合影。该实践成效卓著,河南省教育厅1925年特颁发“惠嘉青年”匾额,北洋政府教育部颁发二等金质嘉禾奖章。美国和日本学者赴校参观并给予充分肯定。

王拱璧纪念碑。

雷沛鸿(1888—1967),广西南宁人,中国现代教育家,1911 年参加广州黄花岗起义。曾四任广西省教育厅长,创办广西普及国民基础教育研究院和西江学院,曾任教于江苏省立教育学院并担任广西大学校长和广西教育科学研究所所长。主张教育改造与社会改造相结合,创建国民教育体系以促进社会改革与民族振兴。

雷沛鸿创建的广西普及国民基础教育研究院院址。该院 1933 年在南宁津头村成立,为广西最早创办的教育科学研究机构。研究院下设办公室、实验推广委员会、编译委员会、训练辅导委员会等,以研究普及国民基础教育之理论并予以实施,辅导促进普及国民基础教育试行与推广为宗旨,具体工作为调查、研究计划、短期训练、辅导前方(试验区、推广区)服务人员,编写教材。

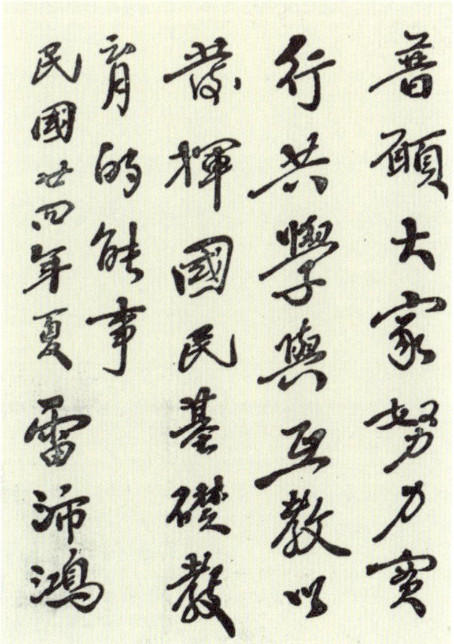

雷沛鸿为《国民基础教育丛讯》题字(1935 年)。为适应当时外患内忧的需要,结合中国、特别是广西实际,国民基础教育以教育大众化为方针,爱国教育为灵魂,生产教育为内容,以广西政治、经济、文化和军事“四大建设”为外延而展开试验探索。

雷沛鸿(前排右七)与广西普及国民基础教育研究院第四、五届学生结业合影(1936 年)。

广西省立西江学院农科全体同学欢送第一班毕业同学合影(前排右十一为院长雷沛鸿)。该学院筹备于 1944 年夏,1945 年正式招生,院址在南宁市郊津头村。

黄质夫(1896—1963),江苏仪征人。1924年国立东南大学农科毕业后投身于乡村师范教育事业。创办主持江苏界首乡村师范学校、江苏省立栖霞乡村师范学校、浙江湘湖乡村师范学校和国立贵州师范学校,前后长达20余年。实践陶行知的生活教育理论,提出“乡村学校化,学校乡村化”的主张,建立了独特的乡村师范教育体系、系统的教育方略和富于实践意义的教学模式。

黄质夫担任校长的江苏省立栖霞乡村师范学校位于南京栖霞镇,梁漱溟、黄炎培、陶行知等先后到校考察并予以表彰。

江苏省立栖霞乡村师范学校劳作运动会。

黄质夫担任校长的国立贵州师范学校村寨教育实验区师生员工合影(1946年)。

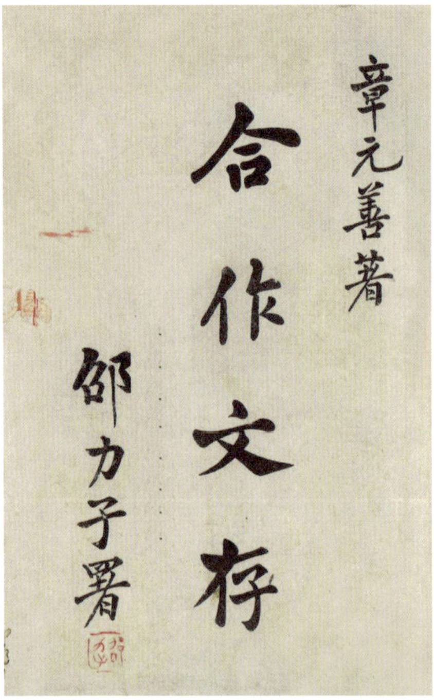

章元善所著《合作文存》封面。章元善(1892—1987),江苏苏州人。1915 年毕业于美国康奈尔大学。曾任南京国民政府实业部合作司司长、中国国际救济委员会驻会常委。其与其所担任总干事的华洋义赈会长期致力于乡村建设试验中的合作社运动。

参加第二次合作讲习会的河北涿县合作社部分学员合影(1926 年)。[资料来源:《中国华洋义赈救灾总会研究》,薛毅著,武汉大学出版社,2008 年。]

各地社员在互相观摩合作社的账表图册(1932年)。[资料来源:《中国华洋义赈救灾总会研究》,薛毅著,武汉大学出版社,2008年。]

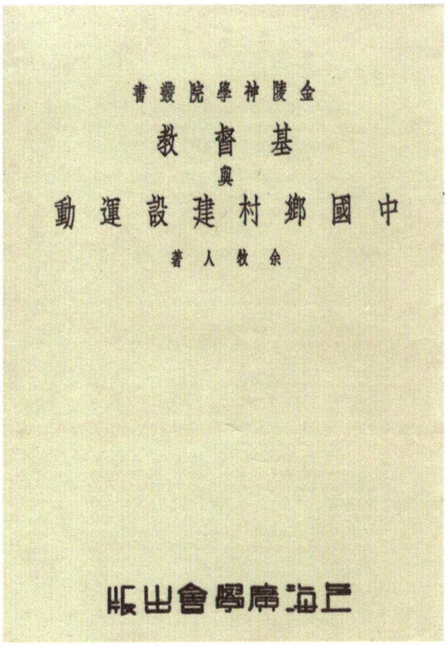

余牧人所著《基督教与中国乡村建设运动》(上海广学会,1943年)。

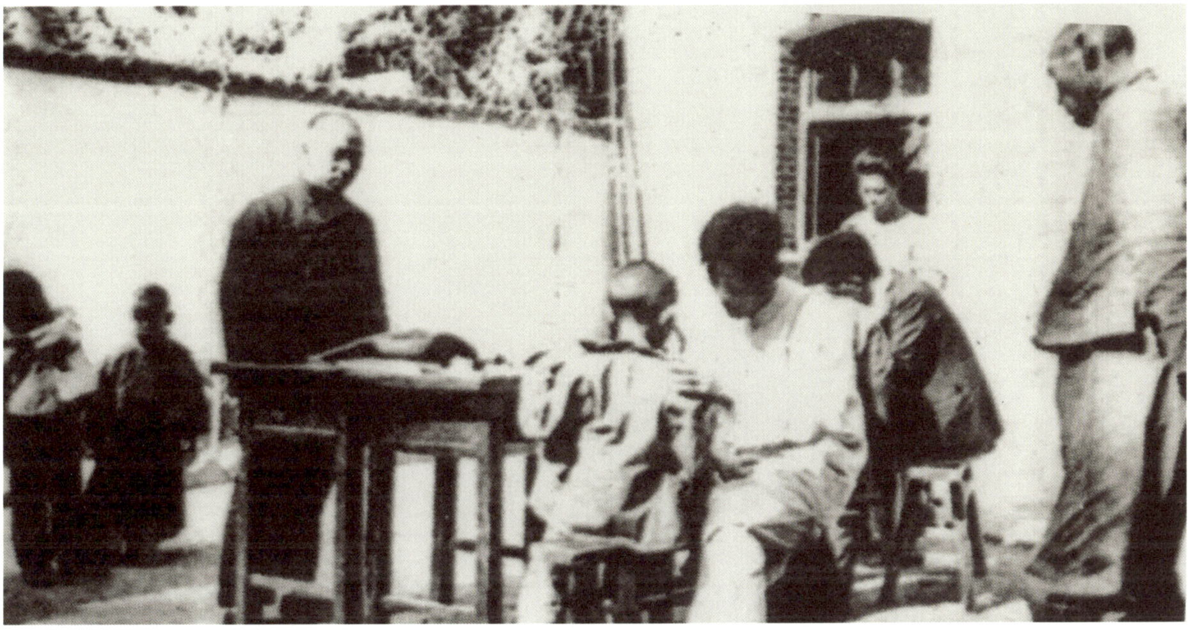

1930年齐鲁大学创办龙山乡村服务社。服务社工作大体分为农业经济、教育、家事、卫生四部分。图为齐鲁大学学生下乡,医学院学生为乡村小学生检查身体。[资料来源:《中国基督教乡村建设运动研究(1907—1950)》,刘家峰著,天津人民出版社,2008年。]

1934 年福建协和大学成立农村服务委员会，划闽侯县第三区仙峰乡为试验区，推行社会经济生产各项事业。图为农村服务工作中的农动竞赛。[资料来源:《香飘魏歧村——福建协和大学》,谢必震著,河北教育出版社,2004 年。]

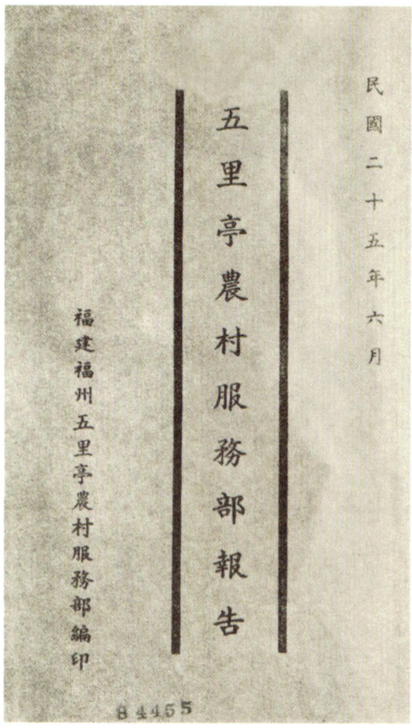

1935 年福建省建设厅和教育厅将五里亭乡村试验站委托福建协和大学办理，成立五里亭农村服务部，以改良农艺、推进社会教育为宗旨。图为《五里亭农村服务部报告》。[资料来源:《香飘魏歧村——福建协和大学》，谢必震著,河北教育出版社,2004 年。]

福建协和大学苗圃。[资料来源:《中国基督教乡村建设运动研究(1907—1950)》,刘家峰著,天津人民出版社,2008 年。]

1919 年 4 月 20 日，由北京高等师范学校学生自发创办的高等师范学校校友会德育部附设平民学校成立，成为中国最早的一所平民学校，开现代民众学校之先河。图为 1931 年 2 月国立北平师范大学平民学校职教员合影。

创办于 1928 年的安徽省立黄麓简易乡村师范学校附属小学。

山东邹平简易乡村师范学校部分教职员合影（后排左三为校长张宗麟，1935 年）。

黄渡乡师之劳作活动。[资料来源：《中华教育界》第二十三卷第六期。]

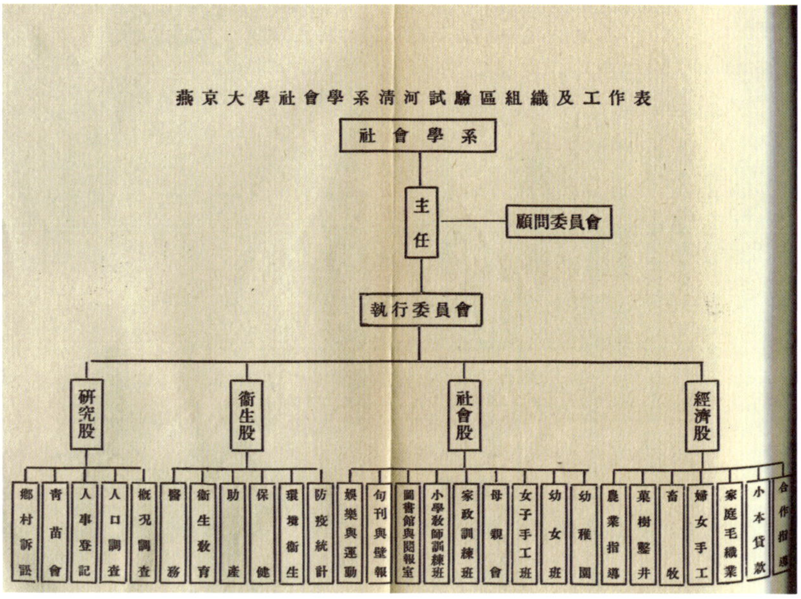

燕京大学社会学系清河试验区组织及工作表。[资料来源:《乡村建设实验》(第一集),乡村工作讨论会编,中华书局,1934 年。]

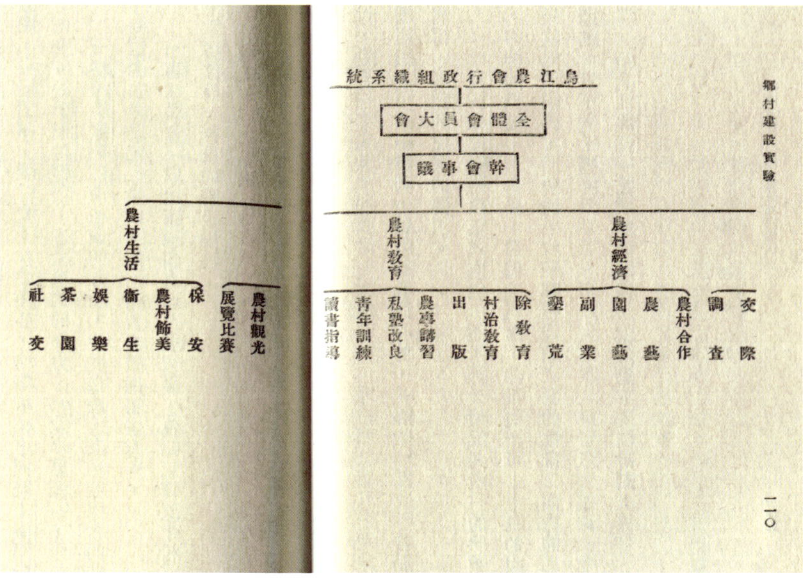

1930 年金陵大学与中央农业推广委员会合作,在安徽和县乌江镇成立农业推广实验区。图为实验区行政组织系统图。[资料来源:《乡村建设实验》(第一集),乡村工作讨论会编,中华书局,1934 年。]

二、整体与概览

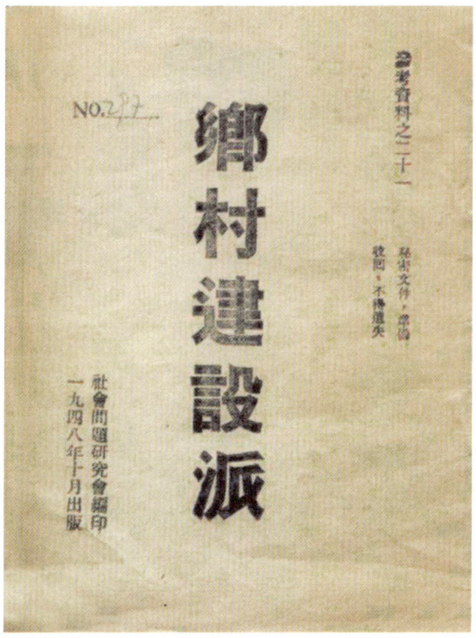

《乡村建设派》(社会问题研究会编印，1948 年)。

1933 年 7 月，第一次全国乡村工作讨论会在山东邹平召开，与会 60 余人，来自政府机构、大学、科研单位、报社等。图为该会发起者和组织者，前排自右至左为梁漱溟、章元善、魏朗斋、严敬斋、陈筑山、高践四、晏阳初、于树德，后排自右至左为许仕廉、杨开道、梁仲华、李景汉、孙廉泉、瞿菊农、张鸿钧。

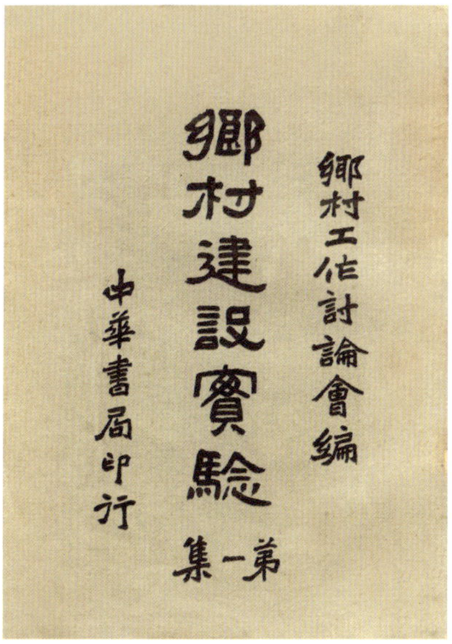

第一次全国乡村工作讨论会论文集《乡村建设实验》(第一集)(中华书局，1934 年)。

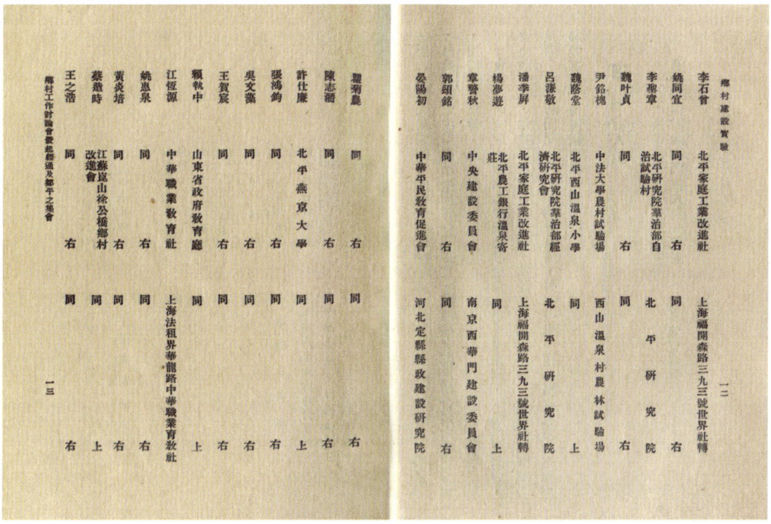

鄉村建設實驗　一二

李石曾	北平家庭工業改進社	上海福開森路三九三號世界社轉
姚同宜	同右	同右
李聖章	北平研究院葦治部自治試驗村	北平研究院
魏叶貞	同右	同右
尹銘槐	中法大學農村試驗場	西山溫泉村農林試驗場
魏蔭堂	北平西山溫泉小學	同上
呂漾敬	北平研究院葦治部經濟研究會	北平研究院
潘季屏	北平家庭工業改進社	上海福開森路三九三號世界社轉
楊麥遊	北平農工銀行溫泉寄莊	同上
章警秋	中央建設委員會	南京西華門建設委員會
郭頌銘	同右	同右
晏陽初	中華平民教育促進會	河北定縣縣政建設研究院

瞿菊農	同右	同右
陳志潛	同右	同右
許仕廉	北平燕京大學	同上
張鴻鈞	同右	同右
吳文藻	同右	同右
王賀宸	同右	同右
顧執中	山東省政府教育廳	同上
江恆源	中華職業教育社	上海法租界華龍路中華職業教育社
姚惠泉	同右	同右
黃炎培	同右	同右
蔡造時	江蘇崑山徐公橋鄉村改進會	同上
王之浩	同右	同右

鄉村工作討論會發起經過及鄒平之集會　一三

第一次全国乡村工作讨论会部分参会代表情况。[资料来源:《乡村建设实验》(第一集)，中华书局，1934 年。]

1934 年 10 月在河北定县举办的第二次全国乡村工作讨论会部分与会者合影(左起:江问渔、梁漱溟、晏阳初、章元善、许仕廉)。

1935 年 10 月在江苏无锡举办的第三届全国乡村工作讨论会合影。[资料来源:《中华教育界》第二十三卷第六期。]

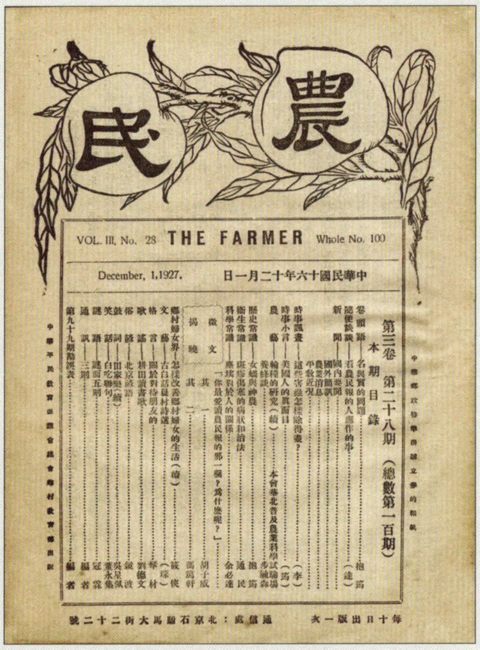

《农民》(旬刊)总第一百期,1927 年 12 月 1 日由中华平民教育促进会总会乡村教育部出版。

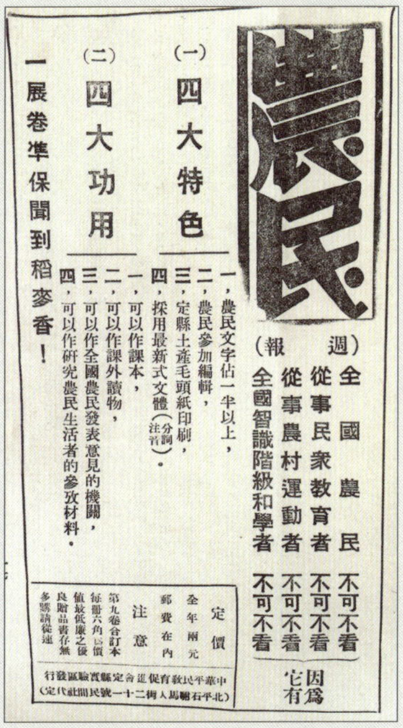

中华平民教育促进会《农民》(周报)征订广告。

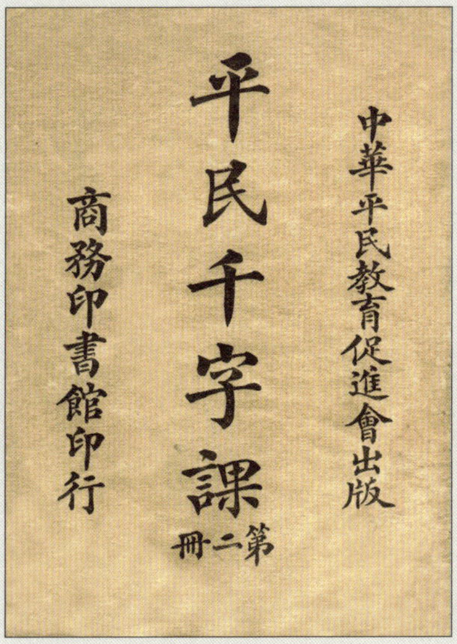

中华平民教育促进会组织,陶行知和朱经农编写的《平民千字课》(第二册,共四册)由商务印书馆出版,总计发行 300 万册。

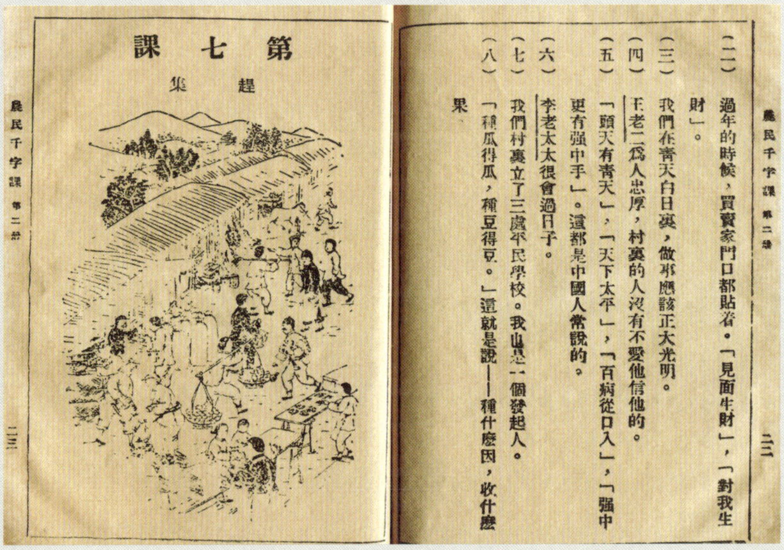

《平民千字课》内页。

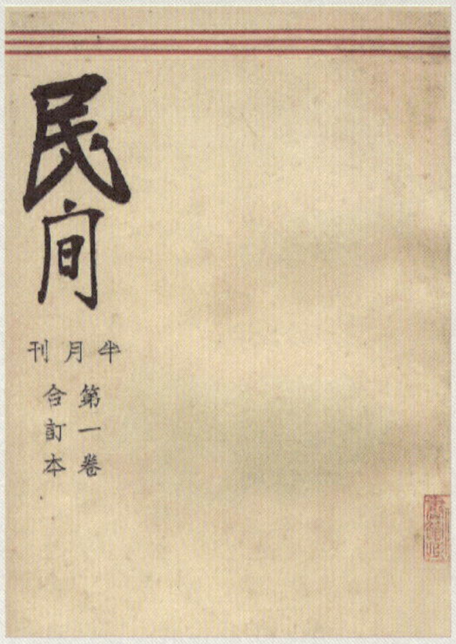

《民间》第一卷(1934年)封面。

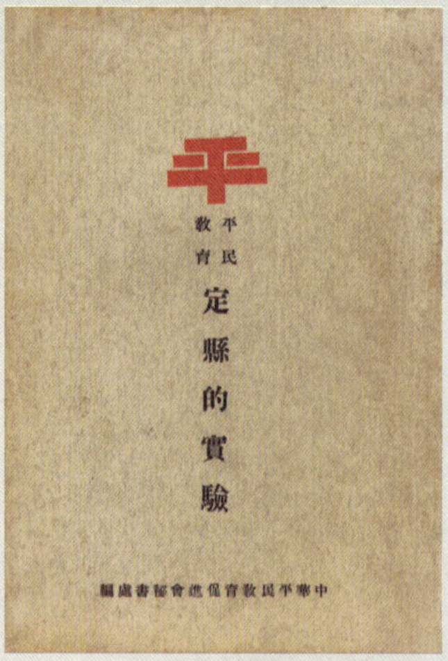

中华平民教育促进会秘书处编《平民教育：定县的实验》封面。

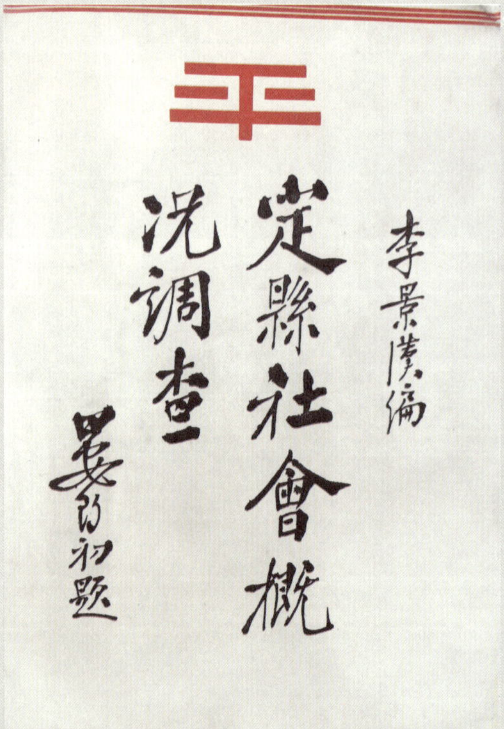

《定县社会概况调查》(李景汉编，1933年)封面。

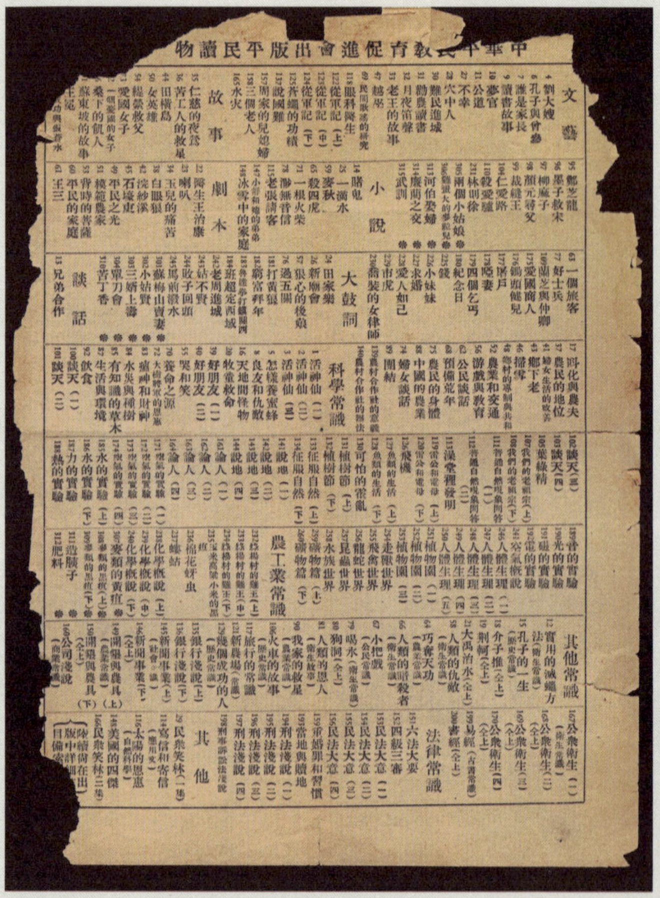

中華平民教育促進會出版平民讀物

文藝 故事 小說 劇本 大鼓詞 談話 科學常識 農工業常識 其他常識 法律常識 其他

中华平民教育促进会出版平民读物目录。

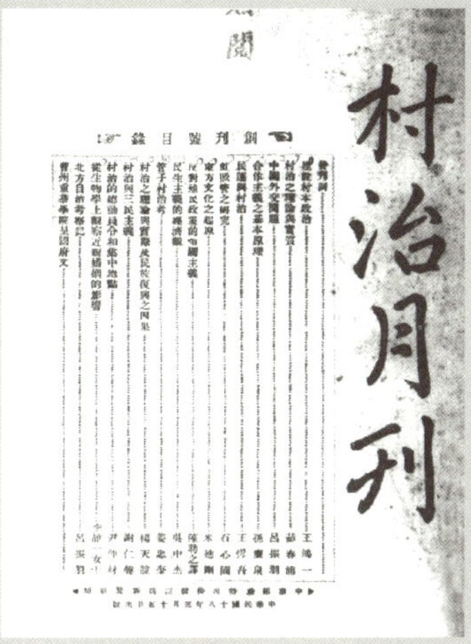

《村治月刊》创刊号(北平村治月刊社编,1929 年)。

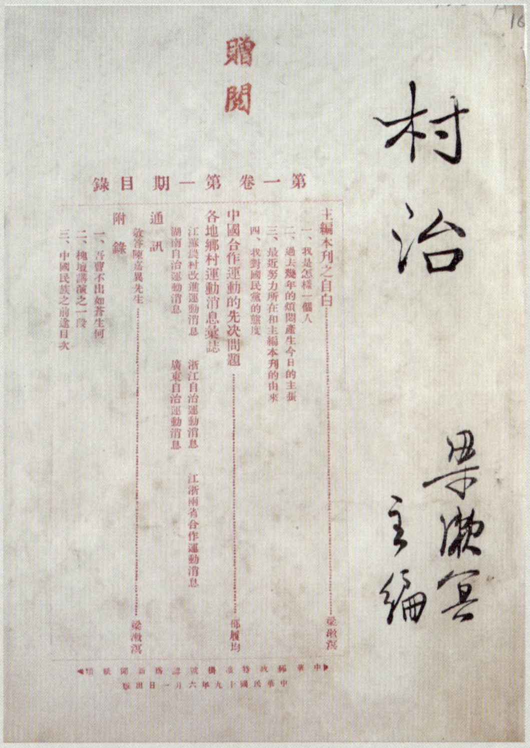

梁漱溟接任主编的《村治》创刊号(1930 年)。

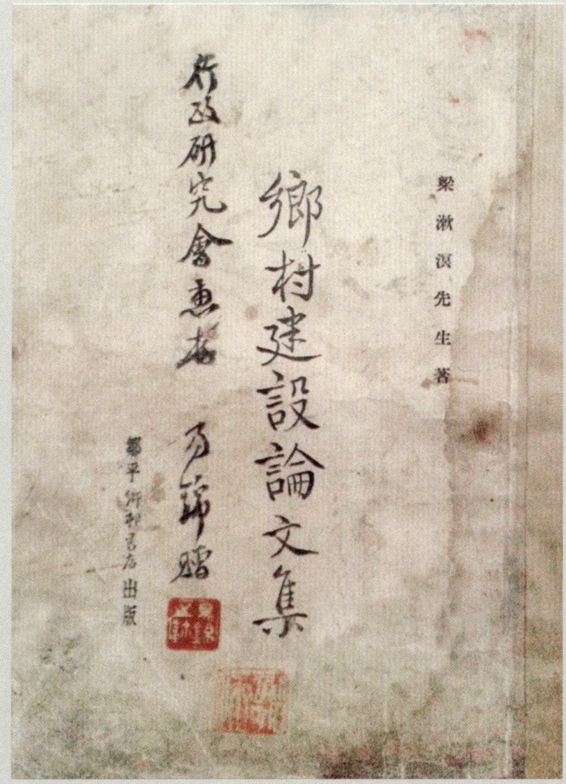

《乡村建设论文集》(梁漱溟著,邹平乡村书店,1934 年)。

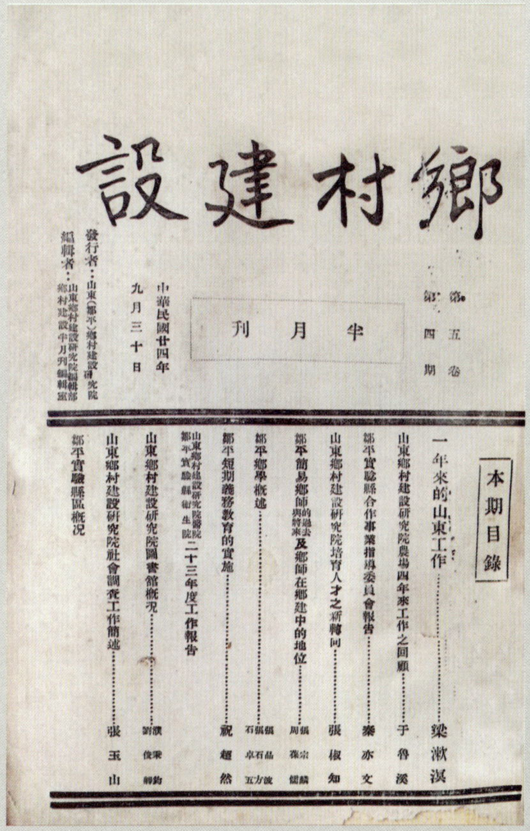

山东乡村建设研究院编辑的《乡村建设》(1935 年)。

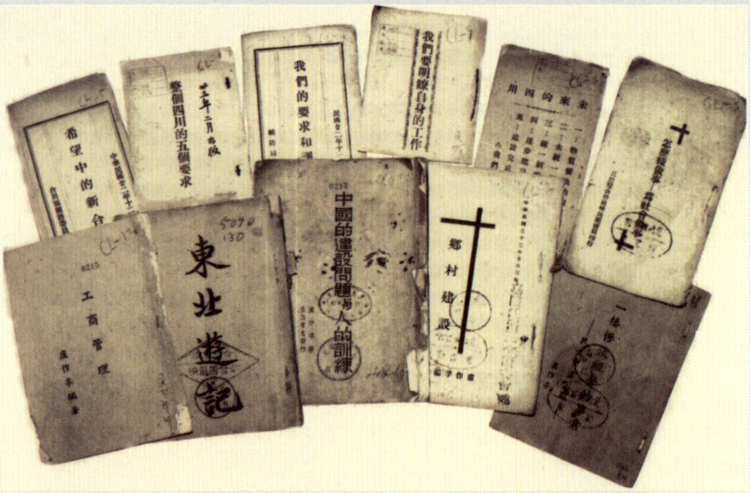

卢作孚部分著作单行本。

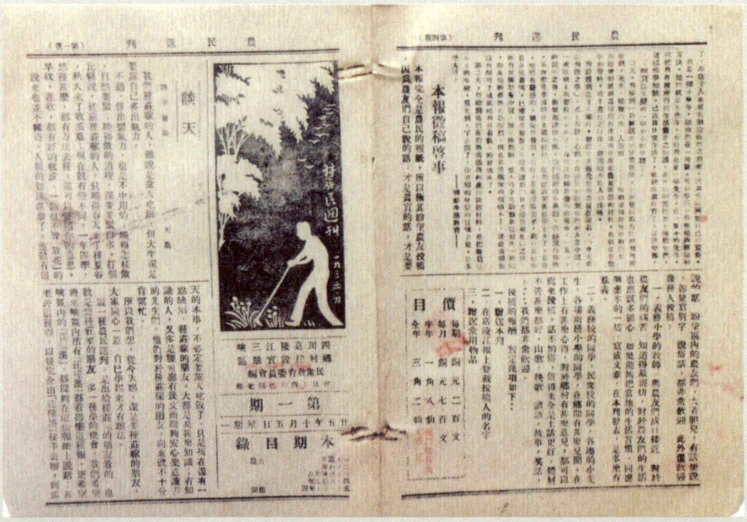
本報徵稿啓事

談天

嘉陵江三峡乡村建设实验区民众教育委员会编辑的《农民周刊》第一期（1936 年）。

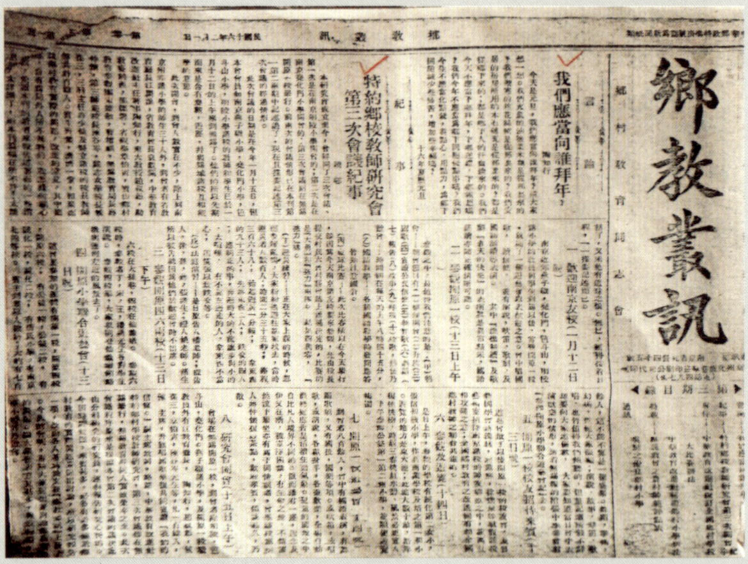
鄉教叢訊

我們應當向誰拜年？

特約鄉校教師研究會第三次會議紀事

陶行知主编的《乡教丛讯》。

陶行知《古庙敲钟录》(上海儿童书局,1950 年)封面。

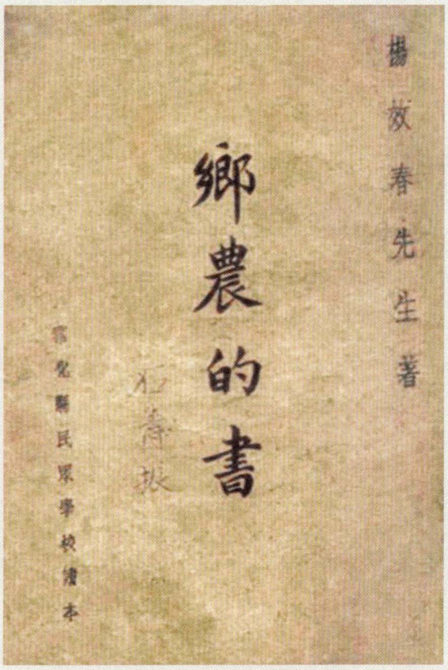

杨效春所著《乡农的书》封面。杨效春(1895—1938),浙江义乌柳村人。乡村教育家,黄麓乡村师范学校校长。

杨效春编《乡村教育纲要》(中华书局,1934 年)。

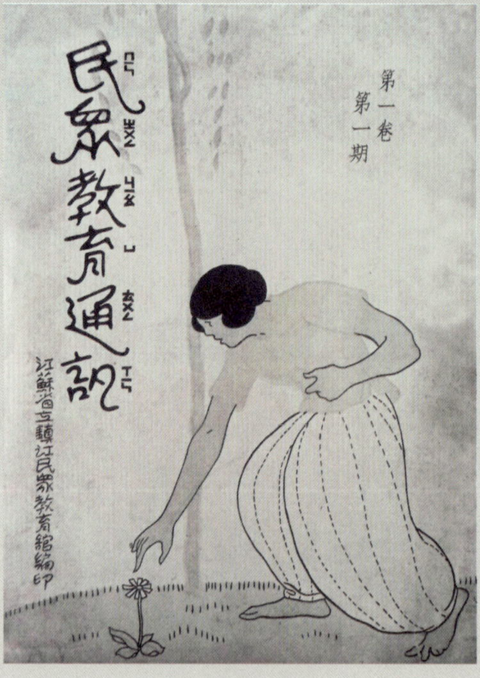

江苏省立镇江民众教育馆编印的《民众教育通讯》创刊号。

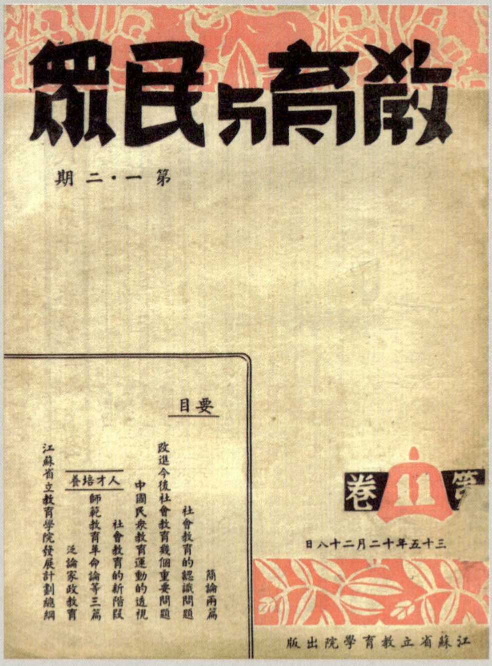

江苏省立教育学院出版的《教育与民众》第一·二期(1946 年)。

《乡村教育及民众教育》(陈礼江编著,正中书局,1938 年)。

江苏南通县立农民教育馆编印的《南通农民》创刊号(1929 年)。

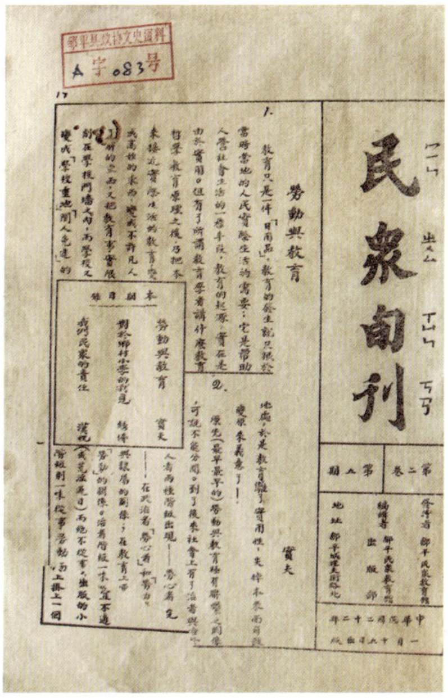
民眾旬刊

勞動與教育

山东邹平民众教育馆编印的《民众旬刊》(1933 年)。

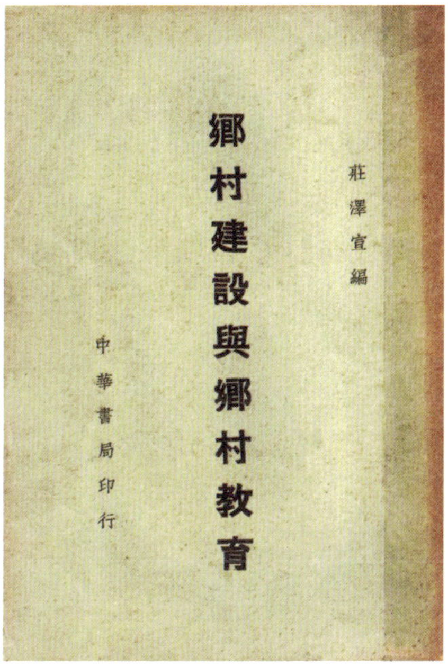

《乡村建设与乡村教育》(庄泽宣编，中华书局，1939 年)。

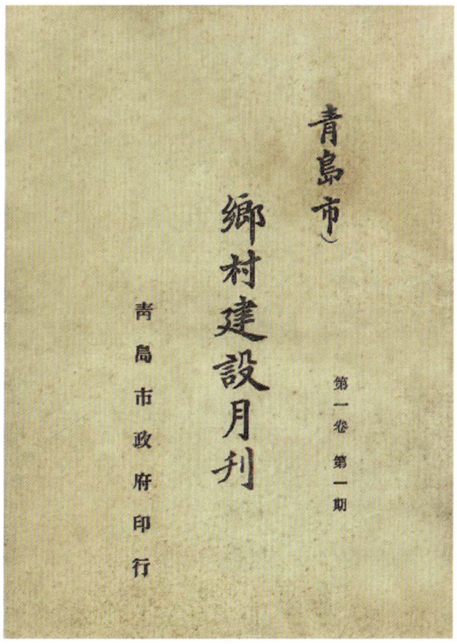

青岛市政府印行的《乡村建设月刊》创刊号(1933 年)。

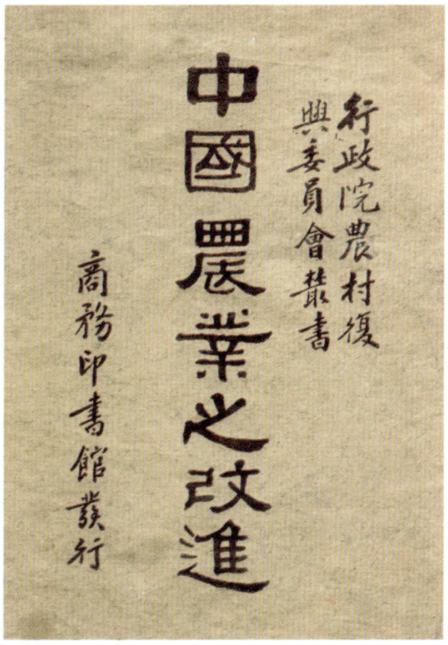

《中国农业之改进》(行政院农村复兴委员会编，商务印书馆，1934 年)。

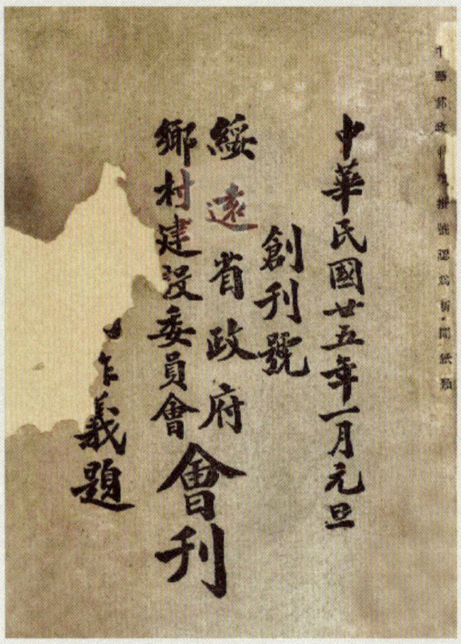

《绥远省政府乡村建设委员会会刊》创刊号(1936年)。

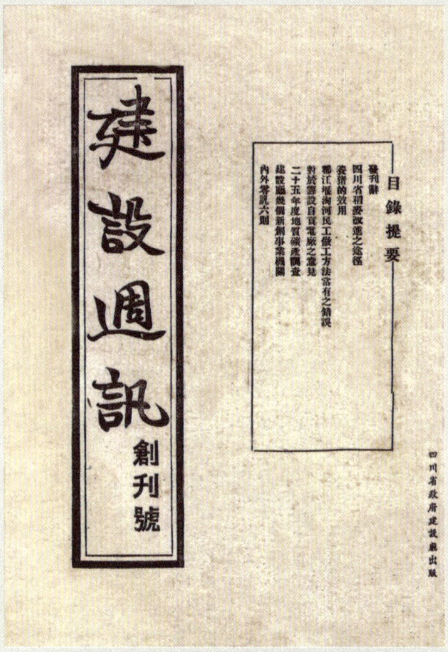

四川省政府建设厅出版的《建设周讯》创刊号(1937年)。此刊为卢作孚就任四川省建设厅厅长后创办,以刊登四川各县建设情况为要旨。[资料来源:《北碚图书馆精品图录·民国文献卷》,北碚图书馆编,中华书局,2014年。]

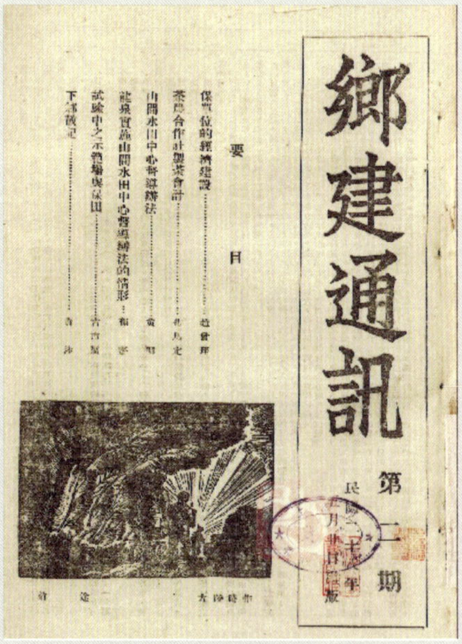

浙江省政府建设厅出版的《乡建通讯》(1939年创刊)。

第五单元　转型与融合

纺棉花每秒钟用一斤力量，十点钟就是三万六千斤，并且可以长久继续不断地纺；打铁锤打一百斤就费力，就须休息了；但表面看来，却以打铁锤为有力，以纺棉花为文弱……

卢作孚：《这才是伟大的力量》（1938年）

20世纪30年代，中国社会的外部环境随着世界经济危机和日本全面侵华而发生着剧烈变化，内部环境则因白银危机的爆发和保甲制的强制推行而导致"三农"受剥夺程度进一步加剧，改良空间萎缩。

然而，广义的乡村建设却从未停止或消失，只是在不同阶段以不同形式曲折展开。此时的乡村建设，在目标、内容、方式和重点上发生着一定变化。一方面，面对救亡压力，多数乡建实践从"救民"向"救国"转型，并以宣传动员、政治调停、人才培养等方式直接或间接地参与抗战救国；另一方面，抗战大后方的乡村建设实践者们开始探索"国统区"的减租减息与合作社建设，中国共产党则在延安等地更为成功地开展包括合作社、经济建设、农业改良、民众文艺、乡村调解等内容的乡村建设。在回归乡土脉络的过程中，乡村革命与乡村建设相互融合且彼此影响。

一、内迁与互动

面对救亡压力，乡村建设实践多数发生转型并以宣传动员、政治调停、人才培养等各种方式直接或间接地参与抗战救国。图为河北定县各界人士抗日救国大会。

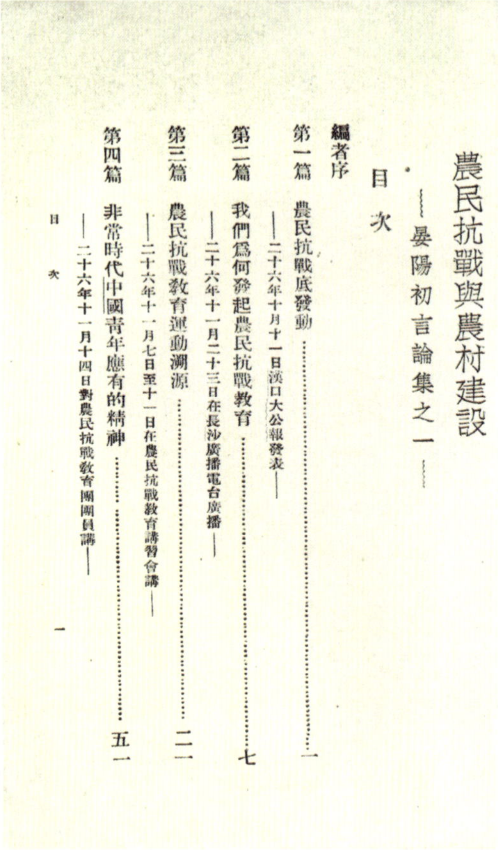

農民抗戰與農村建設

——晏陽初言論集之一——

目次

《农民抗战与农村建设》(中华平民教育促进会印行，1938 年）选载抗战爆发后晏阳初有关农村建设的讲演文稿共十篇。[资料来源：《北碚图书馆精品图录·民国文献卷》，北碚图书馆编，中华书局，2014 年。]

北碚试验区青年志愿抗敌出征。

北碚试验区民众抬着送子出征的模范母亲周玉福游行。

民生公司战时牺牲船员（部分）名单

民俗轮 李晖汉 王炳荣 陈志昌 陈新阶 龙海云 熊道新 李元茂 潘楚全
杨培元 李太元 熊安乐 邱宝定 徐伯臣 倪臣相 张民丰 陈禹延
薛敬利 黄连清 杨海廷 罗绍轩 刘树荣 陶国斋 邓全德 邓国祥
徐寿廷 戴子谦 朱一鸣 杨全盛 唐泽民 袁文彬 彭协华 罗光楷
戴如棡 邹国祥 曾国祥 申志忱 曹 述 张更新 李坤山 谢海清
孙铭钦 刘让修 戴清云 戴鸣和 王金山 殷国庆 戴长发 田焕章
周树荣 杨明俊 杨明会 邓金山 秦海泉 张兴高 黄少轩 唐荣华
雷成甫 邓其训 李仲书 李光荣 王荣宗 邱绍卿 陈天星 夏禹舟
袁乐兴 刘益三 徐耀光 沈文品 徐国良 龚吉云

民俭轮 徐大义 杨金炳 陈德清 赵炳坤 黄汉清

民太轮 唐耀琛

民宪轮 朱文钦 蒋顺铺 符雪园 韩长寿 顾裕香 朱树森 简策书 刘金生
黄云华 范云安 蒲正清 戚广俊 刘光谷

民元轮 游玉顺

民文轮 杨瑞丰（在“民宪”轮遇难）

民主轮 陈善全

民苏轮 刘海山

民约轮 邓学忠

民享轮 甘树松 姜耀根 王鹏程 李志云 韦四贵 汤国民 易法中 周老幺
毛玉清

民众轮 张椿林 李信臣（民生厂派船工作遇难）

民贵轮 陈建勋

中汉引水 吕承琴

第三趸船 程炳炎

第四趸船 左子平

第七趸船 陈祥忠

资料来源：中国水运史丛书之《民生公司史》第185—186页

抗战时期民生公司为抢运战略物资和转移人员而牺牲的船员(部分)名单。

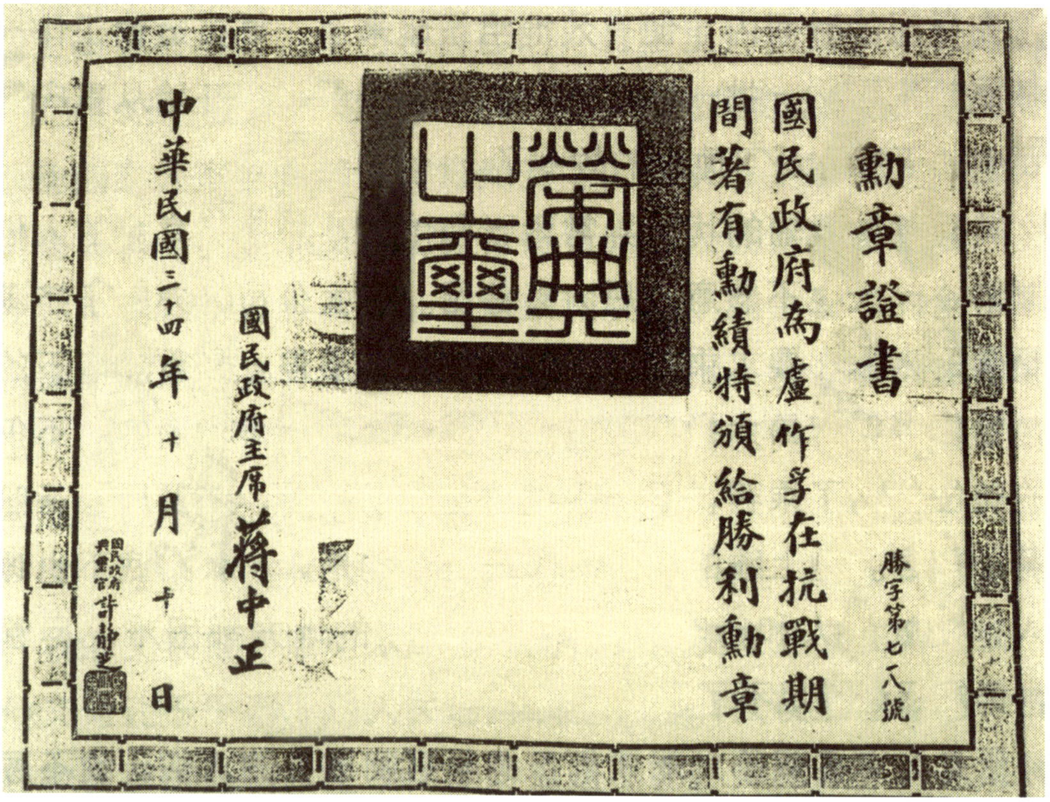

国民政府为表彰卢作孚在抗战期间的卓越贡献而为其颁发胜利勋章(1945年)。图为颁发勋章的证书。

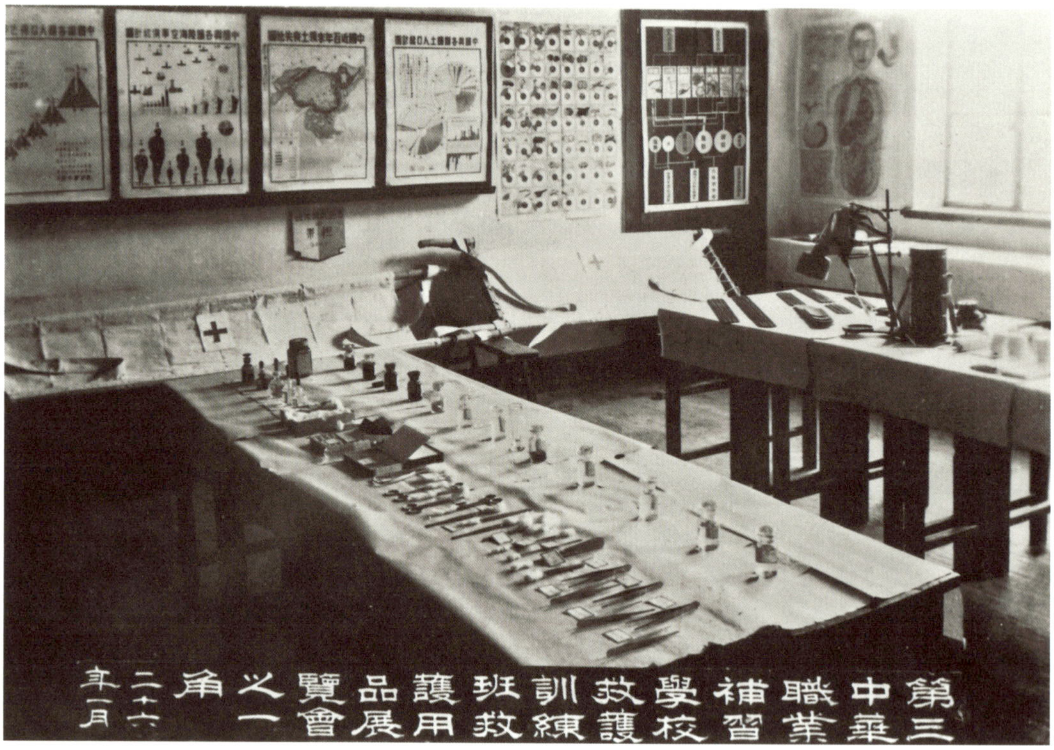

中华职业教育社第三中华职业补习学校举办的抗日救护训练班的救护用品展览。

中华平民教育促进会在全面抗战开始后迁往内地，同时进行抗战实践与新形式的乡村建设。图为1937年平教会干部在长沙农民抗战教育团进行抗日宣传。

中华平民教育促进会平民文学部主任陈筑山（右三）等前往广西。

中华平民教育促进会内迁途中，在长沙为陈筑山过生日。

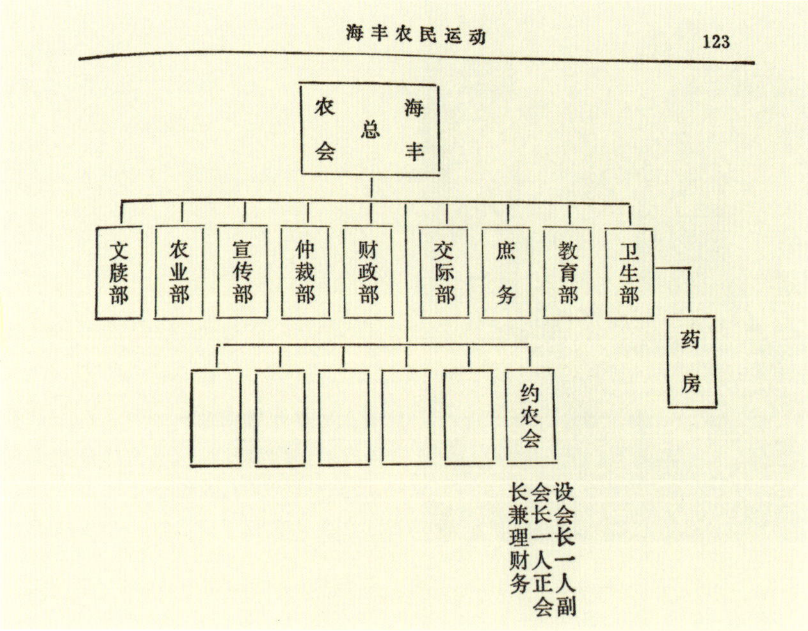

乡村革命与乡村建设其实一直存在着互动与融合。图为早期农民运动中的建设性框架。[资料来源:《海丰农民运动》,彭湃著,国光书店,1926 年。]

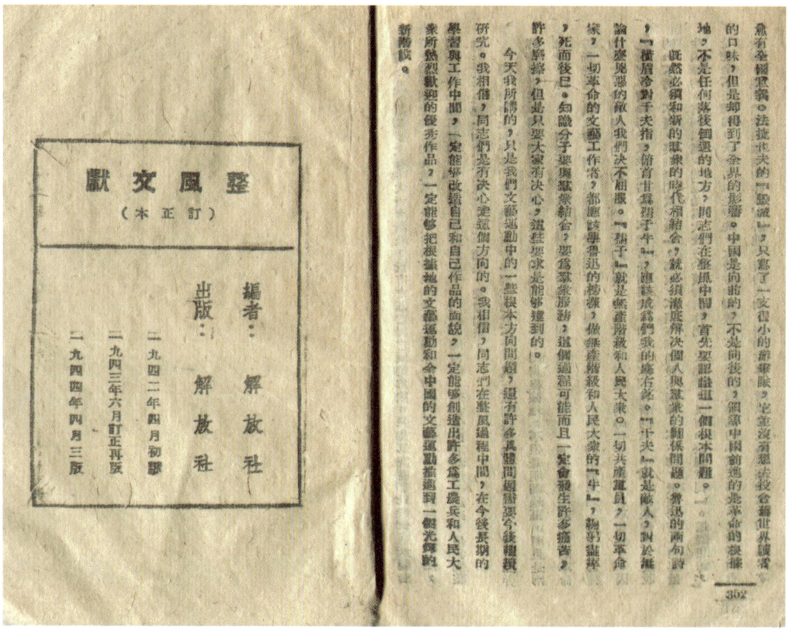

抗战时期,延安的抗战及乡村建设实验引起国统区社会各界的热切关注。1938 年 1 月,梁漱溟赴延安访问,与毛泽东会谈多次,其中两次通宵达旦。图为晏阳初所创办的私立中国乡村建设学院图书馆中公开流通的延安《整风文献》。

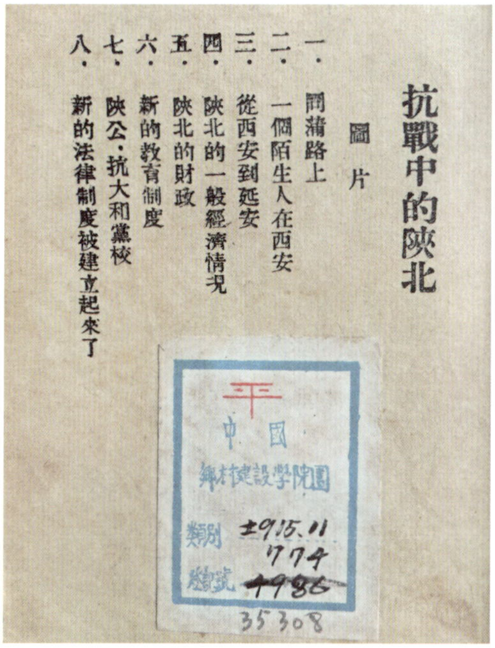

私立中国乡村建设学院馆藏的《抗战中的陕北》。

江竹君(筠)烈士(江姐)在黄炎培所创办的中华职业学校的修业证书。

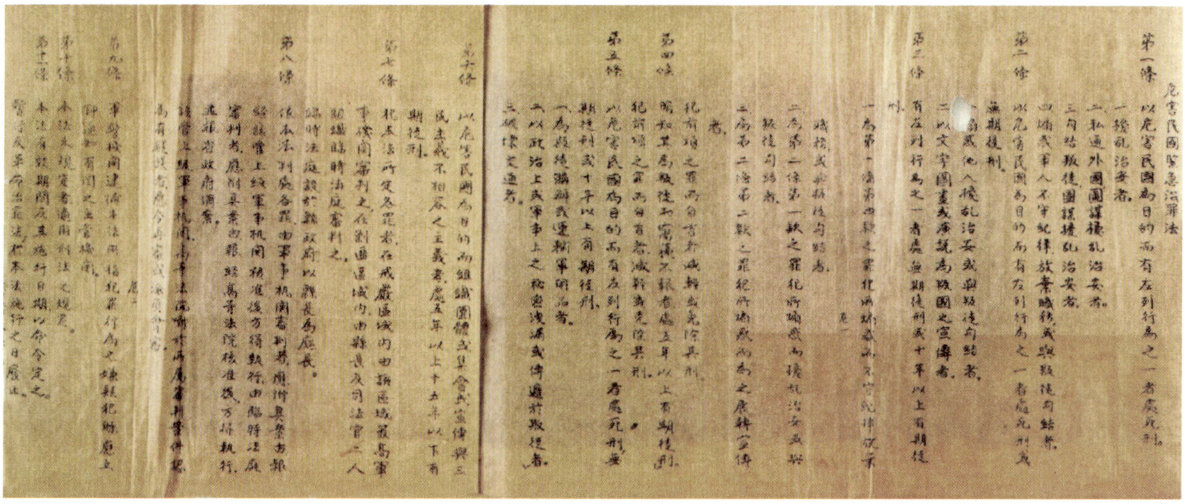

为实行专制控制，国民党大肆推行特务制度，大力推行保甲制度，实行连坐法，乡村改良的空间日益萎缩。图为1931年国民党政府发布的《危害民国紧急治罪法》。

二、抗战大后方的乡村建设(一)：华西实验

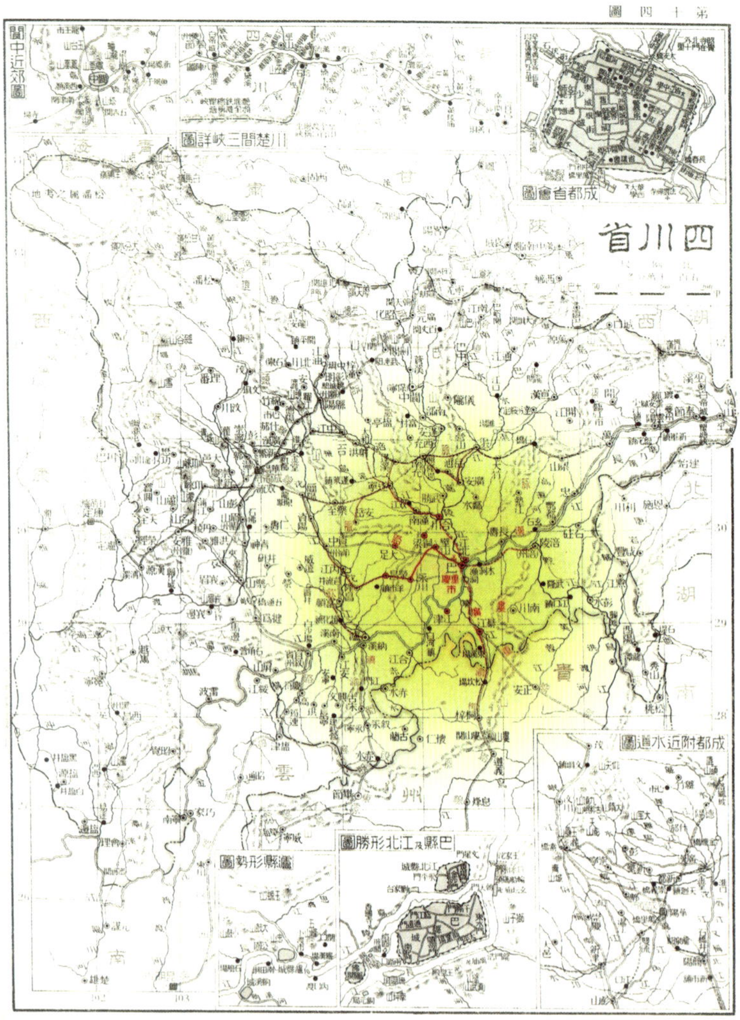

2012年，重庆市璧山区档案馆在清理所藏民国档案时发现近400卷共4万多页中华平民教育促进会华西实验区档案。该批档案涉及华西实验区由成立至解散的全过程，内容涵盖华西实验区农村经济建设、教育建设、卫生建设、自治建设、减租土改等方面。(本部分有关华西实验区的档案原件现均藏于璧山区档案馆。)图为华西实验区位置图。

华西实验区发展阶段一览表

(1940—1950)

名　称	起止年份	总办事处地址	负责人	范　围
中国乡村建设育才院璧山实习区	1940—1945	璧山县来凤驿郭家大院	朱冲涛 王秀斋	璧山县
中华平民教育促进会巴璧实验区	1946—1947	璧山县城省立医院内	孙则让	巴县、璧山县
四川省第三行政区、中华平民教育促进会华西实验区	1947—1950	璧山县城省立医院内	孙则让	巴县、璧山、江津、綦江、江北、永川、荣昌、大足、铜梁、合川十县和北碚管理局

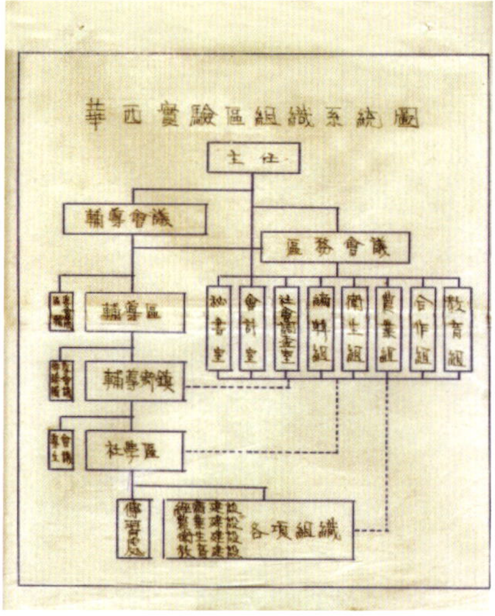

中华平民教育促进会因抗战而内迁，在四川省第三行政督察区，以璧山县为中心的十县一局建立了“华西实验区”。“华西实验”是晏阳初及中华平民教育促进会继河北“定县试验”之后，在中国开展的又一次大规模乡村建设实践。图为华西实验区组织系统图。

孙则让（1899—1952），别号廉泉，山东曹县人，历任山东乡村建设研究院副院长、菏泽实验县县长、山东省第二区行政督察专员、湖南衡山专区专员、四川省第三区行政督察专员、华西实验区主任等职。

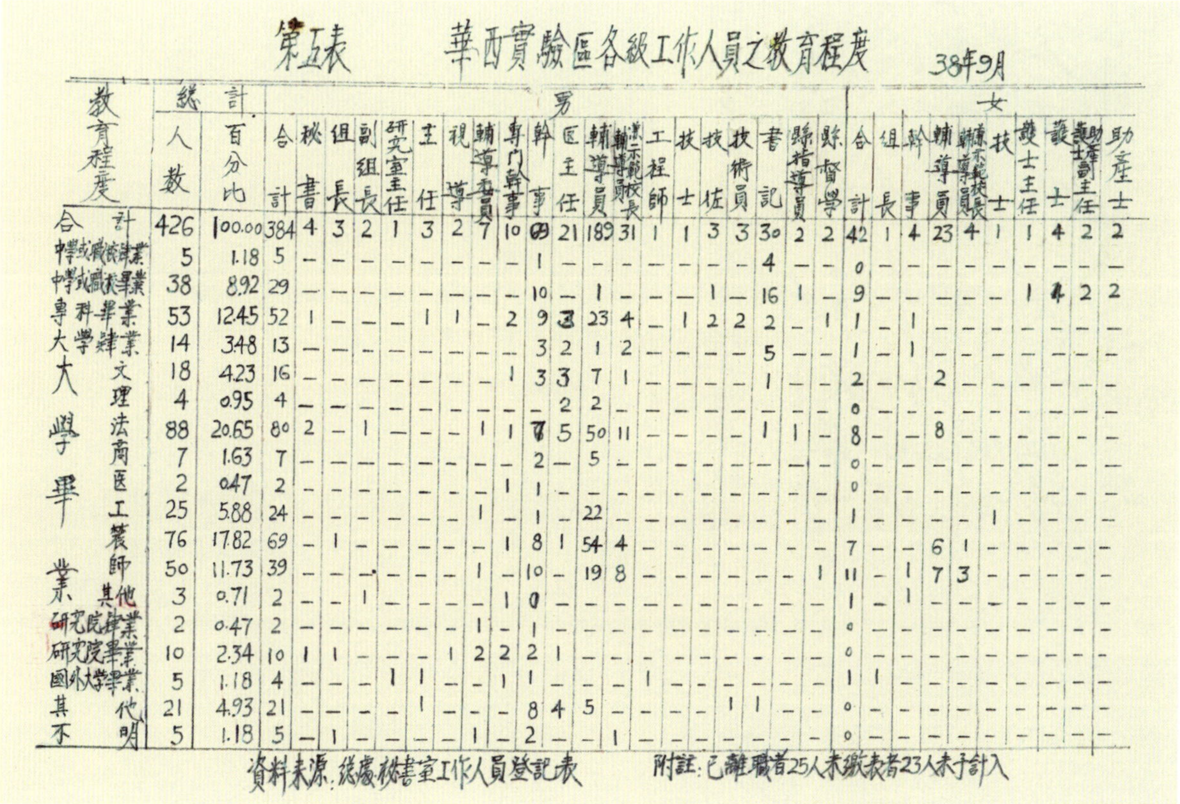

第五表 華西實驗區各級工作人員之教育程度 38年9月

教育程度	總計 人数	總計 百分比	男 合計	秘書	組長	副組長	研究室主任	主任	視導	輔導委員	專門幹事	幹事	區主任	輔導員	示範校長	工程師	技士	技佐	技術員	書記	縣指導員	縣督學	女 合計	組長	幹事	輔導員	示範輔導員	技士	護士主任	護士	助產士副主任	助產士
合計	426	100.00	384	4	3	2	1	3	2	7	10	69	21	189	31	1	1	3	3	30	2	2	42	1	4	23	4	1	1	4	2	2
中學或職校肄業	5	1.18	5	—	—	—	—	—	—	—	—	1	—	—	—	—	—	—	—	4	—	—	0	—	—	—	—	—	—	—	—	—
中學或職校畢業	38	8.92	29	—	—	—	—	—	—	—	—	10	—	1	—	—	—	1	—	16	1	—	9	—	—	—	—	—	1	4	2	2
專科畢業	53	12.45	52	1	—	—	—	1	1	—	2	9	3	23	4	—	1	2	2	2	—	1	1	—	1	—	—	—	—	—	—	—
大學肄業	14	3.48	13	—	—	—	—	—	—	—	—	3	2	1	2	—	—	—	—	5	—	—	1	—	1	—	—	—	—	—	—	—
大學畢業 文	18	4.23	16	—	—	—	—	—	—	—	1	3	3	7	1	—	—	—	—	1	—	—	2	—	—	2	—	—	—	—	—	—
理	4	0.95	4	—	—	—	—	—	—	—	—	—	2	2	—	—	—	—	—	—	—	—	0	—	—	—	—	—	—	—	—	—
法	88	20.65	80	2	—	1	—	—	—	1	1	7	5	50	11	—	—	—	—	1	1	—	8	—	—	8	—	—	—	—	—	—
商	7	1.63	7	—	—	—	—	—	—	—	—	2	—	5	—	—	—	—	—	—	—	—	0	—	—	—	—	—	—	—	—	—
医	2	0.47	2	—	—	—	—	—	—	—	1	1	—	—	—	—	—	—	—	—	—	—	0	—	—	—	—	—	—	—	—	—
工	25	5.88	24	—	—	—	—	—	—	1	—	1	—	22	—	—	—	—	—	—	—	—	1	—	—	—	—	1	—	—	—	—
農	76	17.82	69	—	1	—	—	—	—	—	1	8	1	54	4	—	—	—	—	—	—	—	7	—	—	6	1	—	—	—	—	—
師	50	11.73	39	—	—	—	—	—	—	1	—	10	—	19	8	—	—	—	—	—	—	1	11	—	1	7	3	—	—	—	—	—
其他	3	0.71	2	—	—	1	—	—	—	—	1	0	—	—	—	—	—	—	—	—	—	—	1	—	1	—	—	—	—	—	—	—
研究院肄業	2	0.47	2	—	—	—	—	—	—	1	—	1	—	—	—	—	—	—	—	—	—	—	0	—	—	—	—	—	—	—	—	—
研究院畢業	10	2.34	10	1	1	—	—	—	1	2	2	2	1	—	—	—	—	—	—	—	—	—	0	—	—	—	—	—	—	—	—	—
國外大學畢業	5	1.18	4	—	—	—	1	1	—	—	1	1	—	—	—	1	—	—	—	—	—	—	1	1	—	—	—	—	—	—	—	—
其他	21	4.93	21	—	—	—	—	1	—	—	—	8	4	5	—	—	—	—	1	1	—	—	0	—	—	—	—	—	—	—	—	—
不明	5	1.18	5	—	1	—	—	—	—	1	—	2	—	—	1	—	—	—	—	—	—	—	0	—	—	—	—	—	—	—	—	—

資料来源：総處秘書室工作人員登記表　　附註：已離職者25人未繳表者23人未予計入

华西实验区各级工作人员教育程度统计表。

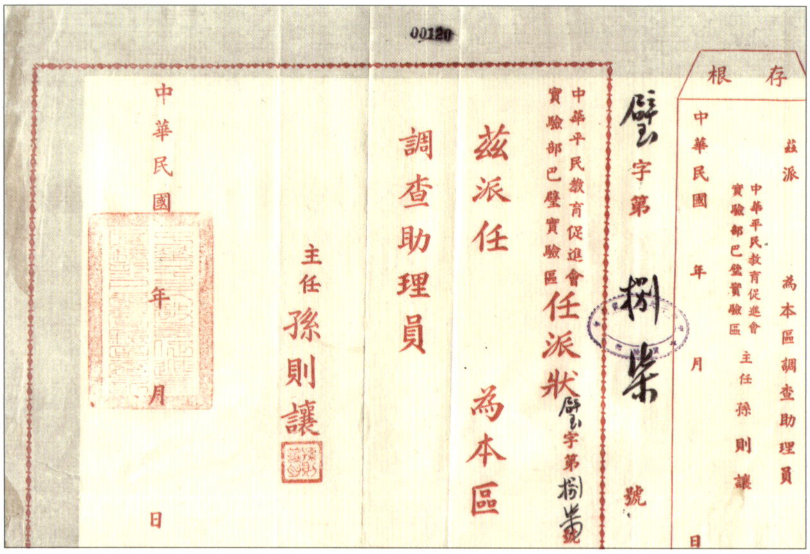

00120

存根

茲派　為本區調查助理員

中華平民教育促進會實驗部巴璧實驗區　主任　孫則讓

中華民國　年　月　日

璧字第捌柒號

中華平民教育促進會實驗部巴璧實驗區任派狀　璧字第捌柒號

茲派任　為本區調查助理員

主任　孫則讓

中華民國　年　月　日

华西实验区为巴璧实验区扩大并更名而来。图为中华平民教育促进会实验部巴璧实验区任派状。

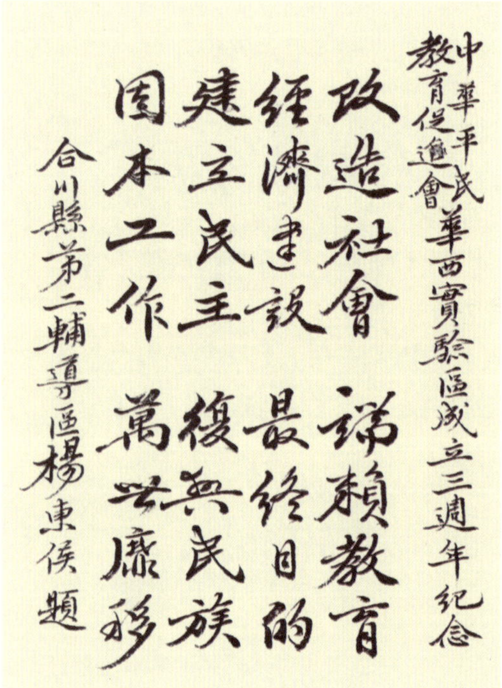

中華平民教育促進會華西實驗區成立三週年紀念

改造社會　端賴教育

經濟建設　最終目的

建立民主　復興民族

固本工作　萬世靡移

合川縣第二輔導區楊東侯題

华西实验区成立三周年纪念题词。

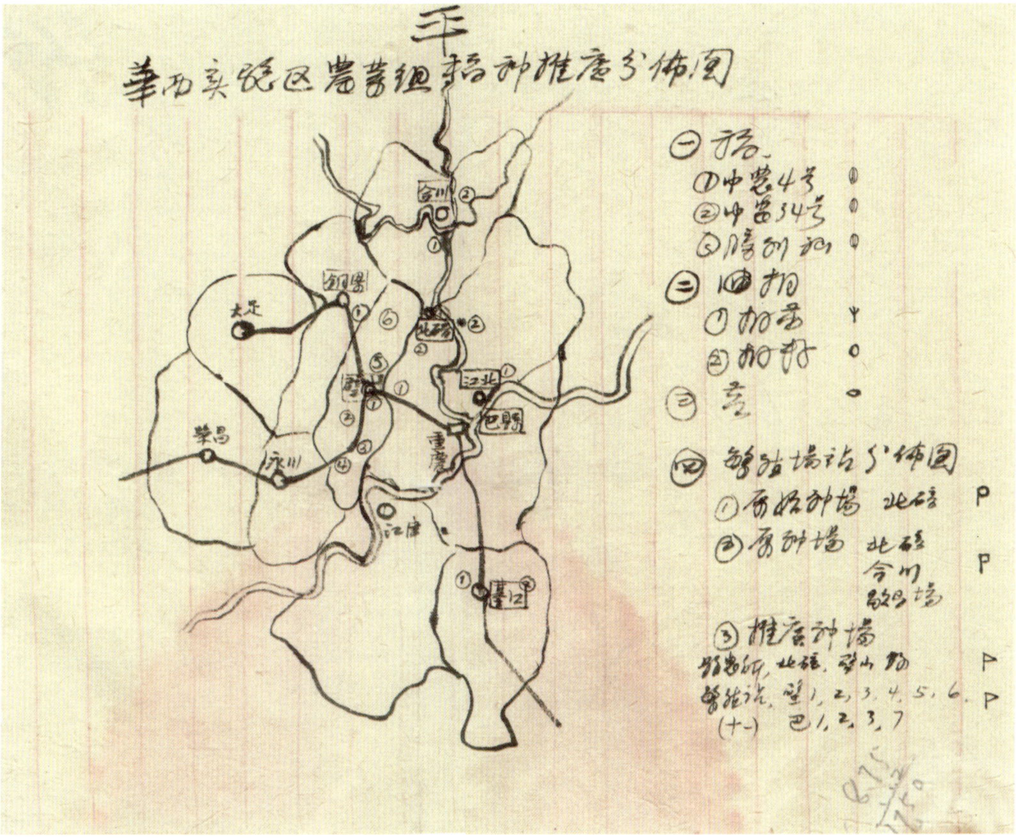

华西实验区农业组稻种推广分布图。

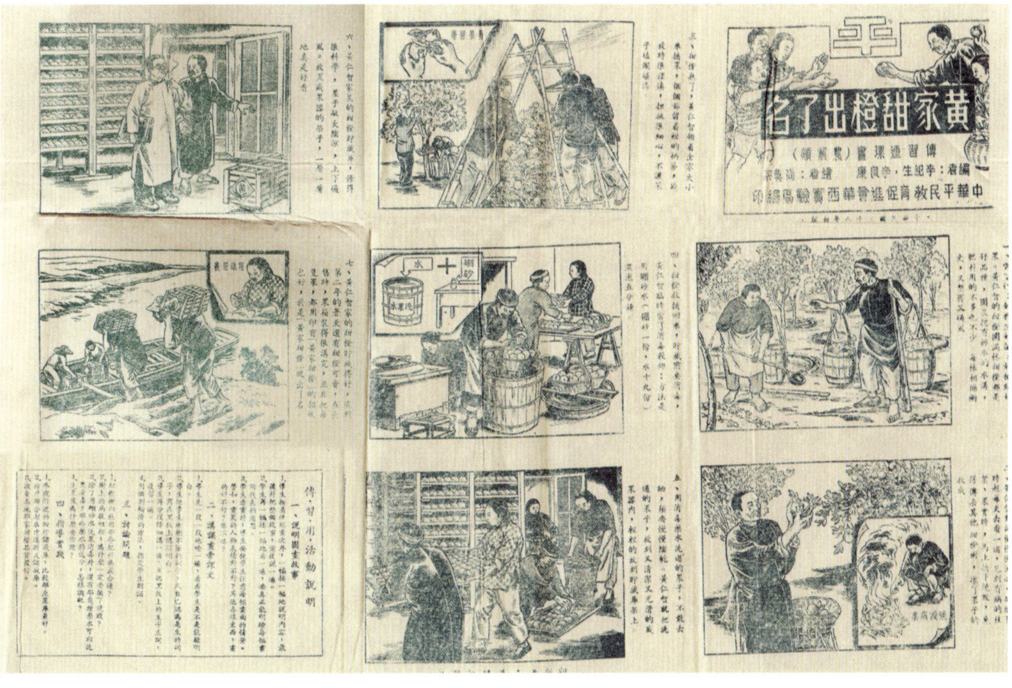

华西实验区编印的甜橙种植及蛆柑防治连环画。

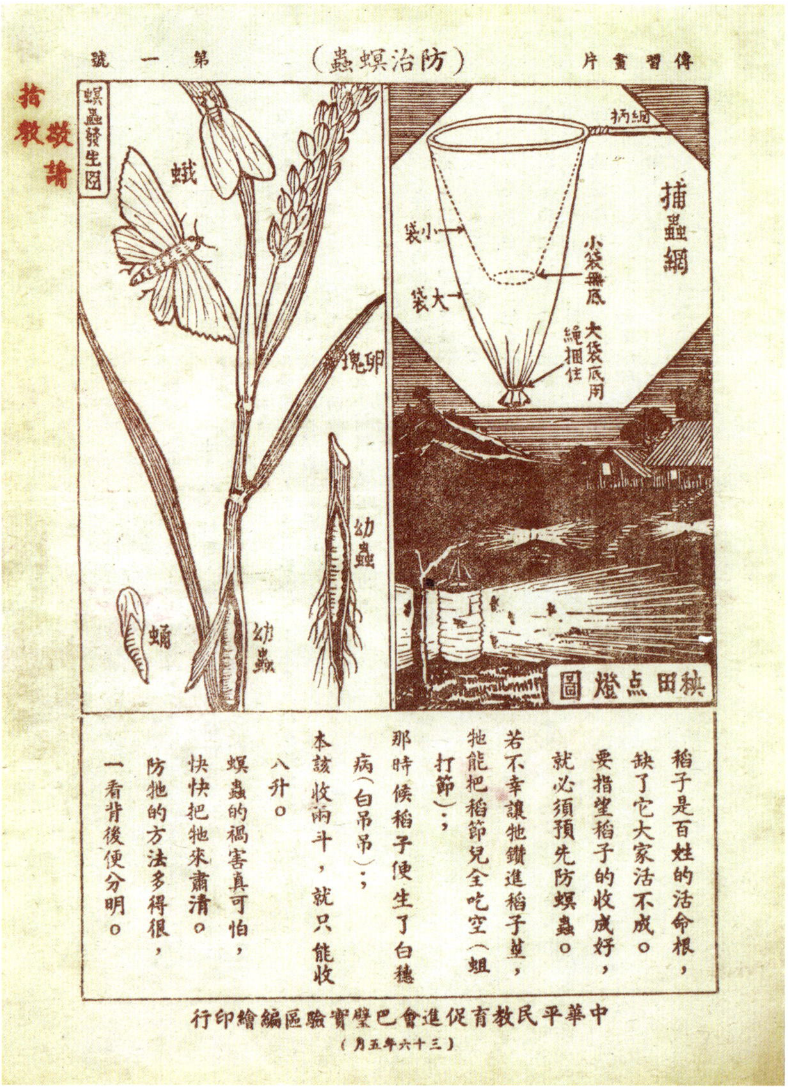

巴璧实验区编印的水稻病虫害防治宣传册。

华西实验区璧山杨家祠农业推广繁殖站向农民发放优良稻种。

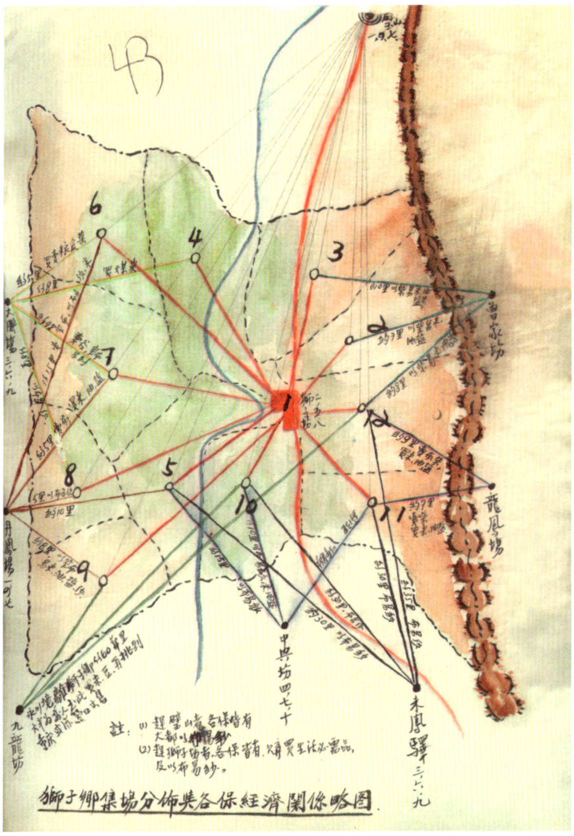

壁山县狮子乡集场分布与各保经济关系略图。

巴壁实验区注重发展乡村特产及特色工业。图为实验区编印的机织生产合作社宣传资料。

壁山機織生產合作社歷年組織概況表

年度 \ 項別 \ 進度	機別	社數	社員戶數	機台數	備考
1947	鐵機	13	839	1,489	本表各年数字均系累计数
	木機	3	314	346	
1948	鐵機	21	1,391	2,115	
	木機	13	1,368	1,534	
1949	鐵機	39	3,160	4,334	
	木機	44	4,348	4,685	

壁山机织生产合作社历年组织概况表。

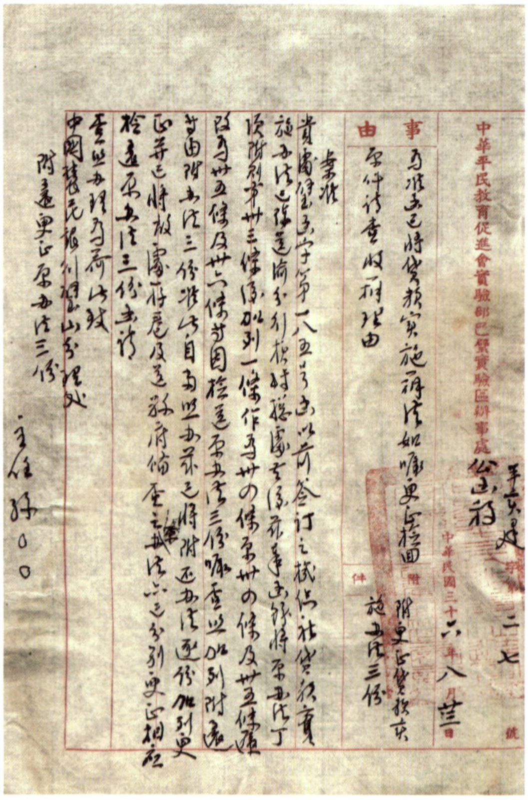

中华平民教育促进会实验部巴璧实验区办事处为贷款实施办法致中国农民银行璧山分理处函。

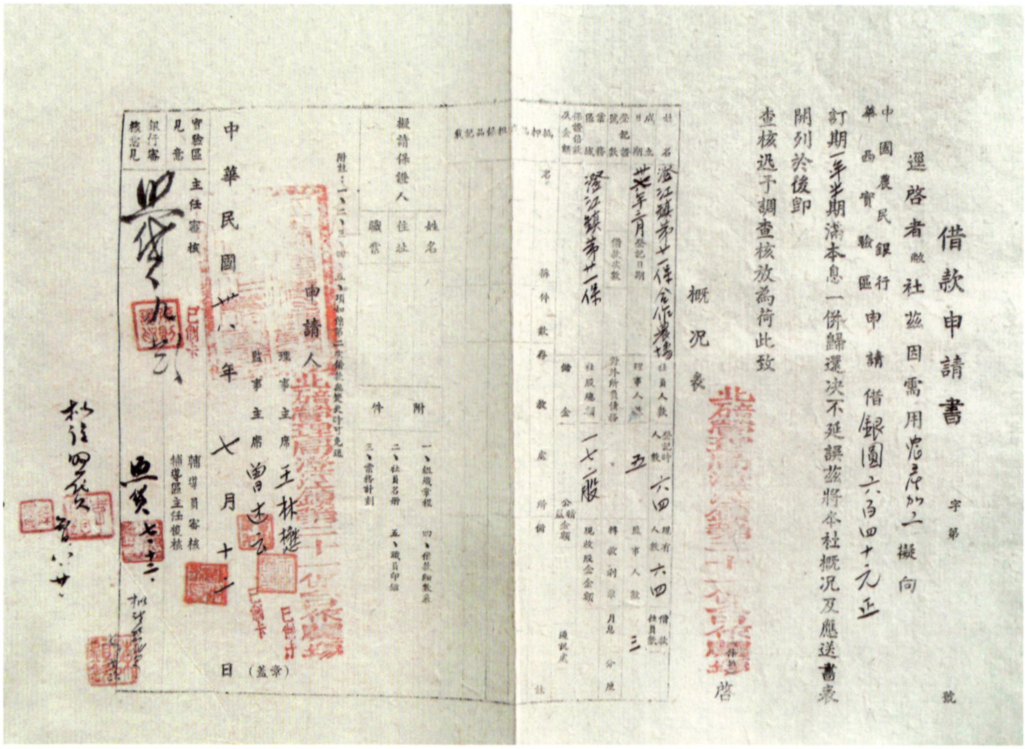

借款申請書

字第　號

逕啓者敝社茲因需用農產加工擬向中國農民銀行、華西實驗區申請借銀圓六百四十元正，訂期一年半期滿本息一併歸還决不延誤。茲將本社概況及應送書表開列於後，即查核迅予調查核放為荷。此致

北碚管理局澄江镇第二十一保合作农场因农产品加工需要向中国农民银行、华西实验区借款申请书(1949年)。

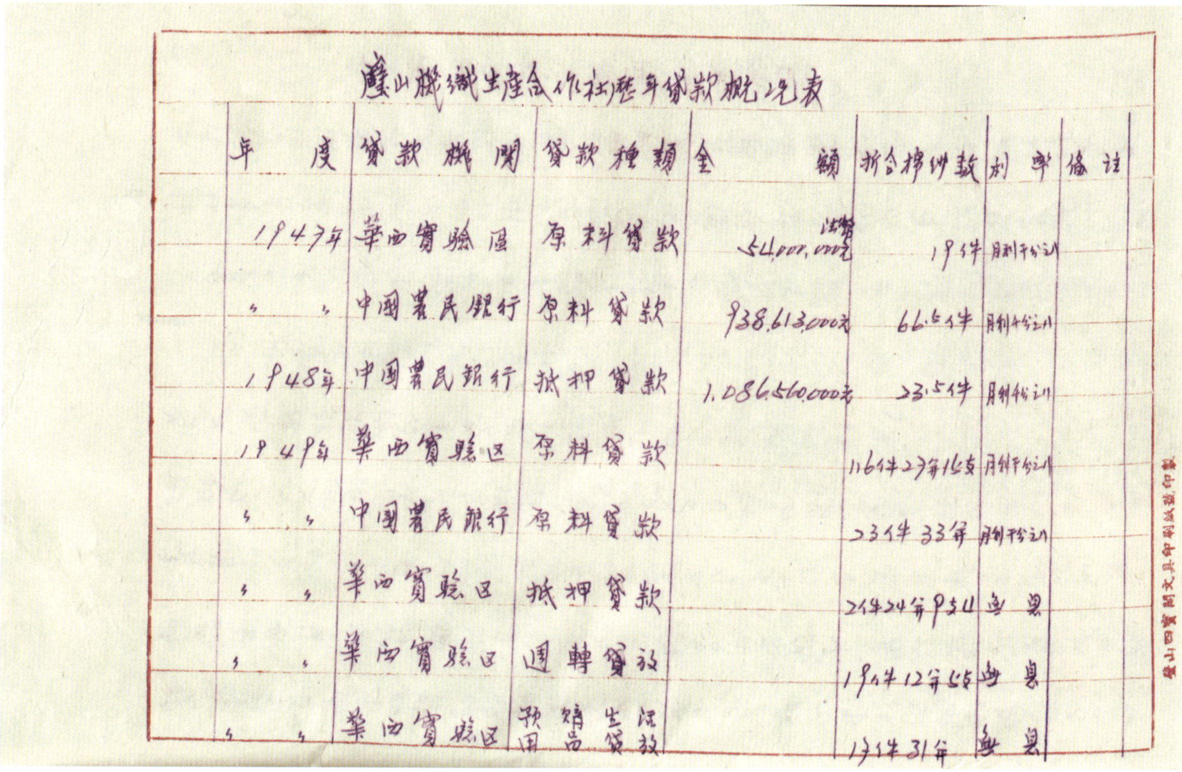

璧山機織生產合作社歷年貸款概況表

年度	貸款機關	貸款種類	金額	折合棉紗數	利率	備註
1947年	華西實驗區	原料貸款	法幣 54,001,000元	19件	月利千分之卅	
〃 〃	中國農民銀行	原料貸款	938,613,000元	66.5件	月利千分之卅	
1948年	中國農民銀行	抵押貸款	1,086,560,000元	23.5件	月利[illegible]	
1949年	華西實驗區	原料貸款		116件27分16支	月利千分之卅	
〃 〃	中國農民銀行	原料貸款		23件33分	月利千分之卅	
〃 〃	華西實驗區	抵押貸款		21件24分9支	無息	
〃 〃	華西實驗區	週轉貸放		19件12分55	無息	
〃 〃	華西實驗區	預用 蠶品 生貸 活放		17件31分	無息	

璧山四寶閣文具印刷號印製

璧山机织生产合作社历年贷款概况表。

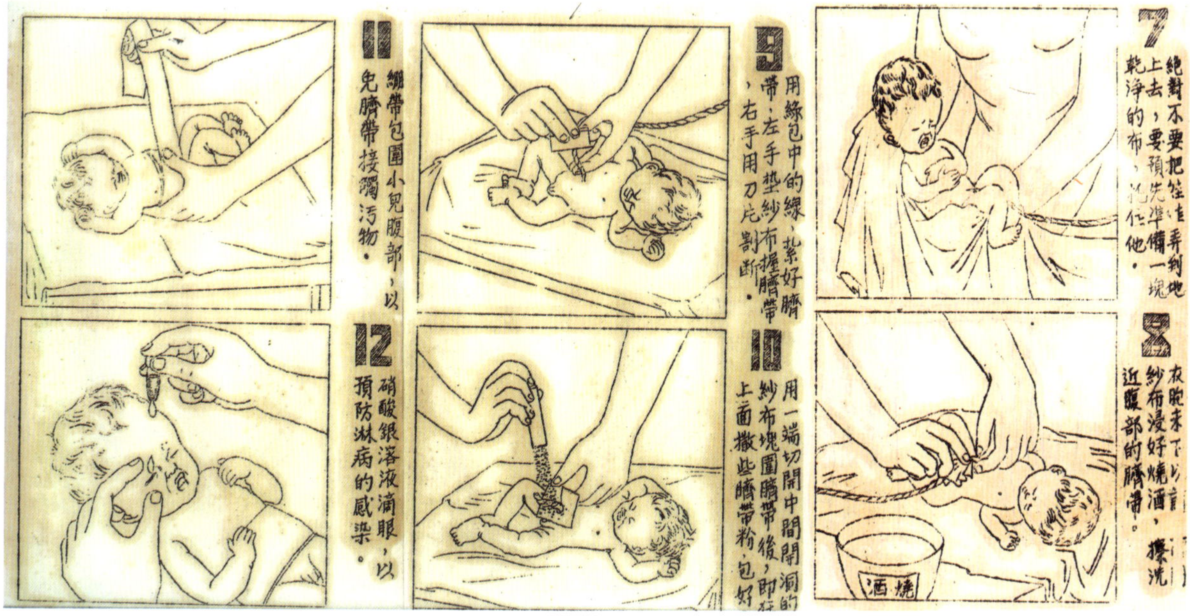

华西实验区编印的产科常识宣传单。

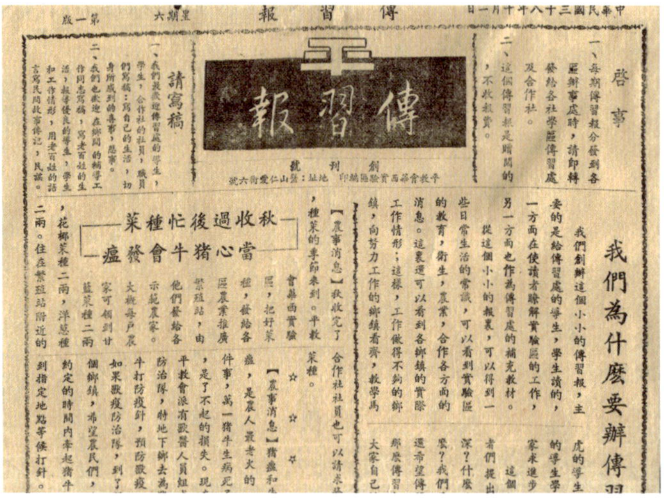

中華民國三十八年十月一日 傳習報 星期六 第一版

平

傳習報

創刊號

平教會華西實驗區編印 地址：璧山仁愛街六號

啟事

一、每期傳習報分發到各區辦事處時，請即轉發給各社學區傳習處及合作社。

二、這個傳習報是贈閱的，不收報費。

請寫稿

一、我們最歡迎傳習處的導生、學生，合作社的社員、職員們寫稿：寫自己的生活，切身所感到的喜事、悲事。

二、我們也歡迎在鄉間的輔導工作同志寫稿，寫老百姓的生活，報導優良的導生、學生和工作情形，用老百姓的話言寫民間故事傳記，民謠。

我們為什麼要辦傳習報

秋收過後忙種菜

當心猪牛會發瘟

中华平民教育促进会自定县开始实践的“传习教育”以即传、即习、即用为教育的方法。传习教育不但是一种普及教育的方法，有助于解决普及教育中师资经费不足等问题，同时也是组织民众和训练民众的方法。图为华西实验区《传习报》创刊号（1949 年）。

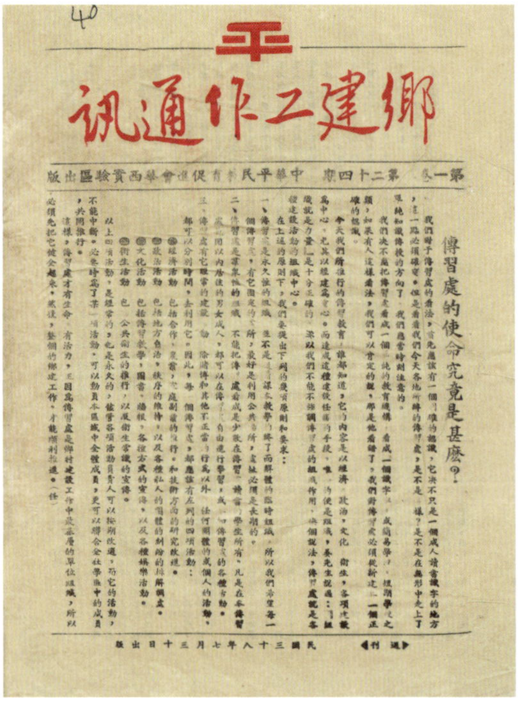

平

鄉建工作通訊

第一卷 第二十四期 中華平民教育促進會華西實驗區出版

傳習處的使命究竟是甚麼？

民國三十八年七月三日出版

华西实验区登载的《乡建工作通讯》第一卷第二十四期关于传习教育的文章（1949 年）。

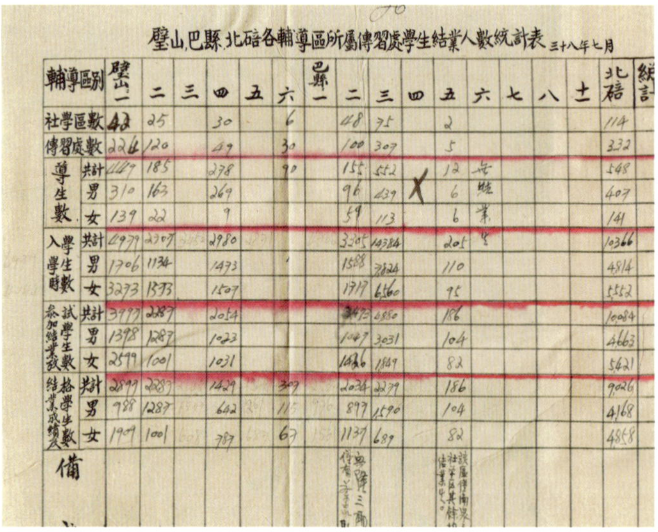

璧山、巴縣、北碚各輔導區所屬傳習處學生結業人數統計表 三十八年七月

輔導區別		璧山一	二	三	四	五	六	巴縣一	二	三	四	五	六	七	八	十	北碚	總計
社學區數		42	25		30		6		48	75		2					114	
傳習處數		226	120		49		30		100	307		5					332	
導生數	共計	449	185		278		90		155	552	X	12	無				548	
	男	310	163		269				96	439		6	畢				407	
	女	139	22		9				59	113		6	業				141	
入學時學生數	共計	4979	2707		2980				3305	14384		205	生				10366	
	男	1706	1134		1473				1588	7824		110					4814	
	女	3273	1573		1507				1717	6560		95					5552	
參加結業試學生數	共計	3997	2287		2054				3473	4880		186					10084	
	男	1398	1287		1023				1047	3031		104					4663	
	女	2599	1001		1031				1426	1849		82					5621	
結業成績及格學生數	共計	2897	2283		1429		307		2034	2279		186					9026	
	男	988	1287		642		115		897	1590		104					4168	
	女	1909	1001		787		67		1137	689		82					4858	
備考									[illegible]			[illegible]						

华西实验区璧山、巴县、北碚各辅导区所属传习处学生结业人数统计表（1949 年 7 月）。

巴璧实验区编绘的《传习画片》（1947 年）。

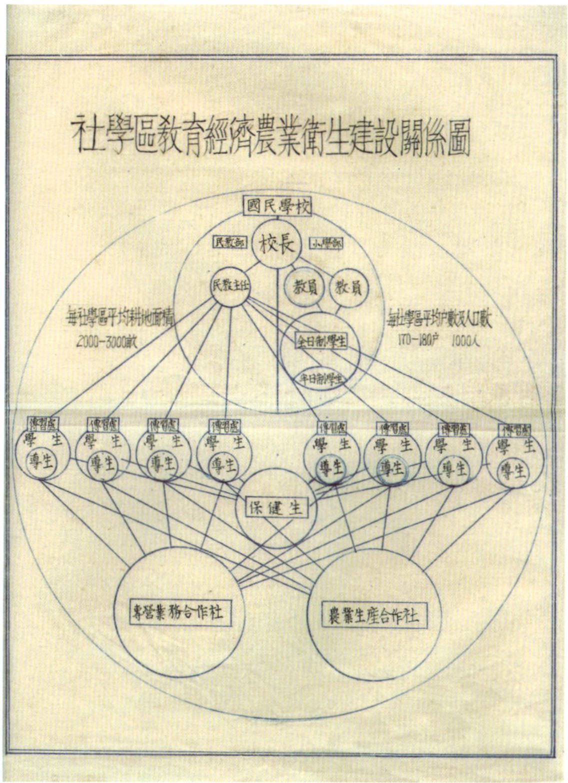

华西实验区努力促进教育与各项建设工作的结合。图为《社学区教育经济农业卫生建设关系图》。

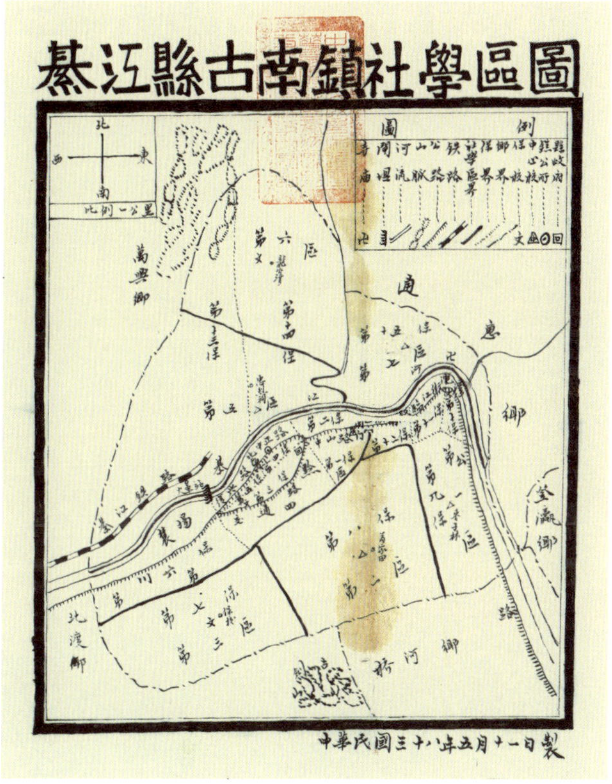

华西实验区綦江县古南镇社学区图。

中华平民教育促进会巴璧实验区璧山县教育工作概况表

（1946 年 11 月—1947 年 8 月）

试点乡	选拔民教主任	设传习处	动员学生	扫除文盲
青木乡、城南乡、河边乡、来凤乡	24 人	326 处	544 人	7161 人

壁山第五区民教主任训练班合影。

为了解华西实验区经济、生产、生活、文化等实际状况，社会调查室组织人员进行社会调查，以及时掌握工作地区的基本情况。图为1948年私立中国乡村建设学院社会系部分同学在壁山县大路乡做社会调查。

华西实验区是成立于1948年的中国农村复兴联合委员会(简称“农复会”)的重要合作伙伴。华西实验区的各项工作得到农复会人力、物力和财力支持，农复会也因此积累了宝贵的工作经验。图为农复会成员在北碚开会时合影。前排右一为晏阳初(时任农复会委员)，居中为蒋梦麟(时任农复会主任委员)。

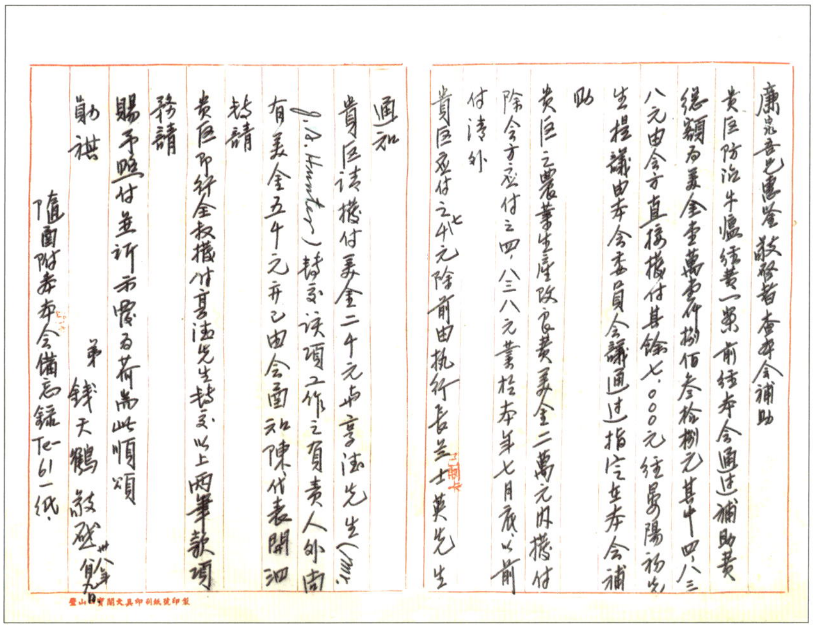

廉泉吾兄惠鑒：敬啓者，查本會補助
貴區防治牛瘟經費一案，前經本會通過補助費
總額為美金壹萬叁仟捌佰叁拾捌元，其中四八三
八元由會方直接撥付，其餘七〇〇〇元經晏陽初先
生提議由本會委員會議通過指定在本會補
助
貴區之農業生產改良費美金二萬元內撥付。
除會方應付之四八三八元業於本年七月底以前
付清外，
貴區應付之七千元除前由執行長蓝士英先生
通知
貴區請撥付美金二千元與亨法先生（Mr. J.A. Hunter）轉交該項工作之負責人外，尚
有美金五千元，并已由會函知陳代表開泗
轉請
貴區即行全權撥付亨法先生轉交。以上兩筆款項
務請
賜予照付並祈示覆為荷。尚此順頌
勛祺
弟 錢天鶴 敬啓 卅八年 月 日
隨函附本會備忘錄TC-61一紙。

农复会农业组组长钱天鹤为牛瘟防治经费事宜致华西实验区总办事处主任孙廉泉函。

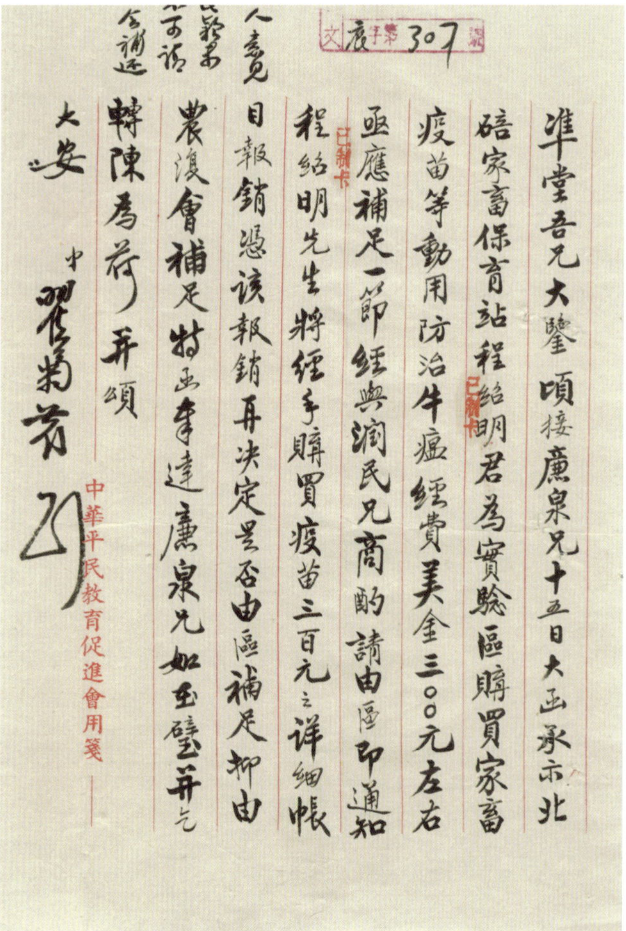

文 庚字第307

準堂吾兄大鑒：頃接廉泉兄十五日大函，承示北
碚家畜保育站程紹明君為實驗區購買家畜
疫苗等動用防治牛瘟經費美金三〇〇元左右，
亟應補足一節，經與潤民兄商酌，請由區印通知
程紹明先生將經手購買疫苗三百元之詳細帳
目報銷，憑該報銷再決定是否由區補足抑由
農復會補足，特函奉達廉泉兄，如蒙贊并乞
轉陳為荷。并頌
大安
弟 瞿菊農

中華平民教育促進會用箋

中华平民教育促进会代理总干事瞿菊农为补足疫苗经费事宜致华西实验区总办事处秘书室主任郭准堂函。

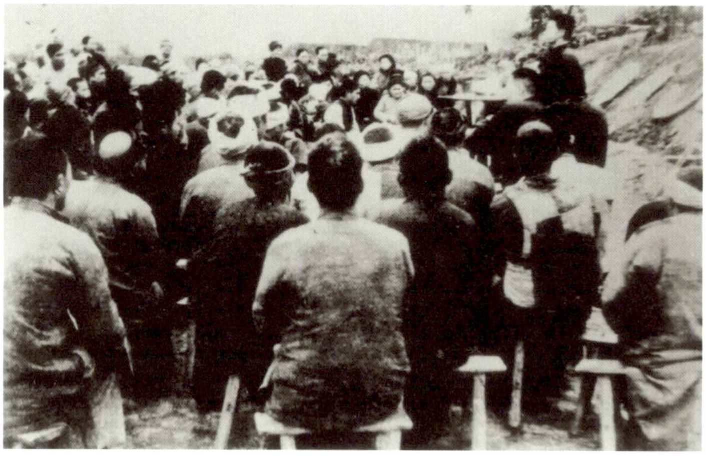

中华平民教育促进会在华西实验区探索推进土地改革，通过创置社田、统租分佃、农地减租等措施安定乡村。图为华西实验区宣传土地改革场景。

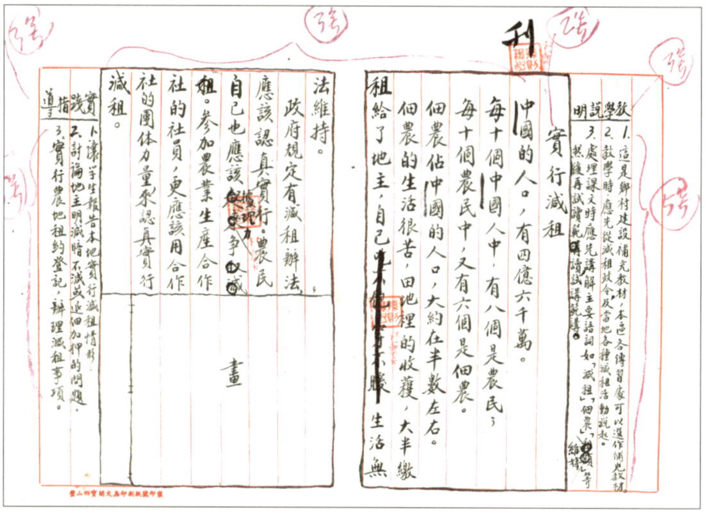

實行減租

中國的人口，有四億六千萬。

每十個中國人中，有八個是農民；

每十個農民中，又有六個是佃農。

佃農佔中國的人口，大約在半數左右。

佃農的生活很苦，田地裡的收穫，大半繳

租給了地主，自己……生活無

法維持。

政府規定有減租辦法，

應該認真實行。佃農民

自己也應該……

租。參加農業生產合作

社的社員，更應該用合作

社的團体力量來認真實行

減租。

實踐指導

1.讓學生報告本地實行減租情形。

2.討論地主明減暗不減或退佃加押的問題。

3.實行佃農地租約登記，辦理減租事項。

乡村建设补充教材《实行减租》。

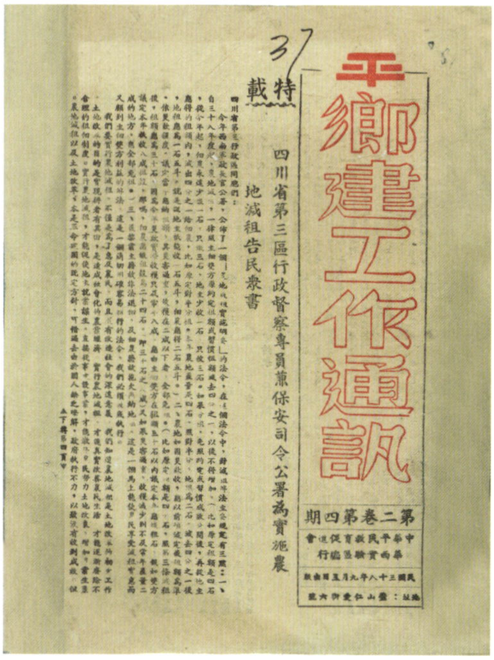

鄉建工作通訊

第二卷第四期

中華平民教育促進會華西實驗區編印

特載

四川省第三區行政督察專員兼保安司令公署為實施農地減租告民衆書

《乡建工作通讯》登载的《四川省第三区行政督察专员兼保安司令公署为实施农地减租告民众书》(1949 年)。

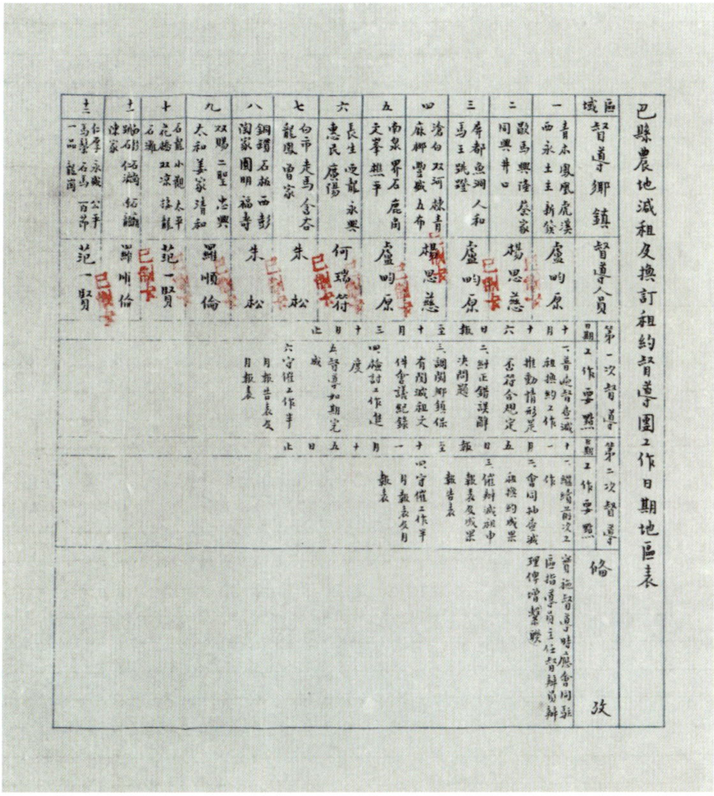

巴县农地减租及换订租约督导团工作日期地区表。

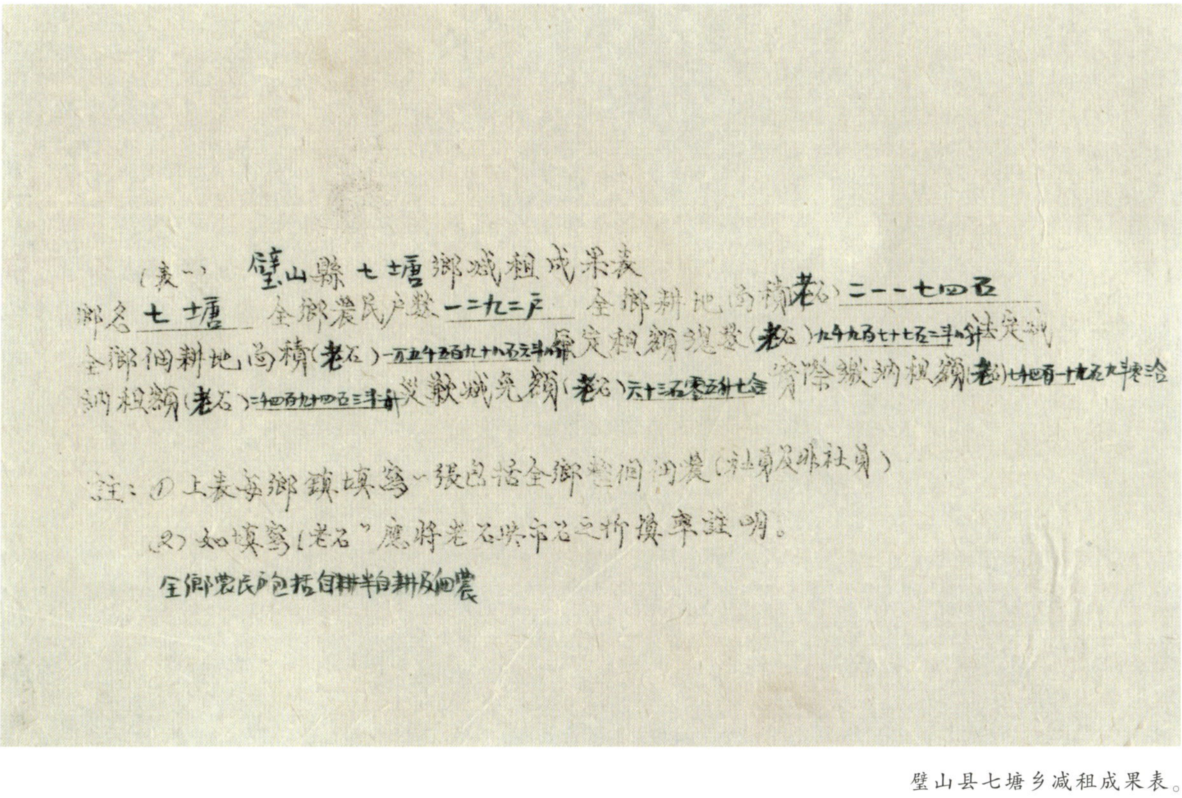
（表一） 璧山縣七塘鄉减租成果表

鄉名 七塘 全鄉農民戶數 一二九二戶 全鄉耕地面積（老石） 二一一七四石

全鄉佃耕地面積（老石） 一万五千五百九十八石五斗八升 原定租額總數（老石） 九千九百七十七石三斗八升 法定減納租額（老石） 二千四百九十四石三斗五升 災歉減免額（老石） 六十三石零五升七合 實際繳納租額（老石） 七千四百一十九石九斗零六合

註：⑴ 上表每鄉鎮填寫一張包括全鄉整個佃農（社員及非社員）

⑵ 如填寫（老石）應將老石與市石之折換率註明。

全鄉農民戶包括自耕半自耕及佃農

璧山县七塘乡减租成果表。

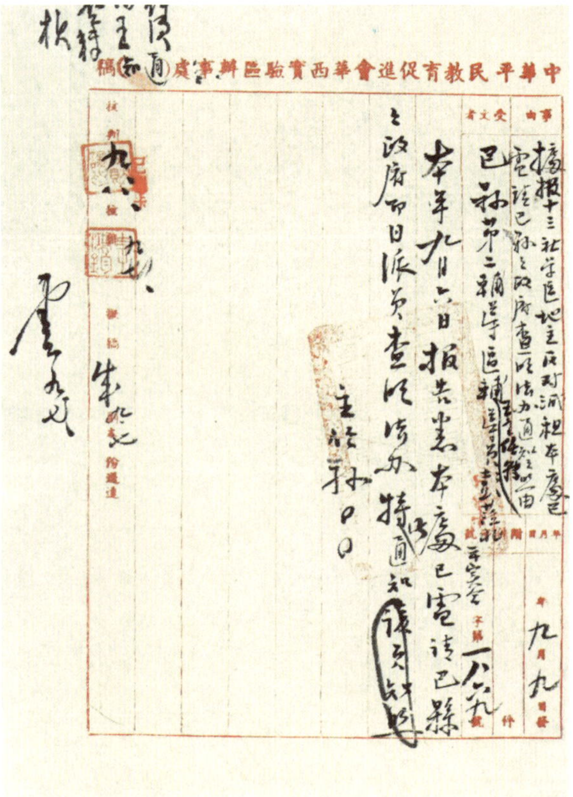

中華平民教育促進會華西實驗區辦事處稿

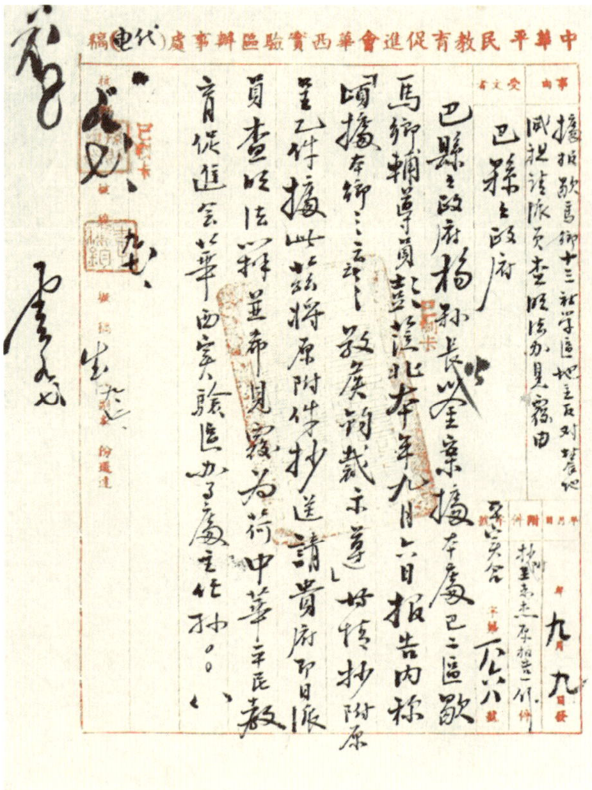

中華平民教育促進會華西實驗區辦事處代電稿

华西实验区办事处因歇马乡十三社学区减租工作受阻致巴县县政府要求查明法办的函稿。

三、抗战大后方的乡村建设(二)：人才培养

1933年，川东共立师范学校的乡村师范专修科和四川中心农事试验场合并，正式成立四川乡村建设学院(今西南大学前身之一)。图为四川乡村建设学院在巴县龙隐镇磁器口的校门。

四川乡村建设学院全景。

四川乡村建设学院创院院长
兼中心农事试验场场长甘绩镛。

1937 年 4 月，四川乡村建设学院继任院长高显鉴邀请梁漱溟来川讲学。图为四川学友欢迎梁漱溟(前排右二)的合影。

四川乡村建设学院办公室及教室。

四川乡村建设学院中心农事试验场羊舍。

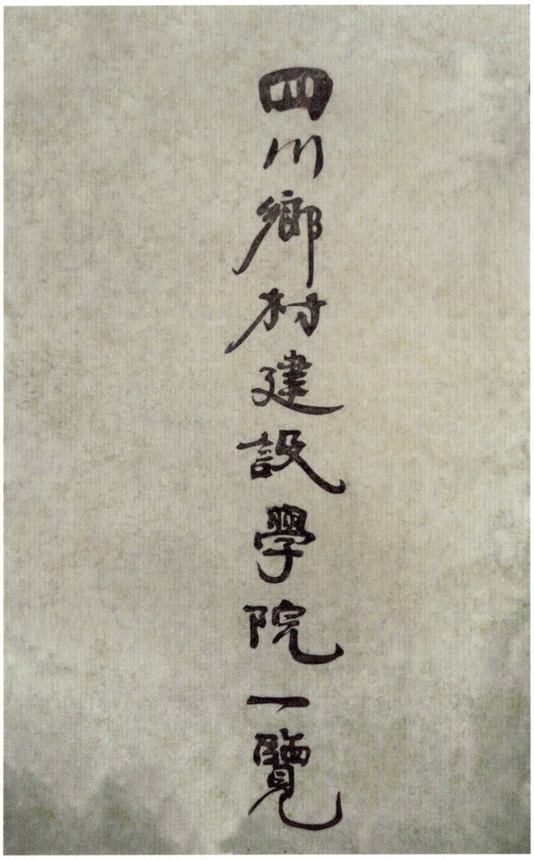

《四川乡村建设学院一览》封面。

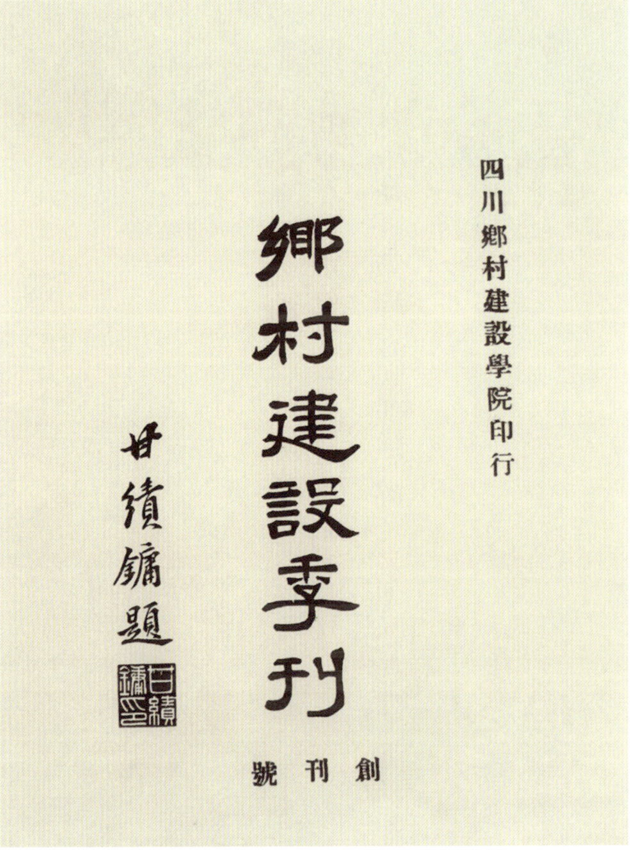

四川乡村建设学院印行的《乡村建设季刊》创刊号。

1939 年，梁漱溟在四川璧山创办勉仁中学，1941 年迁往北碚金刚碑，并创办研究性质的勉仁书院，以“仁以立志，奋勉求学”为校训，内设文史研究室、社会科学研究室和乡村建设研究室。1946 年梁漱溟创办私立勉仁国学专科学校（1948 年改名勉仁文学院），全院教职工近 50 人。图为 1948 年梁漱溟在北碚撰写《中国文化要义》。

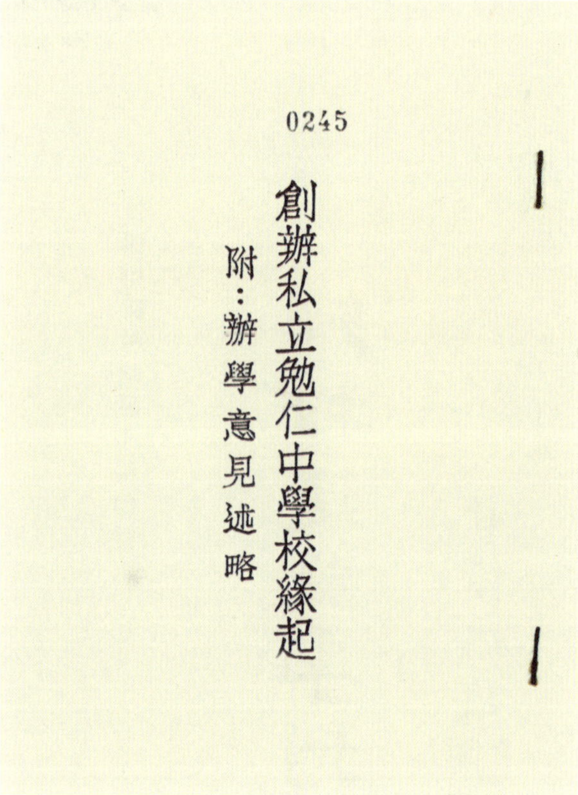

0245

創辦私立勉仁中學校緣起

附：辦學意見述略

《创办私立勉仁中学校缘起》（梁漱溟著，1940 年）。此书概述了梁漱溟创办私立勉仁中学的缘起，并附《办学意见述略》一文。[资料来源：《北碚图书馆精品图录·民国文献卷》，北碚图书馆编，中华书局，2014 年。]

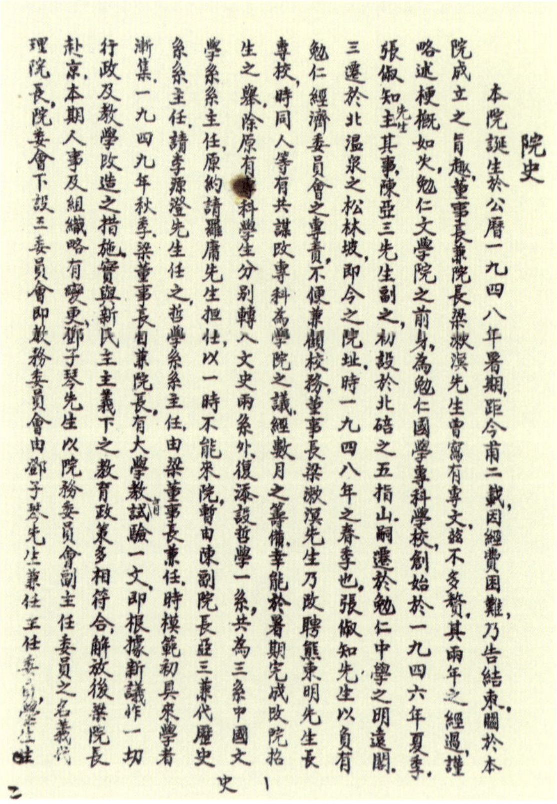

院史

本院誕生於公曆一九四八年暑期，距今甫二載，因經費困難，乃告結束。爰於本院成立之旨趣，董事長兼院長梁漱溟先生曾寫有專文，茲不多贅。其兩年之經過，謹略述梗概如次。勉仁文學院之前身，為勉仁國學專科學校，創始於一九四六年夏季，張俶知先生主其事，陳亞三先生副之，初設於北碚之五指山，嗣遷於勉仁中學之明遠閣，三遷於北溫泉之松林坡，即今之院址，時一九四八年之春季也。張俶知先生以負有勉仁經濟委員會之專責，不便兼顧校務，董事長梁漱溟先生乃改聘熊東明先生長專校，時同人等有共謀改專科為學院之議，經數月之籌備，幸能於暑期完成改院招生之舉。除原有專科學生分別轉入文史兩系外，復添設哲學一系，共為三系。中國文學系系主任，原約請羅庸先生担任，以一時不能來院，暫由陳副院長亞三兼代。歷史系系主任，請李源澄先生任之。哲學系系主任，由梁董事長兼任。時模範初具，來學者漸集。一九四九年秋季，梁董事長自兼院長，有大學教育試驗一文，即根據新議作一切行政及教學改造之措施，實與新民主主義下之教育政策多相符合。解放後梁院長赴京，本期人事及組織略有變更，鄧子琴先生以院務委員會副主任委員之名義代理院長，院委會下設三委員會，即教務委員會由鄧子琴先生兼任主任委員，[illegible]

史 1

二

《勉仁文学院备忘录·院史》（1950 年 8 月）。该书由勉仁文学院教师邓子琴、陈亚三主持撰写。

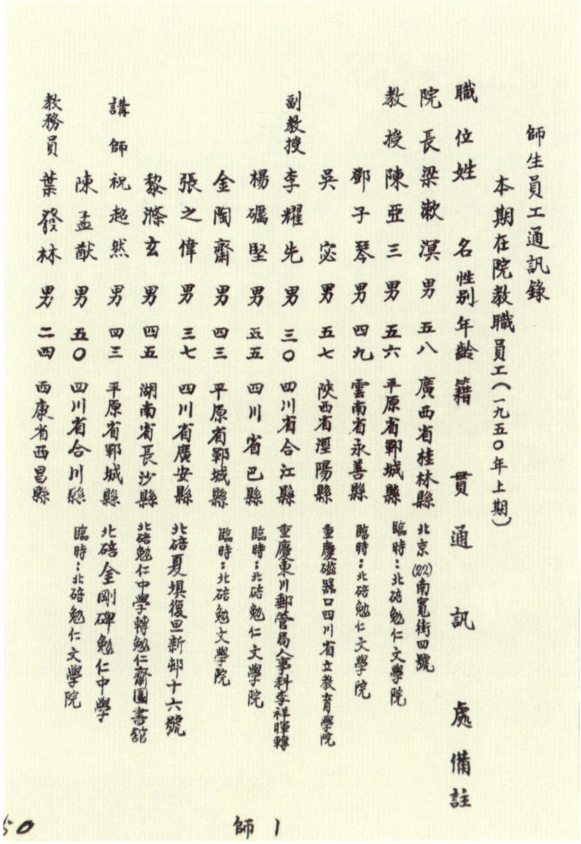

師生員工通訊錄

本期在院教職員工（一九五〇年上期）

職位	姓名	性別	年齡	籍貫	通訊處	備註
院長	梁漱溟	男	五八	廣西省桂林縣	北京(22)南寬街四號	
教授	陳亞三	男	五六	平原省鄆城縣	臨時：北碚勉仁文學院	
	鄧子琴	男	四九	雲南省永善縣	臨時：北碚勉仁文學院	
	吳宓	男	五七	陝西省涇陽縣	重慶磁器口四川省立教育學院	
副教授	李耀先	男	三〇	四川省合江縣	重慶東川郵管局人事科李祥暐轉	
	楊礪堅	男	五五	四川省巴縣	臨時：北碚勉仁文學院	
	金陶齋	男	四三	平原省鄆城縣	臨時：北碚勉文學院	
	張之偉	男	三七	四川省廣安縣	北碚夏壩復旦新邨十六號	
	黎滌玄	男	四五	湖南省長沙縣	北碚勉仁中學轉勉仁齋圖書館	
講師	祝超然	男	四三	平原省鄆城縣	北碚金剛碑勉仁中學	
	陳孟猷	男	五〇	四川省合川縣	臨時：北碚勉仁文學院	
教務員	葉發林	男	二四	西康省西昌縣		

50　師 1

勉仁文学院部分教职工名录。[资料来源:《勉仁文学院备忘录》,1950 年。]

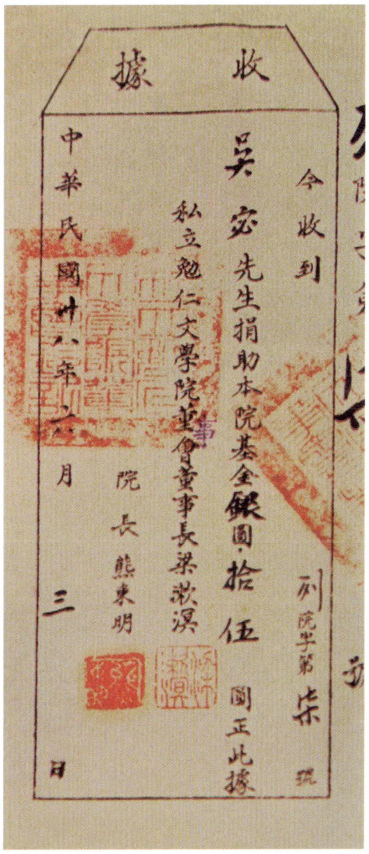

收據

列院字第柒號

今收到

吳宓先生捐助本院基金銀圓·拾伍圓正此據

私立勉仁文學院董會董事長梁漱溟

院長熊東明

中華民國卅八年六月三日

吴宓收藏的向勉仁文学院捐赠经费的收据(1949 年)。

1948 年勉仁文学院历史系师生合影。

梁漱溟(中左坐者)与勉仁文学院教师留影于北碚北温泉(1948年)。

1949年底,梁漱溟(前排左五)应毛泽东之邀进京,行前与勉仁文学院哲学系师生合影(前排右四陈亚三,右五熊东明,左三邓子琴)。

曾任中华平民教育促进会乡村教育部主任、时任华西大学乡村建设系主任的傅葆琛（前排右三）与该系同学合影（1947年）。该系于1944年由乡村教育系改建而成，以乡村建设人才培养、试验研究为目标。

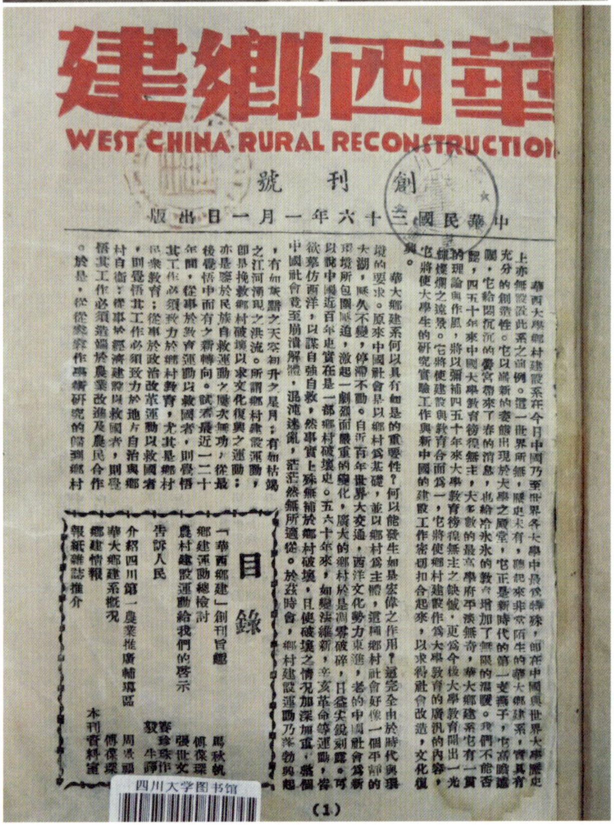

華西鄉建
WEST CHINA RURAL RECONSTRUCTION

創刊號

中華民國三十六年一月一日出版

華西大學鄉村建設系在今日中國乃至世界各大學中最爲特殊，即在中國與世界大學歷史上亦無設此系之前例。這一世界所無，歷史未有，聽起來非常陌生的華大鄉建系，實具有充分的創造性。它以嶄新的姿態出現於大學之殿堂，它正是新時代的第一隻燕子，它高聲嚷闢，它給悶沉沉的舊宮帶來了春的消息，也給冷冰冰的教育增加了無限的溫暖。我們不能否認，四五十年來中國大學教育徬徨無主，大多數的最高學府平淡無奇，華大鄉建系它有一貫的理論與作風，將以彌補四五十年來大學教育徬徨無主之缺憾，更爲今後大學教育闢出一光輝燦爛之遠景。它將使建設與教育合而爲一，它將使鄉村建設作爲大學教育的內容，它將使大學生的研究實驗工作與新中國的建設工作密切扣合起來，以求得社會改造，文化復興。

華大鄉建系何以具有如是的重要性？何以能發生如是宏偉之作用？這完全由於時代與環境的要求。原來中國社會是以鄉村爲基礎，並以鄉村爲主體，這種鄉村社會好像一個平靜的大湖，歷久不變，停滯不動。自近百年世界大交通，西洋文化勢力東進，老的中國社會爲新環境所包圍壓迫，激起一劇烈而嚴重的變化，廣大的鄉村於是凋零破碎，日益尖銳刻露。可以說中國近百年史實在是一部鄉村破壞史。五六十年來，如變法維新，辛亥革命等運動，皆欲摹仿西洋，以謀自強自救，然事實上殊無補於鄉村破壞，且使破壞之情況加深加重，整個中國社會竟至崩潰解體，混沌迷亂，茫茫然無所適從。於茲時會，鄉村建設運動乃浡勃與起，有如旅翳之天空初升之星月；有如枯竭之江河湧現之洪流。所謂鄉村建設運動，即是挽救鄉村破壞以求文化復興之運動；亦是嚮於民族自救運動之屢次無功，從最後覺悟中而有之新轉向。試看最近一二十年間，從事於教育運動以救國者，則覺悟其工作必須致力於鄉村教育，尤其是鄉村民衆教育；從事於政治改革運動以救國者，則覺悟其工作必須致力於地方自治與鄉村自衛；從事於經濟建設以救國者，則覺悟其工作必須着重於農業改進及農民合作。於是，從從事實際工作轉而研究的歸到鄉村

目錄

（1）

《华西乡建》创刊号（1947年）。

专题二　私立中国乡村建设学院

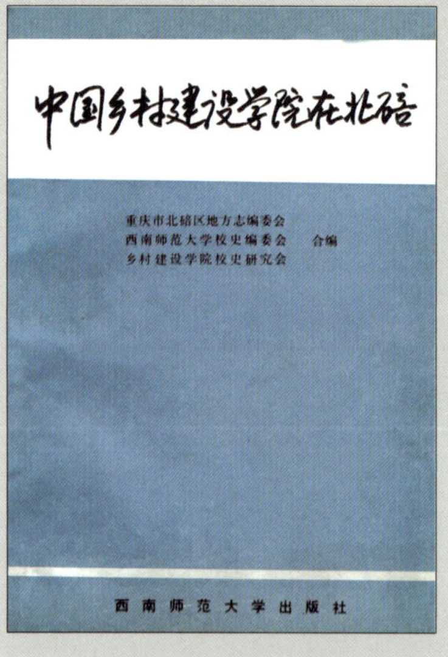

1940年，私立中国乡村建设学院（简称“乡建学院”）由中华平民教育促进会创建于巴县歇马乡，原名乡村建设育才院，1945年扩充为独立学院，院长由平教会总干事晏阳初兼任。学院1951年更名为“川东教育学院”，为今西南大学的前身之一。图为正式出版的《中国乡村建设学院在北碚》封面。

中华平民教育促进会徽章及中国乡村建设育才院、乡村建设学院院徽。

中国乡村建设学院筹备委员会一览表

（1939年5月18日）

职　务	姓　名
主任委员兼主任常务委员	晏阳初
筹备委员会常务委员	瞿菊农　谢扶雅　陈志潜　陈行可　马博厂（马博庵）　姚石庵
筹备委员	瞿菊农　谢扶雅　陈志潜　马博厂（马博庵）　赵步霞　姚石庵　陈行可　黎季纯　陈筑山　孙伏园　孙廉泉　熊佛西　汪德亮　陈开泗　孙恩三　杨导之
办事处主任	瞿菊农（兼）

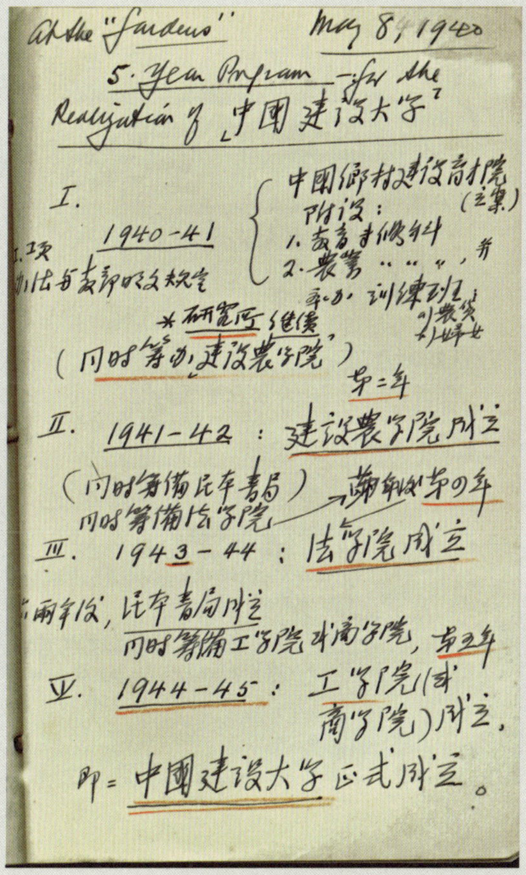

1940年晏阳初关于创办中国乡村建设学院计划的工作笔记（现藏于中国国家博物馆）。

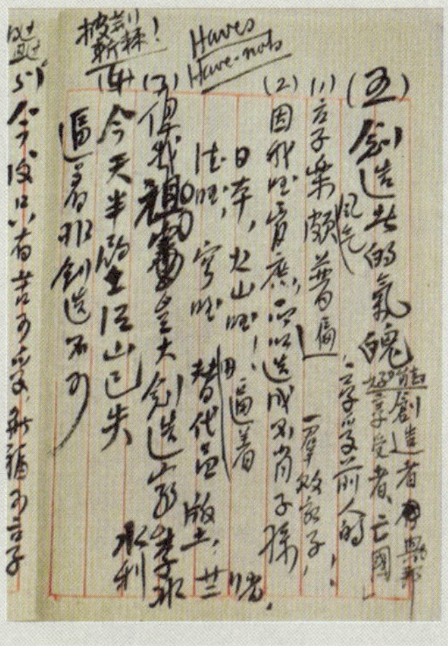

1942年10月5日乡村建设育才院开学典礼，晏阳初手书的演讲提纲（现藏于美国哥伦比亚大学图书馆）。

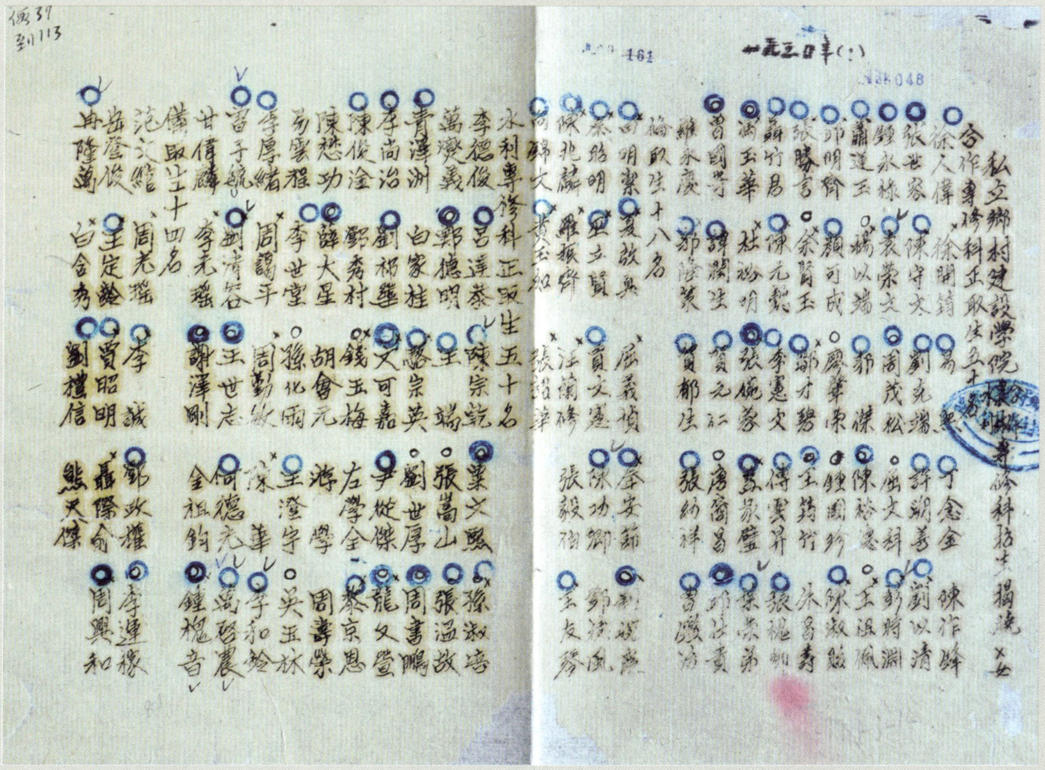

私立乡村建设学院招生名单（时间不详）。

乡建学院 1946 级校友蒋年荣(右)和曾永臧(左)合影于今西南大学中国乡村建设学院楼前(2013 年)。

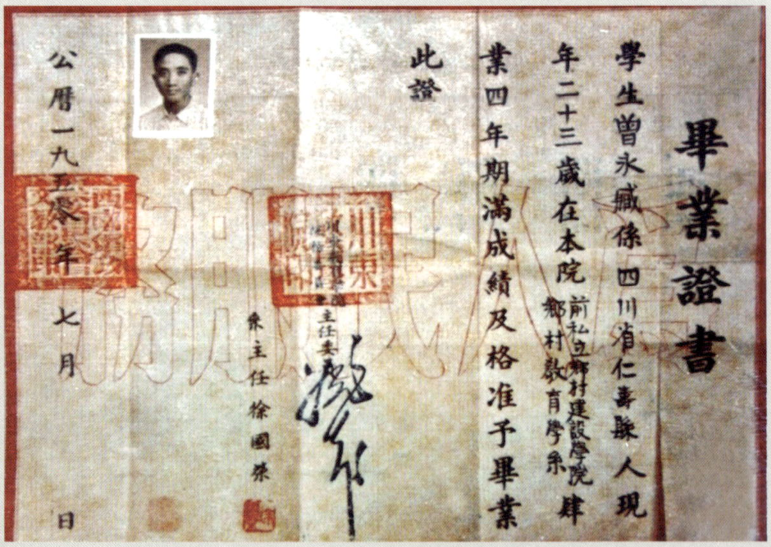

畢業證書

學生曾永臧係四川省仁壽縣人現年二十三歲在本院前私立鄉村建設學院鄉村教育學系肆業四年期滿成績及格准予畢業

此證

主任委員

系主任徐國栄

公曆一九五零年七月日

曾永臧毕业证书(1950 年)。

曾永臧的学籍登记照片。

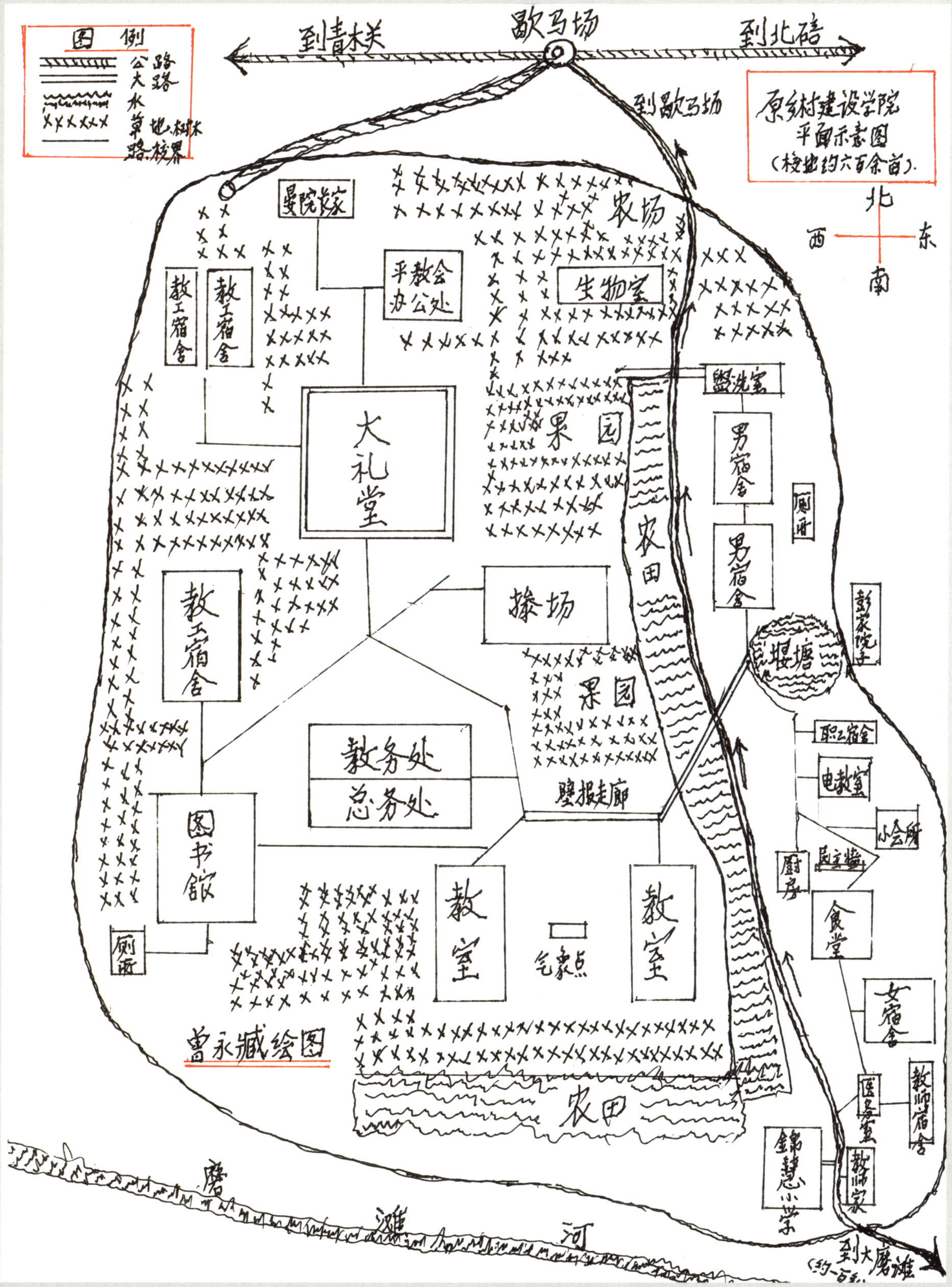

乡建学院乡村教育系1946级校友曾永臧绘制的校园地图(2016年)。

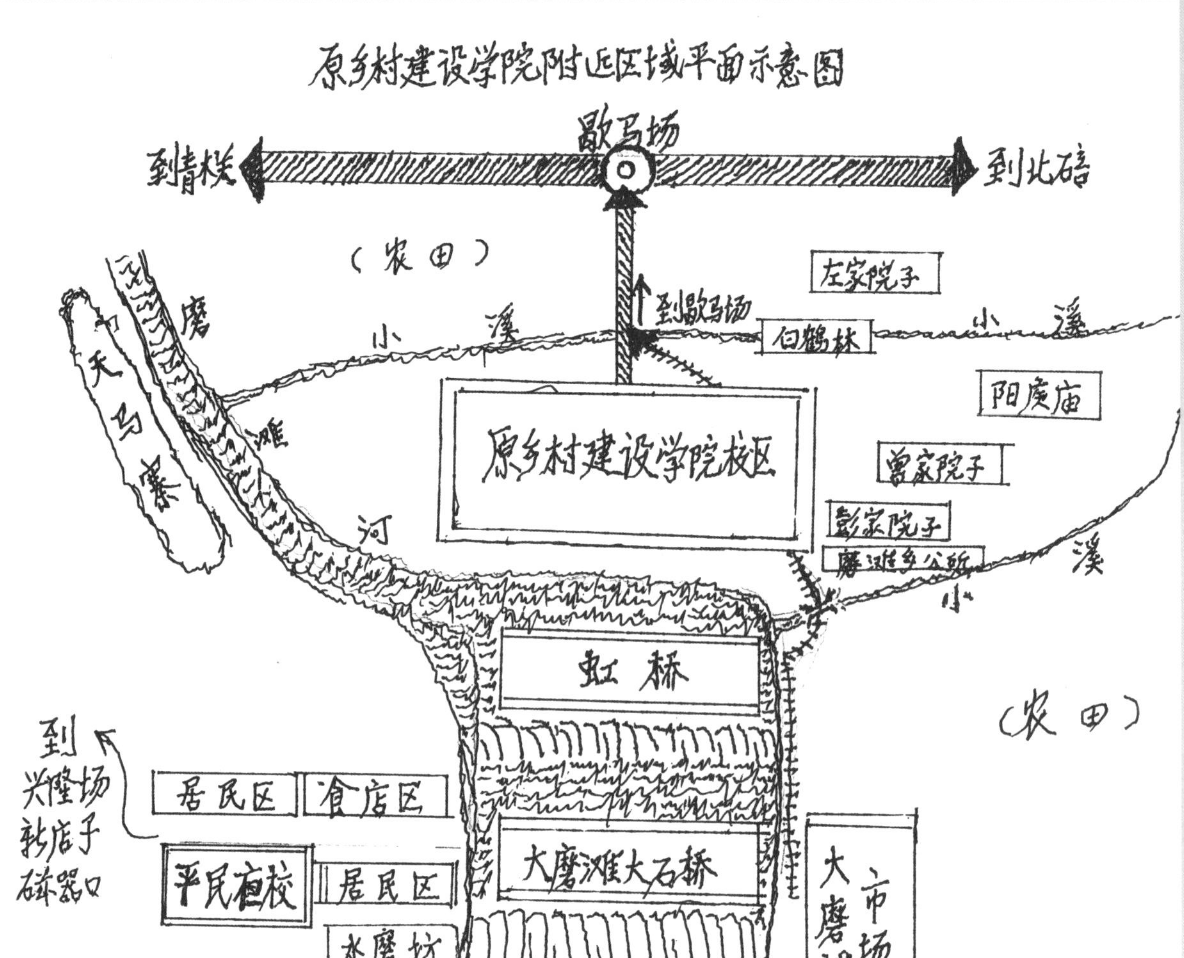

曾永藏绘制的乡建学院附近区域平面示意图(2016 年)。

乡建学院位于巴县歇马乡(今重庆北碚歇马镇)大磨滩附近,占地500亩。为了使师生更好地与乡村社会互动融合,院址设在乡村且没有围墙。图为校园全景。

乡建学院教室。

乡建学院大礼堂。

乡建学院学生宿舍。

乡建学院学生们下课后从教室回到宿舍。校内几条主干道都是学院组织学生参与修筑，以在劳动和实践中培养学生。

中华平民教育促进会办公室。

晏阳初在乡建学院的办公室前(20 世纪 40 年代末)。

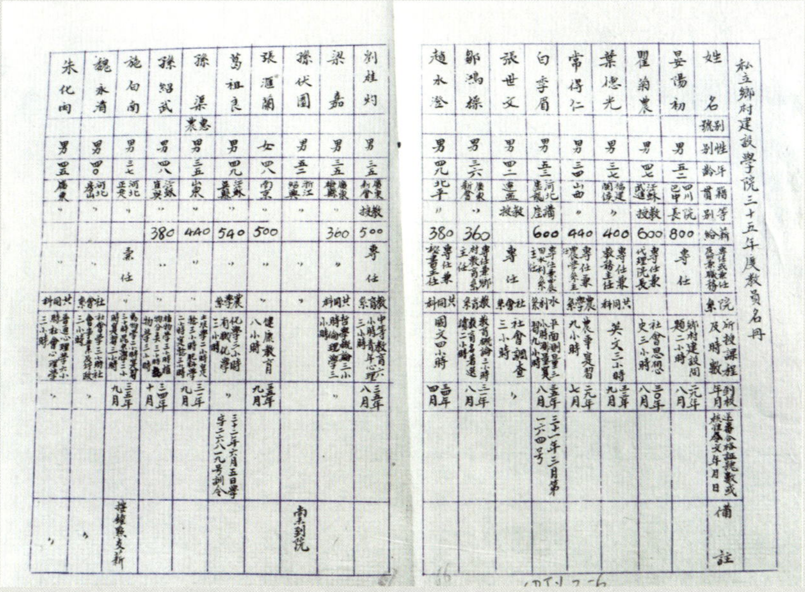

私立鄉村建設學院三十五年度教員名冊

姓名	號別	性別	年齡	籍貫	等別	薪給	專任或兼任及兼任職務	院系	所授課程及時數	到校年月	送審合格證號數或核准令文年月日	備註
晏陽初		男	五二	四川巴中	院長	800	專任		鄉村建設問題二小時	[illegible]年八月		
瞿菊農		男	四七	江蘇武進	教授	600	專任兼代理院長		社會思想史三小時	三〇年八月		
葉德光		男	三七	福建閩侯	〃	400	專任兼教務主任	共同科	英文三小時	三三年九月		
常得仁		男	三四	山西	〃	440	專任兼農學系主任	農學系	農事實習九小時	[illegible]年七月		
白季眉		男	五三	河北[illegible]	講座	600	專任兼農田水利系主任	水利系	平面測量三小時 測量實習九小時	三五年八月	三十一年三月第一六四號	
張世文		男	四二	遼[illegible]	教授		專任	社會系	社會調查三小時	〃		
鄧鴻[illegible]		男	三六	廣東新會	〃	360	專任兼鄉村教育系主任	教育系	教育概論三小時 教育名著選讀二小時	三一年八月		
趙水澄		男	四九	北平	〃	380	專任兼秘書主任	共同科	國文四小時	三四年四月		
劉桂灼		男	三五	廣東新會	教授	500	專任	教育系	中等教育六小時 青年心理三小時	三五年八月		
梁嘉		男	三五	廣東[illegible]	〃	360	〃	共同科	哲學概論三小時 倫理學三小時	〃		
孫伏園		男	五二	浙江紹興	〃		〃	〃				南京到院
張滙蘭		女	四八	南京	〃	500	〃	〃	健康教育八小時	三五年九月		
葛祖良		男	四九	江蘇吳縣	〃	540	〃	農學系	化學二小時 有機化學三小時	〃	三十二年六月五日學字二六八一九號訓令	
孫渠	東惠	男	三五	山東	〃	440	〃	〃	土壤學二小時 實驗三小時 肥料學二小時 實驗三小時	三一年九月		
孫紹武		男	四八	江蘇宜興	〃	380	〃	〃	植物學三小時 植物分類三小時 [illegible]	三四年十月		
施白南		男	三七	河北正定	〃		兼任	〃	動物學二小時 實習三小時 昆蟲學三小時 實習三小時	三五年九月		接[illegible]支薪
魏永清		男	四四	河北唐山	〃		〃	社會系	社會學三小時 社會事業及行政三小時	〃		〃
朱化雨		男	四五	廣東	〃		〃	共同科	普通心理學六小時 社會心理學三小時	〃		〃

瞿菊农、梁仲华、孙伏园、白季眉、汪德亮、魏永清、胡絜青等知名人士先后执教于乡建学院。图为私立中国乡村建设学院（部分）教员名册(1946 年,原件存于四川师范大学档案馆)。

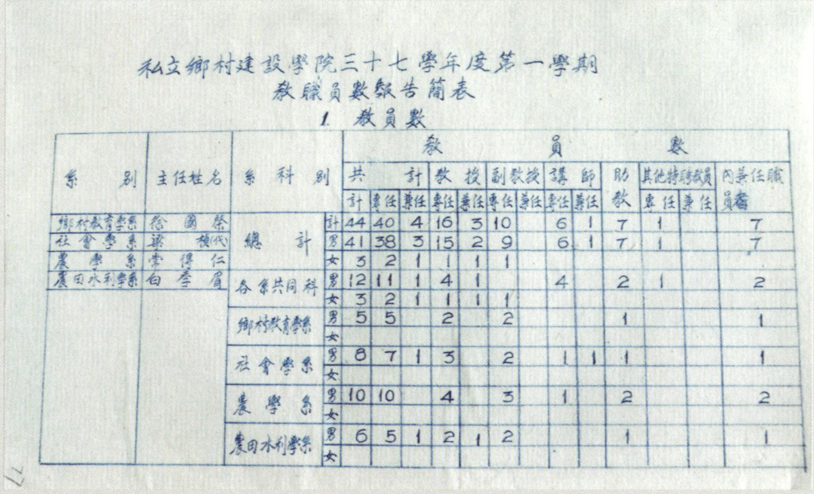

私立鄉村建設學院三十七學年度第一學期
教職員數報告簡表
1. 教員數

系別	主任姓名	系科別		共計 計	共計 專任	共計 兼任	教授 專任	教授 兼任	副教授 專任	副教授 兼任	講師 專任	講師 兼任	助教	其他特聘教員 專任	其他特聘教員 兼任	內兼任職員者
鄉村教育學系	徐國棨	總計	計	44	40	4	16	3	10		6	1	7	1		7
社會學系	梁楨(代)		男	41	38	3	15	2	9		6	1	7	1		7
農學系	常得仁		女	3	2	1	1	1	1							
農田水利學系	白季眉	各系共同科	男	12	11	1	4	1			4		2	1		2
			女	3	2	1	1	1	1							
		鄉村教育學系	男	5	5		2		2				1			1
			女													
		社會學系	男	8	7	1	3		2		1	1	1			1
			女													
		農學系	男	10	10		4		3		1		2			2
			女													
		農田水利學系	男	6	5	1	2	1	2				1			1
			女													

乡建学院 1948 年度第一学期教职员数报告简表(原件存于四川师范大学档案馆)。

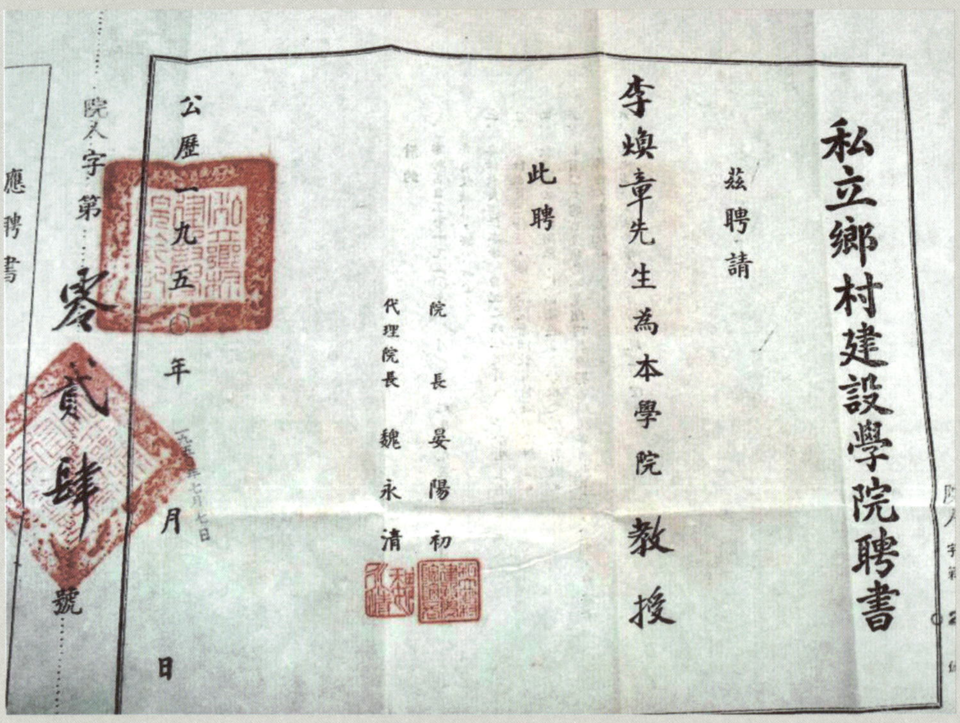

私立鄉村建設學院聘書

茲聘請

李煥章先生為本學院教授

此聘

院長 晏陽初

代理院長 魏永清

公歷一九五〇年 月 日

院人字第零貳肆號

應聘書

私立乡村建设学院聘书。

乡建学院师生聆听卢作孚的演讲场景。

乡建学院部分教职工及特邀嘉宾(左六卢作孚，左七晏阳初)在校庆毕业典礼上(1949年)。

院长晏阳初在学院的周会上讲话。

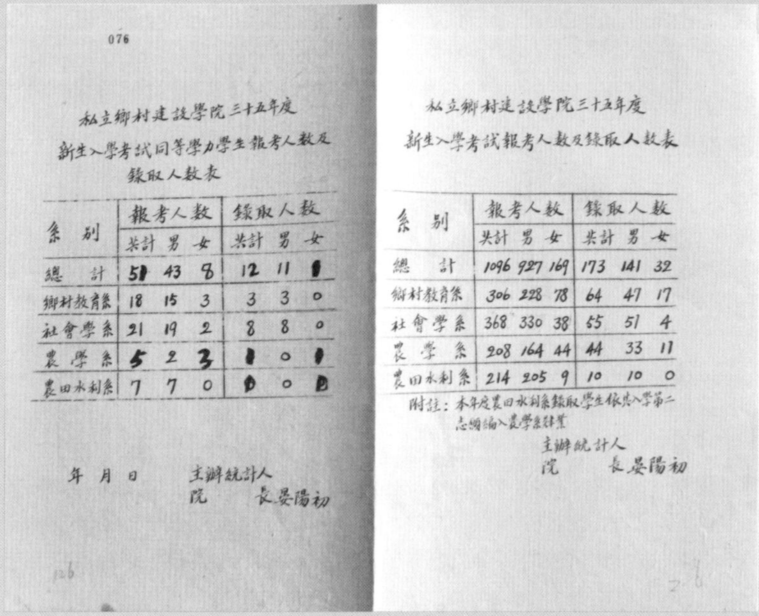

076

私立鄉村建設學院三十五年度
新生入學考試同等學力學生報考人數及錄取人數表

系別	報考人數			錄取人數		
	共計	男	女	共計	男	女
總計	51	43	8	12	11	1
鄉村教育系	18	15	3	3	3	0
社會學系	21	19	2	8	8	0
農學系	5	2	3	1	0	1
農田水利系	7	7	0	[illegible]	0	[illegible]

年 月 日　　主辦統計人
院　長晏陽初

私立鄉村建設學院三十五年度
新生入學考試報考人數及錄取人數表

系別	報考人數			錄取人數		
	共計	男	女	共計	男	女
總計	1096	927	169	173	141	32
鄉村教育系	306	228	78	64	47	17
社會學系	368	330	38	55	51	4
農學系	208	164	44	44	33	11
農田水利系	214	205	9	10	10	0

附註：本年度農田水利系錄取學生依其入學第二志願編入農學系肄業

主辦統計人
院　長晏陽初

乡建学院设农学、农田水利学、乡村教育学、社会学四系，学制四年，并以华西实验区为教学实践基地。在艰苦的战争年代共招新生1180人，毕业生379人。其中专修科毕业134人，本科毕业245人。图为学院1946年新生入学考试(含同等学力学生)报考人数及录取人数表(原件存于四川师范大学档案馆)。

晏阳初为乡建学院学生颁发证书(20世纪40年代末)。

晏阳初(前排左八)、卢作孚(前排左七)在礼堂前与乡建学院师生合影。

乡建学院师生合影(1947 年)。

乡建学院毕业典礼(1949 年)。

乡建学院 1946 级学生毕业典礼(1950 年 6 月)。

农学系学生田间实习。

农学系学生劳动间隙休息留影。

农学系 1945 级学生田间实习。

农学系 1946 级学生合影。

农学系学生暑期到江津县乡村帮助果农防治柑橘病虫害，工作结束后回校合影(1949 年)。

乡建学院乡村教育系 1944 级学生在教室门口合影(1945 年)。

乡建学院乡村教育系 1944 级部分学生合影(自左向右,后排:甘在华、朱昌年、唐载阳;中排:蔡鹏、徐伟夫、付作楣、曾朗;前排:何国英、杨英杰、黄开文、朱泽芗)。

乡建学院乡村教育系 1946 级毕业合影(中排教师,从左到右:张向初、高振业、李建勋、代院长魏永清、系主任徐国启、何志汉)。

农田水利系 1945 级学生水利测量实习(1948 年)。

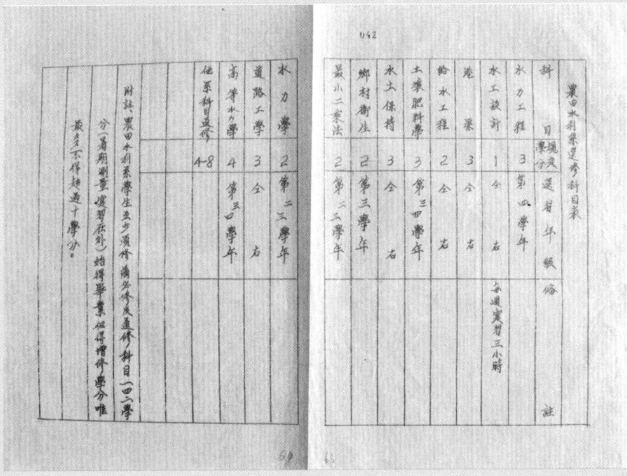

農田水利系選修科目表

科目	學分	選習年級	備註
水力工程	3	第四學年	
水工設計	1	仝右	每週實習三小時
港渠	3	仝右	
給水工程	2	仝右	
土壤肥料學	3	第三四學年	
水土保持	3	仝右	
鄉村衛生	2	第三學年	
最小二乘法	2	第二三學年	
水力學	2	第二三學年	
道路工學	3	仝右	
高等水力學	4	第三四學年	
他系科目選修	4-8		

附註、農田水利系學生至少須修滿必修及選修科目一四二學分（暑期測量實習在外）始得畢業，但得增修學分，唯最多不得超過十學分。

农田水利系选修科目表（原件存于四川师范大学档案馆）。

农田水利系 1944 级学生毕业合影(1948 年)。

农田水利系 1945 级学生毕业合影(1949 年)。

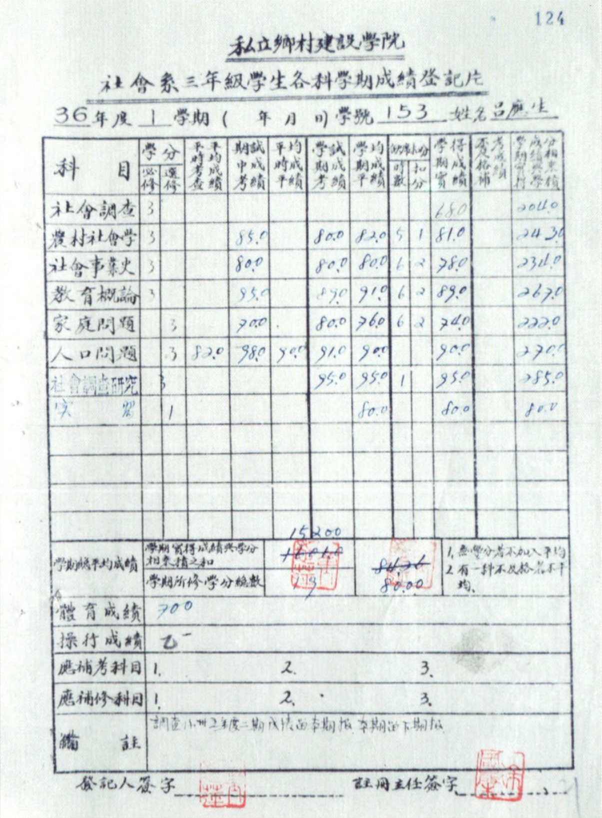

私立鄉村建設學院

社會系三年級學生各科學期成績登記片

36 年度 1 學期（ 年 月 日）學號 153 姓名 呂應生

科目	學分 必修	學分 選修	平時考查平均成績	期中考試成績	平時平均成績	學期考試成績	學期平均成績	缺課扣分 時數	缺課扣分 扣分	學期實得成績	補考及格成績	學期實得成績與學分相乘積
社會調查	3									68.0		204.0
農村社會学	3			85.0		80.0	82.0	5	1	81.0		243.0
社會事業史	3			80.0		80.0	80.0	6	2	78.0		234.0
教育概論	3			95.0		89.0	91.0	6	2	89.0		267.0
家庭問題		3		70.0		80.0	76.0	6	2	74.0		222.0
人口問題		3	82.0	98.0	90.0	91.0	90.0			90.0		270.0
社會調查研究	3					95.0	95.0	1		95.0		285.0
实習		1					80.0			80.0		80.0

學期總平均成績	學期實得成績與學分相乘積之和	~~1601.0~~ 1520.0	~~84.26~~ 80.00	1. 無學分者不加入平均 2. 有一科不及格者不平均。
	學期所修學分總數	19		
體育成績	70.0			
操行成績	乙−			
應補考科目	1.	2.	3.	
應補修科目	1.	2.	3.	
備註	調查小册三年度二期成績由本期报 本期由下期报			

登記人簽字＿＿＿＿ 註冊主任簽字＿＿＿＿

乡建学院社会系三年级学生 1947 年第一学期各科学期成绩登记表（原件存于四川师范大学档案馆）。

晏阳初（前排右四）与 1944 级社会系毕业生合影（1948 年）。

为切实了解农村实际情况，乡建学院组织学生到农村进行社会调查。图为社会系和乡村教育系同学在北碚黄桷镇从事社会调查后合影(1949 年)。

社会系部分学生暑期到北碚黄桷镇进行社会调查后在北温泉公园留影(1949 年)。

乡建学院不设训导处，最大化地进行学生自我管理，学生成立下设自立、自给、自强、自治四组的“四自会”。图为“四自会”自给组办的学生食堂，买菜和食堂清洁都有学生参加。

乡建学院学生杨睦九参加“四自会”主席竞选(1948年)。

乡建学院自我管理组织“女生励进会”合影。

乡建学院附属景慧小学的恳亲会。

乡村建设学院学生排演进步话剧《升官图》。

社会系学生排演舞蹈（1948 年）。

女子篮球队获奖后在女生宿舍门前合影。

学生社团泥土社社员在大磨滩虹桥合影。

学生歌咏队在练习唱歌(左一赵德强,左二吴国华。前排拿歌本女生自左向右:徐冰容、刘以德、彭兰君、蒋茂兰、陈光仙、李国音、郭华芬、曾若冰)。

乡建学院与重庆各高校学生密切互动。图为位于重庆沙坪坝的中央高级工业学校部分学生与乡建学院学生在附近的大磨滩瀑布前合影。

四、延安的乡村建设

上海大学当代文学研究资料丛书
丛书主编 蔡 翔
延安乡村建设资料
（四）
孙晓忠 高 明 编
上海大学出版社

中国共产党在进行乡村革命的同时也致力于乡村建设，其中既包括苏区和延安等时期的各种建设实践，也包括新中国成立以后“没有‘乡建派’的乡村建设”。图为《延安乡村建设资料》（共四卷，孙晓忠、高明编，上海大学出版社，2012年）。

“逢山开路、遇水搭桥”地进行农村基础设施建设。

开荒。

改善农业生产条件，在陕北种上了水稻。

就地取材编制农具。

陕甘宁边区工农业展览会（1941 年）。

延安妇女纺织合作社。

延安县南区合作总社营业楼（1936年）。

抗日民主政权建设实行“三三制”原则，即政府工作人员配比上实行共产党员、非党的左派进步分子和中间派各占三分之一。图为陕甘宁边区参议员合影。前排左三为开明绅士李鼎铭。

清凉山卫生所大夫出诊受到农民欢迎(1943 年)。

文化沟广场演出秧歌场景(1943 年)。

延安保育院儿童做游戏。

第六单元 没有“乡建派”的乡村建设

我们不但善于破坏一个旧世界，我们还将善于建设一个新世界。

毛泽东：《在中国共产党第七届中央委员会第二次全体会议上的报告》（1949年）

这两条道路虽然在中国是否存在阶级这一革命的根本问题上是相互对立的，但在建立新中国的局面下，却显现出犹如两根稻草被捻成了一根绳子般的协调。

沟口雄三：《另一个“五四”》（1996年）

1949年中华人民共和国建立后，通过土地改革对乡土社会进行全面的组织化改造，这虽然让“乡建派”知识分子们的乡村建设行为萎缩或中止，却由于新国家社会广泛参与基础的形成，而使得乡村建设的理念和工作在国家建设背景下，以新的形式被高效、全面地替代与覆盖。比如：全民扫盲、技术推广、赤脚医生、乡村民兵、社队企业、大众文艺、水利建设、互助合作，以及对农民主体地位、妇女解放、尊严劳动等的强调。

进入20世纪80年代，由于产业资本扩张与全球化进程加快，仅靠推行“大包干”并不能根本解决“三农”发展与基层治理难题。中共中央于1987年至1997年自上而下推动了“全国农村改革试验区”。从内容上看，其与50年代土地入股的初级社和60年代恢复小队核算的“三自一包”等两次“体制内改良”几乎雷同；从过程上看，知识分子下乡与地方政府结合的方式，及其在广大农村开展的制度建设与组织建设也一脉相承。

一、革命年代的建设实践

1949年12月，梁漱溟在北碚迎接解放军进城（中为梁漱溟，前排右一为梁漱溟的学生席朝杰，后排右一为梁漱溟的学生王平叔之子王治和）。

20世纪50年代北碚的城乡建设。

20世纪50年代北碚的乡村图书馆。

20世纪50年代河北定县翟城村的文化教育。

社論

和領導土地改革運動一樣 領導速成識字運動

今年五月以來，在我們山西人民的生活中，和全國人民一樣，出現了一件有歷史意義的大事，這就是有領導的有計劃的熱火朝天的推廣祁建華速成識字法的速成識字運動。

祁建華同志是中國人民解放軍西南軍區某部的文化教員，他在高度的爲士兵服務的政治覺悟下，創造出速成識字法。用這種識字法去教成人文盲識字，只要用一百五十小時到一百七十五小時，就能夠教會一千五百字到兩千字。學習的人只要再進行一百小時的練習閱讀，就能看懂通俗書刊，能夠寫簡單的信件和文章。人民解放軍第四野戰軍採用了速成識字法以後，兩個月就基本上消滅了全軍文盲。天津市的工人同志用速成識字法識字，已掃除文盲三十二萬人。我省自六月以來，在城市和農村已訓練了速成識字法教師一萬一千多人，開辦了六百多個速成識字法實驗班，參加的工人、農民、幹部、家屬達三萬餘人。這些實驗班基本上都是成功的，一般已進入練習閱讀階段。從報紙上，經常看到各個實驗班速成識字成功的捷報。黎城五區全體區幹部，二十六人，在全省文教模範楊建勳幫助之下，經過兩個月時間（每天兩小時），已全部掃除了文盲。這些實驗成功的消息，掃除了某些人對祁建華速成識字法的某些懷疑，鼓舞了全省幹部和人民掃除全部文盲的勝利信心。

爲了領導速成識字這一歷史任務，山西全省速成識字委員會已經成立，在全省範圍內掃除文盲運動，也即將有計劃的開展。這是一個巨大的任務。完成這樣的歷史任務，必須普遍啓發提高廣大工農羣衆的識字熱情，必須訓練足够的掌握祁建華速成識字

1952年9月7日《山西日报》关于速成识字运动经验总结的社论。

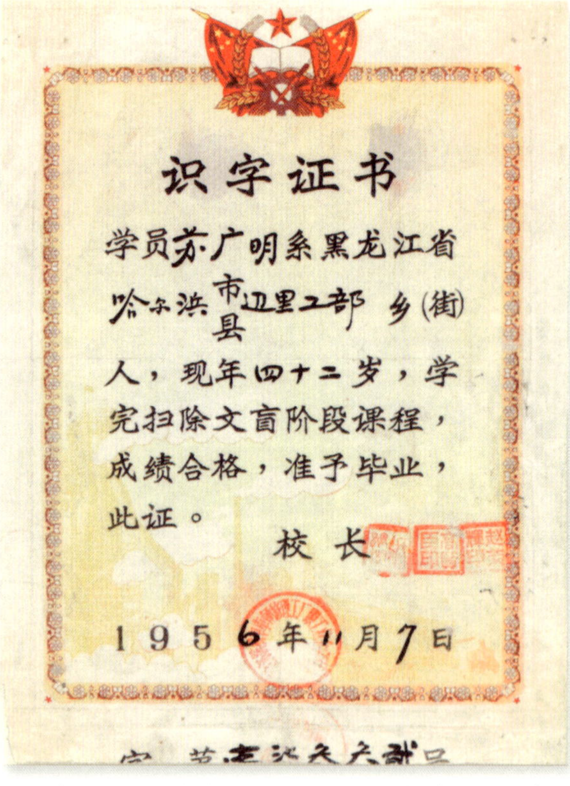

识字证书

学员苏广明系黑龙江省哈尔滨市/县道里工部乡(街)人，现年四十二岁，学完扫除文盲阶段课程，成绩合格，准予毕业，此证。

校长

1956年11月7日

1956年哈尔滨机车车辆修理厂职工业余学校发给学员苏广明的识字证书。

20世纪50年代在全国范围内开展群众广泛参与的农具改良运动。图为湖南沅江的农民在参与新农具设计(1955年)。[资料来源:《劳动人民:1950—2010》,徐步主编,南方日报出版社,2010年。]

河北石家庄由农民参与研制的多用耘锄(1956年)。[资料来源:《劳动人民:1950—2010》,徐步主编,南方日报出版社,2010年。]

1958年出版的农民科普读物。

1959年出版的《中国土农药志》。该书为成立于1958年10月的“土农药科学研究办公室”集体编著，对当前生态农业仍有较大参考价值。

1950年出版的《怎样开展农村文娱运动》。

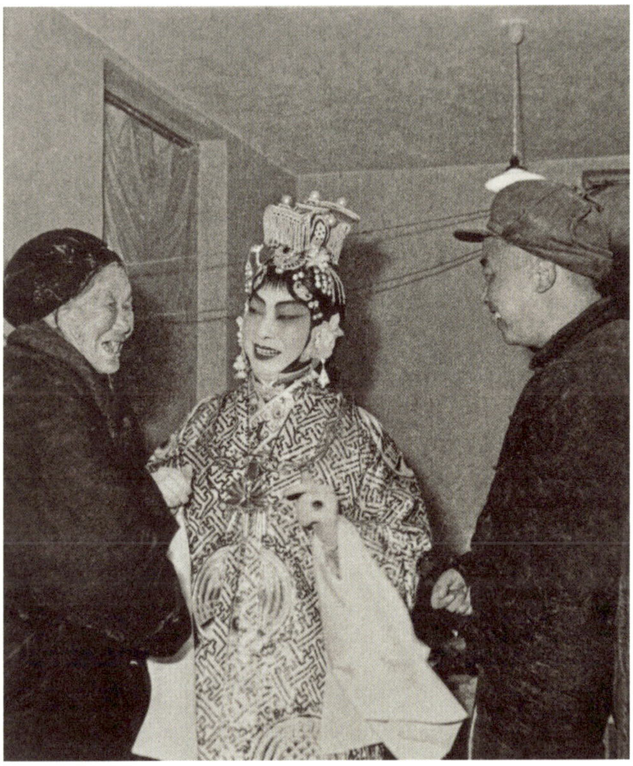

京剧大师梅兰芳到河北阜平为农民演出(1958年)。[资料来源:《革命年代:1949—1978》,徐步主编,南方日报出版社,2010年。]

农家炕上的下乡干部(山西平顺,1957年)。[资料来源:《革命年代:1949—1978》,徐步主编,南方日报出版社,2010年。]

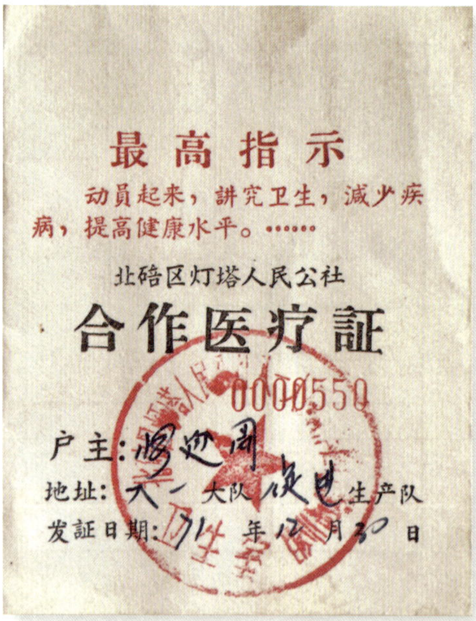
最高指示

动員起来，講究卫生，減少疾病，提高健康水平。……

北碚区灯塔人民公社

合作医疗証

0000550

户主：

地址：大一大队　　生产队

发証日期：71 年 12 月 30 日

1949 年至 1976 年，全国拥有医院从 2600 家发展到 6.3 万家，医院床位从 8 万张发展到 168.7 万张。乡村合作医疗得到推广。图为重庆市北碚区灯塔人民公社农民的合作医疗证(1971 年)。

在乡村开展血吸虫病调查(江西余江，1972 年)。[资料来源：《革命年代：1949—1978》，徐步主编，南方日报出版社，2010 年。]

“赤脚医生”送药上门(北京平谷，1974 年)。[资料来源：《革命年代：1949—1978》，徐步主编，南方日报出版社，2010 年。]

适合初小文化程度者阅读的《城乡互助》读本（1960年）。

清华大学学生参加体力劳动（1958年）。[资料来源：《革命年代：1949—1978》，徐步主编，南方日报出版社，2010年。]

1952年春末夏初，新中国第一个大型水利工程——荆江分洪工程胜利完成。图为建设者在清淤作业。

1957年，河南济源农民以愚公移山的精神改造荒山。[资料来源：《革命年代：1949—1978》，徐步主编，南方日报出版社，2010年。]

1949年至1959年间，全国共扩大灌溉面积7.6亿亩，初步治理低洼易涝土地2亿多亩，初步控制水土流失面积60万平方公里，占总水土流失面积的40%。

被誉为“人工天河”的红旗渠，是河南林县（今林州市）人民从1960年起经过近十年艰苦奋斗，在太行山修建的总长1500多公里的渠道。红旗渠从山西引入漳河水，结束了林县严重缺水的历史。

二、全国农村改革试验区（1987—1997）

1982年至1986年，中共中央连续发出五个有关农村政策的“1号文件”，指导农村改革不断深化。

中国共产党新闻
News of the Communist Party of China
中文简体 BIG5 조선어 ENGLISH 日本語

中国共产党新闻>>党史上的今天>>1月

1987年1月22日 中共中央发出《把农村改革引向深入》的通知

【字号 大 中 小】【论坛】【打印】【关闭】

1987年1月22日，中共中央发出《把农村改革引向深入》的通知。通知指出：几年来农村改革已取得了重要成果，农村经济新体制的框架已初步显现出来，现在正处于新旧体制交替时期，改革必须坚持下去，并做好充实、巩固、配套、提高工作，争取再以五年或稍长一点的时间，使新体制充实和完善起来，在农村经济中发挥主导作用。为了把农村改革引向深入，今后要继续改革统购派购制度，扩大农产品市场；搞活农村金融，开拓生产要素市场；完善分散经营和统一经营相结合的双层经营体制，稳定家庭联产承包制；发展多种形式的经济联合；对农村各类自营专业户、个体经营者实行长期稳定的方针；调整产业结构，促进农业劳动力的转移；加强基层组织建设和思想建设；有计划地建立改革试验区等。按照党中央、国务院的部署，到同年9月中旬，我国已在十个省、自治区建立起十四个规模不等、项目不同的农村改革试验区，开始进行把已有改革成果制度化和探索改革新路子的实践。

1987年1月22日，中共中央发出《把农村改革引向深入》的“5号文件”，提出创办农村改革试验区。

“中国农村改革试验丛书”之《改革实践录》(国务院农村发展研究中心试验区办公室编,中国卓越出版公司,1990年)。

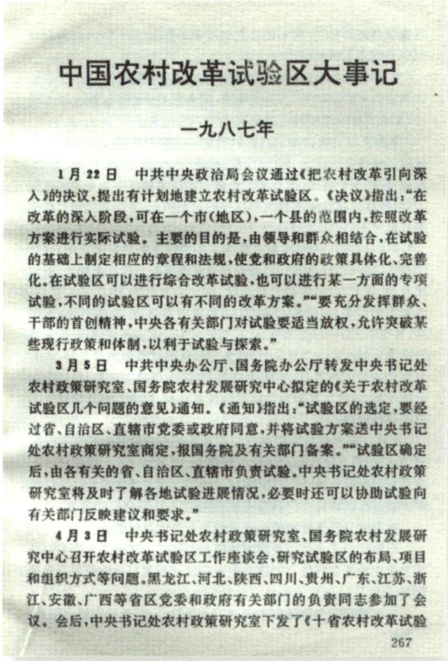

中国农村改革试验区大事记

一九八七年

1月22日 中共中央政治局会议通过《把农村改革引向深入》的决议,提出有计划地建立农村改革试验区。《决议》指出:“在改革的深入阶段,可在一个市(地区),一个县的范围内,按照改革方案进行实际试验。主要的目的是,由领导和群众相结合,在试验的基础上制定相应的章程和法规,使党和政府的政策具体化、完善化。在试验区可以进行综合改革试验,也可以进行某一方面的专项试验,不同的试验区可以有不同的改革方案。”“要充分发挥群众、干部的首创精神,中央各有关部门对试验要适当放权,允许突破某些现行政策和体制,以利于试验与探索。”

3月5日 中共中央办公厅、国务院办公厅转发中央书记处农村政策研究室、国务院农村发展研究中心拟定的《关于农村改革试验区几个问题的意见》通知。《通知》指出:“试验区的选定,要经过省、自治区、直辖市党委或政府同意,并将试验方案送中央书记处农村政策研究室商定,报国务院及有关部门备案。”“试验区确定后,由各有关的省、自治区、直辖市负责试验。中央书记处农村政策研究室将及时了解各地试验进展情况,必要时还可以协助试验向有关部门反映建议和要求。”

4月3日 中央书记处农村政策研究室、国务院农村发展研究中心召开农村改革试验区工作座谈会,研究试验区的布局、项目和组织方式等问题。黑龙江、河北、陕西、四川、贵州、广东、江苏、浙江、安徽、广西等省区党委和政府有关部门的负责同志参加了会议。会后,中央书记处农村政策研究室下发了《十省农村改革试验

267

中国农村改革试验区大事记(摘自《改革实践录》,1990年)。

时任中共中央书记处农村政策研究室主任、国务院农村发展研究中心主任的杜润生(前排右一)下乡调研。

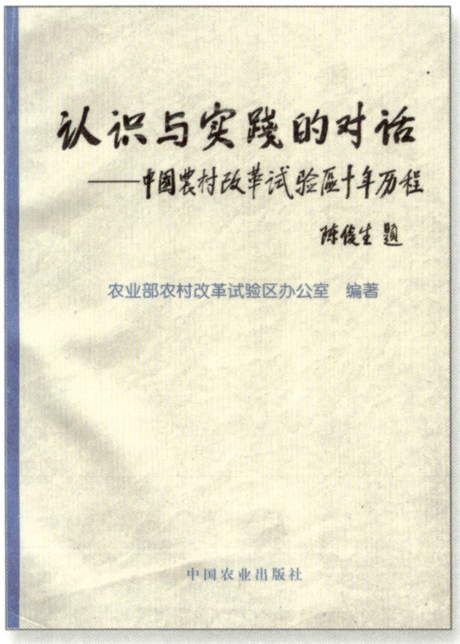
认识与实践的对话
——中国农村改革试验区十年历程
陈俊生 题
农业部农村改革试验区办公室 编著
中国农业出版社

农业部农村改革试验区办公室编著的《认识与实践的对话——中国农村改革试验区十年历程》(中国农业出版社,1997年)。

附录二 全国农村改革试验区一览表

序号	地区	试验区	县级单位	试验主题	国土面积(平方公里)	总人口(万人)	批准建试验区日期
1	北京	顺义县	1	农村土地适度规模经营	1 016	54.8	1987.7
2	河北	玉田县	1	农村基层经济组织与服务体系建设	1 165	63.4	1987.7
3		黄骅市	1	渔业经济体制综合改革	1 545	37	1989.5
4		石家庄市郊区	1	城郊经济综合改革	157	22.2	1995.4
5	内蒙古	镶黄旗	1	牧区体制改革	4 960	2.8	1988.6
6	辽宁	大连市金州区	1	乡镇企业出口创汇集团建设	1 300	52	1992.11
		大连市普兰店市	1		2 915	81	
		大连市甘井子区	1		502	48	

·612·

(续)

序号	地区	试验区	县级单位	试验主题	国土面积(平方公里)	总人口(万人)	批准建试验区日期
7	黑龙江	尚志市	1	农民专业合作组织建设	9 281	60	1987.9
8		苇河林业局	1	林业体制改革	1 914	4.5	1987.7
9		绥滨农场	1	农场体制改革	533	2.0	1987.7
10	陕西	延安市	13	扶贫综合开发改革	36 712	190.38	1992.11
11		礼泉县	1	农村基层组织建设 农业商品基地建设	1 018	43.7	1987.7
12	山东	平度市	1	农村土地制度建设 贸工农一体化建设	3 166	131	1988.4
13		淄博市周村区	1	乡镇企业制度和小城镇建设	263	30	1988.4

·613·

全国农村改革试验区一览表。[资料来源:《认识与实践的对话——中国农村改革试验区十年历程》,农业部农村改革试验区办公室编著,中国农业出版社,1997年。]

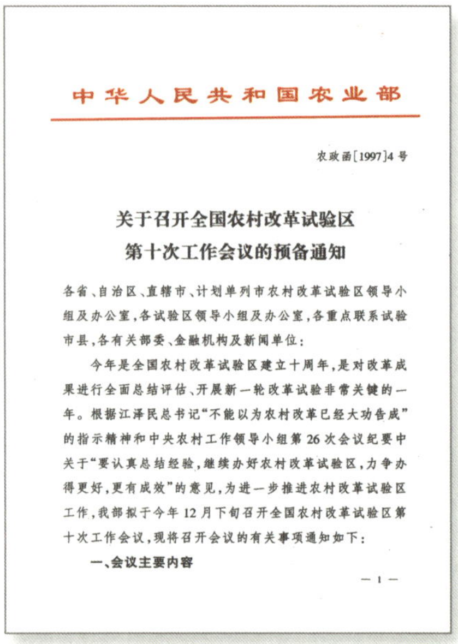
中华人民共和国农业部

农政函[1997]4号

关于召开全国农村改革试验区
第十次工作会议的预备通知

各省、自治区、直辖市、计划单列市农村改革试验区领导小组及办公室,各试验区领导小组及办公室,各重点联系试验市县,各有关部委、金融机构及新闻单位:

今年是全国农村改革试验区建立十周年,是对改革成果进行全面总结评估、开展新一轮改革试验非常关键的一年。根据江泽民总书记"不能以为农村改革已经大功告成"的指示精神和中央农村工作领导小组第26次会议纪要中关于"要认真总结经验,继续办好农村改革试验区,力争办得更好,更有成效"的意见,为进一步推进农村改革试验区工作,我部拟于今年12月下旬召开全国农村改革试验区第十次工作会议,现将召开会议的有关事项通知如下:

一、会议主要内容

— 1 —

农业部《关于召开全国农村改革试验区第十次工作会议的预备通知》(1997年)。

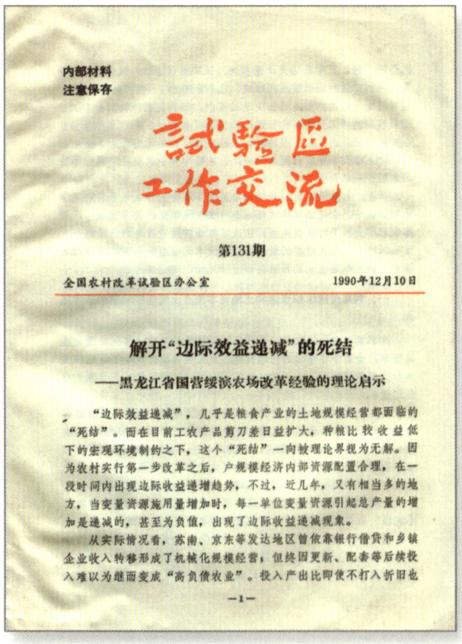
内部材料
注意保存

試验區
工作交流

第131期

全国农村改革试验区办公室　1990年12月10日

解开"边际效益递减"的死结
——黑龙江省国营绥滨农场改革经验的理论启示

"边际效益递减",几乎是粮食产业的土地规模经营都面临的"死结"。而在目前工农产品剪刀差日益扩大,种粮比较收益低下的宏观环境制约之下,这个"死结"一向被理论界视为无解。因为农村实行第一步改革之后,户规模经济内部资源配置合理,在一段时间内出现边际收益递增趋势,不过,近几年,又有相当多的地方,当变量资源施用量增加时,每一单位变量资源引起总产量的增加是递减的,甚至为负值,出现了边际收益递减现象。

从实际情况看,苏南、京东等发达地区曾依靠银行借贷和乡镇企业收入转移形成了机械化规模经营;但终因更新、配套等后续投入难以为继而变成"高负债农业"。投入产出比即使不打入折旧也

—1—

全国农村改革试验区办公室编印的《试验区工作交流》第131期(1990年)。

各省纷纷设立农村改革试验区。图为山东烟台福山区农村改革试验区培训班合影(1988年,右五为温铁军)。

全国农村改革试验区部分参与者2016年合影(前排左起:试验区办公室第二任主任卢迈、副主任陈峰、监测处处长温铁军;后排左起:高亚彪、调研处处长张冬科、郑钧、吴丹毛)。

全国农村改革试验区部分出版物。

"中国农村改革试验丛书"之《粮食购销体制改革》（农业部农村改革试验区办公室，1992年，内部印刷）。

《探索与创新——来自农村改革试验区的报告》（陕西省农村改革试验区领导小组办公室编，陕西人民出版社，1990年）。

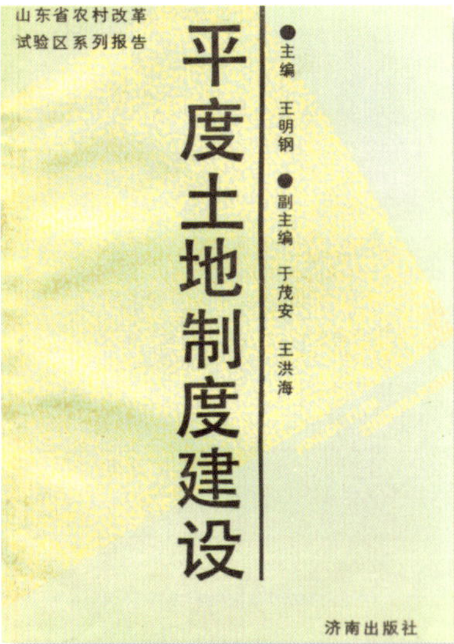

《平度土地制度建设》（王明钢主编，济南出版社，1991年）。

第七单元 当代实践

大地从未沉默不语
只是没有听到她的声音
千百年来你的呼喊
在我心间从未改变

孙恒:《生命之歌》(2004 年)

乡村建设既可能因危机缓解或激进程度突破所能承受的临界点而转为“隐性”,也可能因现实需求的紧迫而集中“显化”。当历史进入新的千年,当中国以举世瞩目的“和平发展”而重新成为世界焦点,虽然这与民国时期岌岌可危的没落形象完全相反,但第三波乡村建设改良实践却在世纪之交再次兴起于民间社会。

它以“人民生计为本,互助合作为纲,多元文化为根”为基本原则,以组织创新与制度创新为基本方针,以城乡互助与包容为生态文明背景下的基本方向,以“学生下乡,教育支农”“农民合作,改善治理”“农业生态,城乡融合”“工友互助,尊严劳动”“社会参与,文化复兴”等为基本形式,以促使长期外流的“三要素”及其他有利于可持续发展的各种资源回流乡土中国,促使资源环境可持续条件下的民生安全为最终目标。

一、从“三农”问题到乡村建设

自2004年始，中共中央、国务院连续出台的“1号文件”。文件制定了一系列支农惠农政策。

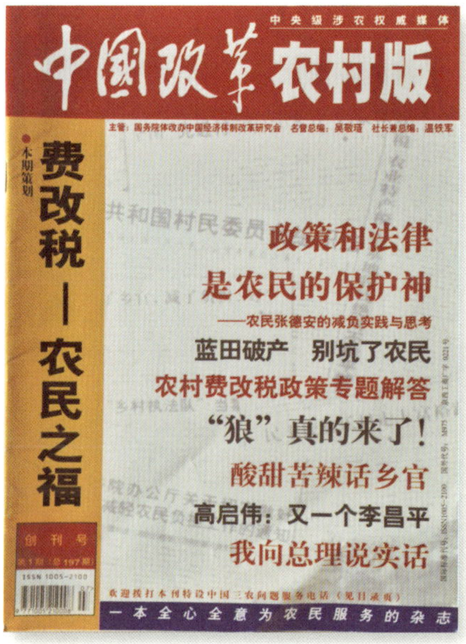

图为温铁军创办的《中国改革》(农村版)创刊号(2002年)。该杂志成为新世纪乡村建设的发轫平台与宣传阵地。

《中国改革》杂志社社长兼总编辑温铁军在杂志社接待反映意见的农民(2002年)。

2002年,《中国改革》杂志社联合中国社会科学院农村发展研究所、国务院扶贫办、团中央青农部发起第一届全国大学生回乡支农调研活动,推动了支农下乡在全国展开。图为时任中国社会科学院农村发展研究所所长的张晓山(右)参加大学生回乡优秀报告颁奖典礼。

2002年8月23日,温铁军(左二)在《中国改革》杂志社接待国际乡村改造学院(IIRR)代表团。左一为晏阳初长子晏振东,后坐者右二为时任《中国改革》编辑的邱建生。

国际乡村改造学院院长普拉蒂玛、晏阳初长子晏振东、晏阳初助手颜彬生、私立中国乡村建设学院老校友一行来《中国改革》杂志社座谈后合影。前排左起：晏振东、普拉蒂玛、托尼·古奇、颜彬生、秦宝雄、宋恩荣、魏守义、张海英（2002年8月23日）。

《中国改革》杂志社与晏阳初乡村建设学院联合举办乡村建设论坛（2004年）。

第一期中国乡村建设培训班开学典礼，组织者（右刘老石、中邱建生）与农民合影（2003年1月，北京）。

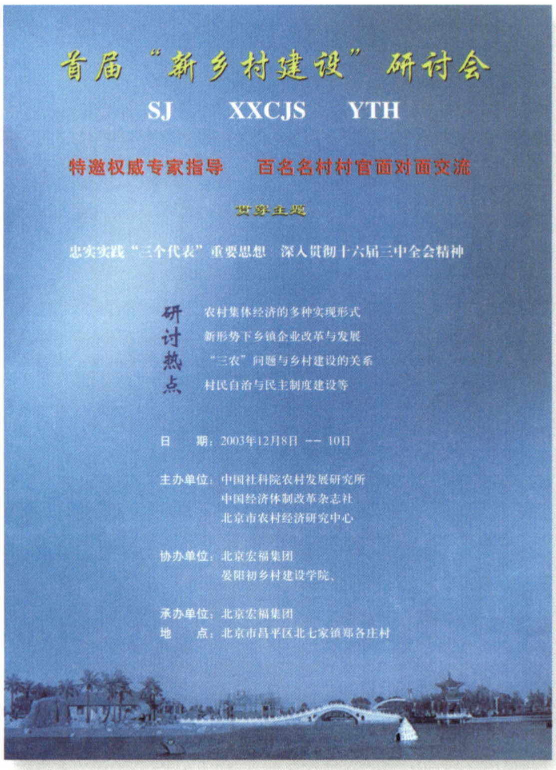

首届“新乡村建设”研讨会邀请函（2003年12月，北京）。

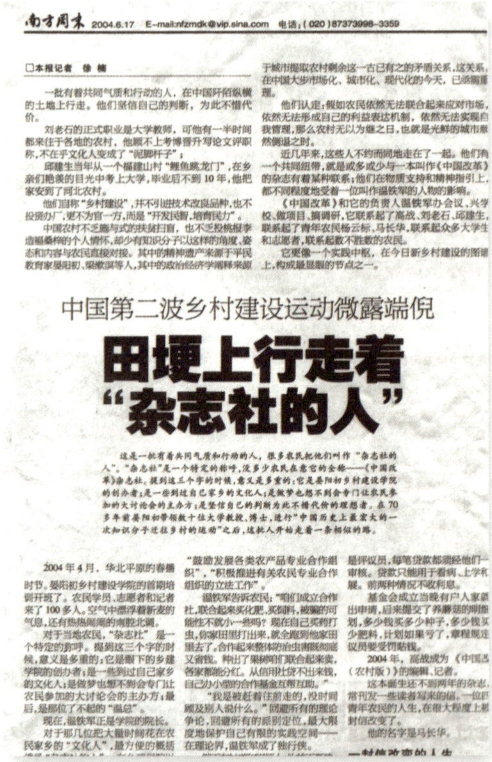

南方周末 2004.6.17 E-mail:nfzmdk@vip.sina.com 电话：（020）87373998-3359

□本报记者 徐楠

一批有着共同气质和行动的人，在中国阡陌纵横的土地上行走。他们坚信自己的判断，为此不惜代价。

刘老石的正式职业是大学教师，可他有一半时间都来往于各地的农村，他顾不上考博晋升写论文评职称，不在乎文化人变成了“泥脚杆子”；

邱建生当年从一个福建山村“鲤鱼跳龙门”，在乡亲们艳羡的目光中考上大学，毕业后不到10年，他把家安到了河北农村。

他们自称“乡村建设”，并不引进技术改良品种，也不投资办厂，更不为官一方，而是“开发民智，培育民力”。

中国农村不乏施与式的扶贫扫盲，也不乏投桃报李造福桑梓的个人情怀，却少有知识分子以这样的角度、姿态和内容与农民直接对接。其中的精神遗产来源于平民教育家晏阳初、梁漱溟等人，其中的政治经济学阐释来源于城市提取农村剩余这一古已有之的矛盾关系，这关系，在中国大步市场化、城市化、现代化的今天，已亟需重理。

他们认定：假如农民依然无法联合起来应对市场，依然无法形成自己的利益表达机制，依然无法实现自我管理，那么农村无以为继之日，也就是光鲜的城市黯然倒退之时。

近几年来，这些人不约而同地走在了一起。他们有一个共同纽带，就是或多或少与一本叫作《中国改革》的杂志有着某种联系；他们在物质支持和精神指引上，都不同程度地受着一位叫作温铁军的人物的影响。

《中国改革》和它的负责人温铁军办会议、兴学校、做项目、搞调研，它联系起了高战、刘老石、邱建生，联系起了青年农民杨云标、马长华，联系起众多大学生和志愿者，联系起数不胜数的农民。

它更像一个实践中枢，在今日新乡村建设的图谱上，构成最显眼的节点之一。

中国第二波乡村建设运动微露端倪

田埂上行走着“杂志社的人”

这是一批有着共同气质和行动的人，很多农民把他们叫作“杂志社的人”。“杂志社”是一个特定的称呼，没多少农民在意它的全称——《中国改革》杂志社。提到这三个字的时候，意义是多重的：它是晏阳初乡村建设学院的创办者；是一些到过自己家乡的文化人；是做梦也想不到会专门让农民参加的大讨论会的主办方；是坚信自己的判断为此不惜代价的理想者。在70多年前晏阳初带领数十位大学教授、博士，进行“中国历史上最宏大的一次知识分子迁往乡村的运动”之后，这批人开始走着一条相似的路。

2004年4月，华北平原的春播时节。晏阳初乡村建设学院的首期培训开班了。农民学员、志愿者和记者来了100多人。空气中漂浮着新麦的气息，还有热热闹闹的南腔北调。

对于当地农民，“杂志社”是一个特定的称呼。提到这三个字的时候，意义是多重的：它是眼下的乡建学院的创办者；是一些到过自己家乡的文化人；是做梦也想不到会专门让农民参加的大讨论会的主办方；最后，是那位了不起的“温总”。

现在，温铁军正是学院的院长。

对于那几位把大量时间花在农民家乡的“文化人”，最方便的概括

……

“鼓励发展各类农产品专业合作组织”，“积极推进有关农民专业合作组织的立法工作”。

温铁军告诉农民：“咱们成立合作社，联合起来买化肥、买饲料，被骗的可能性不就小一些吗？现在自己买药打虫，你家田里打出来，就全跑到他家田里去了，合作起来整体防治虫害既彻底又省钱。种出了果树咱们联合起来卖，各家都能分红。从信用社贷不出来钱，自己办小型的合作基金互帮互助。”

“我是被赶着往前走的，没时间顾及别人说什么。”回避所有的理论争论，回避所有的派别定位，最大限度地保护自己有限的实践空间——在理论界，温铁军成了独行侠。

……

是评议员，每笔贷款都须经他们一一审核。贷款只能用于看病、上学和发展。前两种情况不收利息。

基金会成立当晚有户人家就提出申请，后来提交了养殖猪的明细计划，多少钱买多少种子，多少钱买多少肥料，计划如果亏了，章程规定评议员要受罚贴钱。

2004年，高战成为《中国改革（农村版）》的编辑、记者。

这本诞生还不到两年的杂志，常刊发一些读者写来的信。一位四川青年农民的人生，在很大程度上被一封信改变了。

他的名字是马长华。

一封信改变的人生

《南方周末》对新世纪乡村建设的报道（2004年6月17日）。

2003年7月19日，晏阳初乡村建设学院在中国乡村建设发源地——河北定县翟城村成立。学院坚持“劳动者免费就学”的办学理念，并在农民合作、生态农业、生态建筑等领域进行实践、教学与研究。

温铁军与中共中央政策研究室原秘书长张从明为晏阳初乡村建设学院揭牌（2003年7月19日）。

YANZHAO METROPOLIS DAILY

燕趙都市報 新闻周刊

河北日报报业集团主办 燕赵都市报社出版 国内统一刊号CN13-0069 邮发代号17-92 总第2370期 今日24版 2003年8月24日

抚今追昔晏阳初

独家关注

- 这里有一所乡村建设学院 2版
- 有关晏阳初的温暖记忆 3版
- 77年前的“定县实验” 4版

值得关注的后定县实验

新闻评说

《燕赵都市报》对晏阳初乡村建设学院进行了专题报道（2003年8月24日）。

2004年12月，梁漱溟乡村建设中心在北京正式成立。其前身为《中国改革》杂志社大学生支农调研项目部。图为新乡村建设与大学生支农调研十周年纪念研讨会暨梁漱溟乡村建设中心成立五周年庆典。发言者为安徽阜阳南塘兴农合作社发起人杨云标（2009年）。

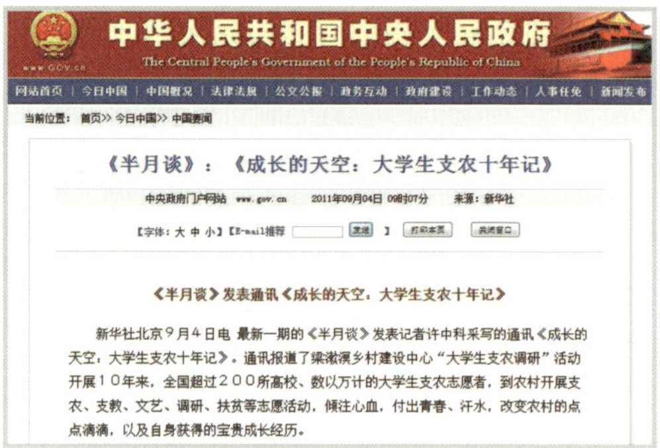

中华人民共和国中央人民政府
The Central People's Government of the People's Republic of China
www.GOV.cn

网站首页 | 今日中国 | 中国概况 | 法律法规 | 公文公报 | 政务互动 | 政府建设 | 工作动态 | 人事任免 | 新闻发布

当前位置： 首页>> 今日中国>> 中国要闻

《半月谈》：《成长的天空：大学生支农十年记》

中央政府门户网站 www.gov.cn 2011年09月04日 09时07分 来源：新华社

【字体：大 中 小】【E-mail推荐 发送 】 打印本页 关闭窗口

《半月谈》发表通讯《成长的天空：大学生支农十年记》

新华社北京９月４日电 最新一期的《半月谈》发表记者许中科采写的通讯《成长的天空：大学生支农十年记》。通讯报道了梁漱溟乡村建设中心“大学生支农调研”活动开展１０年来，全国超过２００所高校、数以万计的大学生支农志愿者，到农村开展支农、支教、文艺、调研、扶贫等志愿活动，倾注心血，付出青春、汗水，改变农村的点点滴滴，以及自身获得的宝贵成长经历。

2011年9月4日，中华人民共和国中央人民政府网站刊登《半月谈》长篇通讯，对十年来梁漱溟乡村建设中心所发起的大学生支农调研给予了充分的肯定。

梁漱溟乡村建设中心新培训基地（中国人民大学乡村建设中心培训基地、清华大学社会学系实践基地）揭牌仪式。该基地位于北京顺义区龙湾屯镇大北坞村（2016年10月）。

2005年5月1日，北京晏阳初平民教育发展中心正式成立，随后在海南、福建、山西等地推动新时期城乡平民教育探索。图为2006年12月7日，海南省常务副省长吴昌元（左）为新农村建设儋州实验区揭牌。实验区同时创办了全国首所农村社区大学——海南儋州石屋社区大学。

2011年1月8日，温铁军为福建龙岩培田客家社区大学揭牌。

2005年7月16日，中国人民大学乡村建设中心正式成立，促进了当代乡村建设在全国范围内的进一步展开。

河南兰考农民腰鼓队来京庆贺中国人民大学乡村建设中心成立。

2003年8月，中国农业大学与河南省开封市“市校共建”正式启动，时任中国农业大学党委书记瞿振元（右八）、校长陈章良（右七）等与中国农业大学“市校共建”第一批挂职干部6人（左五为何慧丽）合影。

何慧丽（前排右一）为兰考县闫楼乡大李庄村老人协会揭牌（2004年）。

2013年4月12日，温铁军为河南灵宝弘农书院揭牌。该机构为中国农业大学何慧丽继在兰考进行乡村建设实践后在家乡推动的新实践。

2010年9月29日，中国人民大学可持续发展高等研究院江苏武进试验区正式签约成立。该试验区以江苏省常州市武进区嘉泽镇为中心，辐射周边区域。

姬山書院

2011年武进试验区创办了“姬山书院”。书院以开掘中华文明遗产、服务农村综合建设、促进社会和谐为宗旨，依托试验区所推动的综合性合作社、乡村社会文化复兴、市民生态农园建设等多个项目，在嘉泽镇范围内开展乡村建设本土人才培养工作。

2012年12月8日,西南大学校长张卫国和教育部科技司副司长雷朝滋为西南大学中国乡村建设学院揭牌。

在西南大学中国乡村建设学院成立仪式上,晏阳初侄孙晏鸿国向执行院长温铁军所代表的工作团队赠送书法作品。

2013年11月30日，福建农林大学海峡乡村建设学院正式成立，温铁军就任执行院长。

2016年5月25日，福建农林大学乡村建设与社区营造研究中心正式成立，乡村建设与社区营造论坛同时举行，海峡两岸社区营造的学者与实践者参加会议。

二、学生下乡，教育支农

专题三　刘老石与当代大学生支农实践

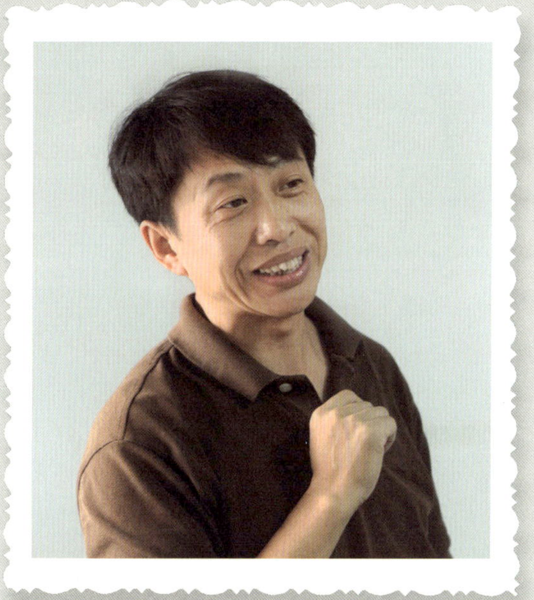

刘老石(1968—2011)，本名刘相波，天津科技大学教师，当代中国乡村建设重要推动者、全国大学生支农实践发起人、梁漱溟乡村建设中心创办人。历任《中国改革》(农村版)记者部主任、梁漱溟乡村建设中心总干事、国仁绿色联盟秘书长。2011年3月24日因车祸不幸逝世。

新世纪初京津大学生支农志愿队下乡合影(左一为刘老石)。

2003年寒假在北京师范大学举办的第一届全国大学生支农调研项目培训班(前排左二为刘老石、右六为邱建生，三排左八为温铁军)。

2003年1月，刘老石为西南地区的支农社团骨干进行下乡前的培训。

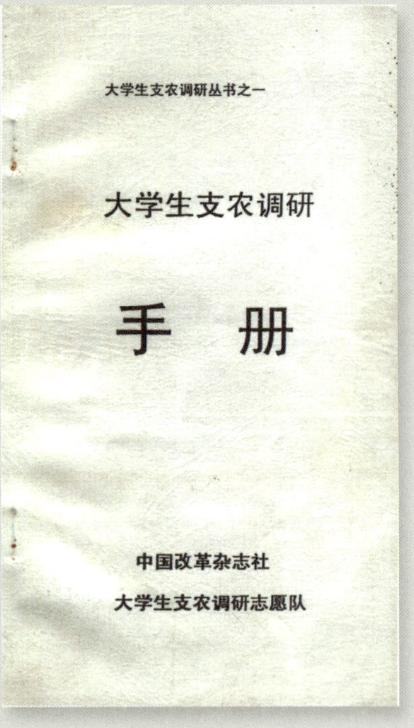
大学生支农调研丛书之一

大学生支农调研

手　册

中国改革杂志社

大学生支农调研志愿队

《大学生支农调研手册》初版(2003年，内部印刷)封面。

2004年4月25日，“乡村建设高校行”河南大学站(前排右一为刘老石)。

中国人民大学举办的“大学生新农村建设行动”授旗仪式。

刘老石在带队下乡时经常为支农同学做饭。图为2005年“十一”培训期间，刘老石与同学边吃饭边交流。

刘老石在江西兴国县下乡(2007年)。

2011年第二届大学生参与新农村建设十大杰出团队、十大杰出人物评选。据估算，新世纪以来参加支农调研的高校学生有20余万人，支农队员下乡调研的农村村寨有上万个，涉及全国27个省、自治区、直辖市。

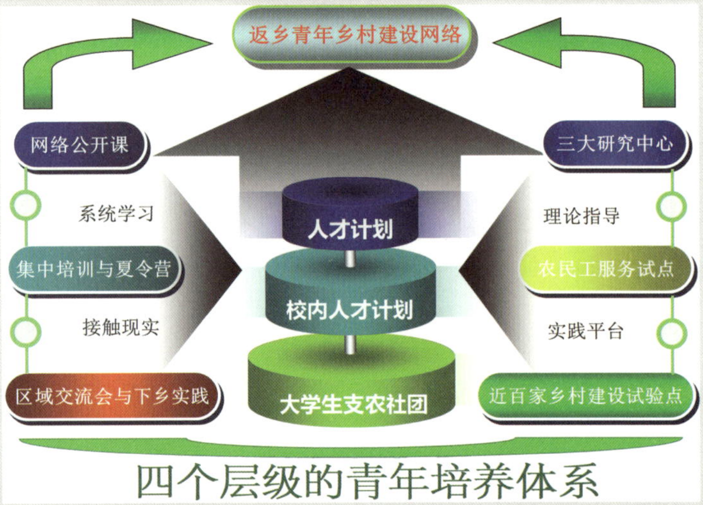

梁漱溟乡村建设中心十余年来探索实践的乡村建设人才培养体系。

刘老石在2011届人才计划校内班寒假培训上做最后一次朝话（2011年3月，梁漱溟乡村建设中心温泉基地）。

行走在田间地头的大学生支农队。梁漱溟乡村建设中心成立后，在刘老石等人的倡导和推动下，截至2017年，中心与全国240余个支农社团保持着紧密联系与合作，培训指导学生社团超过300家，涉及全国200余所高校。

大学生支农队下乡调研。

大学生支农队田间劳动。

大学生支农队与农民合作社文艺队联欢。

大学生支农队赴四川灾区抗震救灾(2008年)。

正式出版的《大学生下乡支农指导手册·社团建设和城市支农》(海南出版社,2008年)。

支农队员充分发扬“红军精神”，就是睡在这里感动了农民（河南兰考，2004年）。

当地农民与学生夹道欢迎支农队员（2003年，安徽阜阳南塘村）。

首届全国大学生支农调研交流研讨会合影（2004年1月，北京）。截至2016年，梁漱溟乡村建设中心已举办了23届全国大学生支农调研交流会，累计培训优秀青年骨干志愿者3500余名。

孙恒给参加大学生支农培训的同学们唱歌（2003年，北京师范大学）。

除全国性交流外，支农志愿者还在各地举办区域性交流会。图为黑龙江省志愿服务涉农社团首届交流会（2010年10月）。

第十五届全国大学生支农调研交流会嘉泽分会场(江苏常州,2013年)。

第十五届全国大学生支农调研交流会福建分会场(福建闽侯,2013年)。

支农培训队的晨间训练。

支农队分组讨论。

支农队晚上的自由论坛。

培训班中关于“个人奋斗是否行得通”的辩论(2011年)。

非常简陋的食宿条件。图为学员在梁漱溟乡村建设中心温泉培训基地吃饭时的场景。

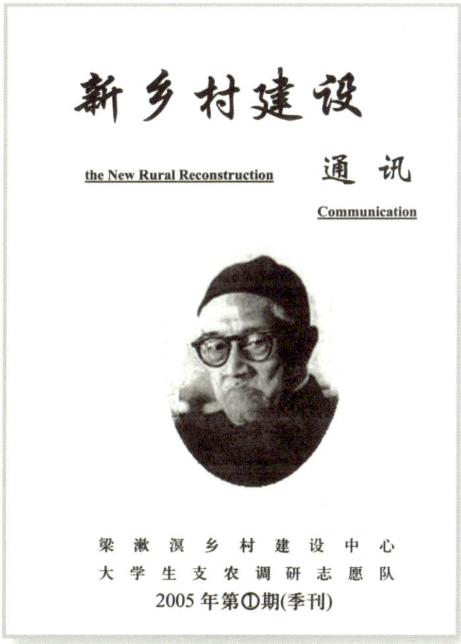

梁漱溟乡村建设中心、大学生支农调研志愿队编辑的《新乡村建设通讯》第一期(2005年)。

梁漱溟乡村建设中心邀请国内外著名学者为培训班授课。图为北京大学教授钱理群在温泉培训基地讲课(2013年2月)。

除研究者外,梁漱溟乡村建设中心还邀请众多有丰富经验的一线实践者担任教员。图为山西永济蒲韩社区发起人郑冰(2012年)。

“农村可持续发展人才培养计划”(简称“农村人才计划”)是中国人民大学乡村建设中心在大学生支农调研基础上对乡建青年进行的为期一年的系统培养，自2005年至2017年已持续开展13期，逾230名学员参加。图为第一期“农村人才计划”学员在中国人民大学。

“农村人才计划”学员在梁漱溟乡村建设中心大门合影(2013年)。

“农村人才计划”第十一期驻长春云凤合作社学员学习发酵床养猪技术(2015年)。

“农村人才计划”项目在山西永济蒲韩社区创办新青年绿色公社和老石农场。图为农场发酵床猪舍主体完工后参与建设人员合影。

梁漱溟乡村建设中心针对在读大学生开启“农村可持续发展校内人才培养计划”，作为全职“农村可持续发展人才培养计划”的有益补充。图为2013年校内班学员寒假培训合影。

校内班学员参观小毛驴市民农园合影（2012年）。

校内班学员结业答辩（2012年）。

“过有意思生活，走理想之路”——梁漱溟乡村建设中心新青年公社海报。

梁漱溟乡村建设中心举办的全国大学生农村创业论坛(2009年，中国人民大学)。

图为参加集体婚礼的五对新人。

2009年，梁漱溟乡村建设中心为乡建青年举办第一届“新幸福主义”集体婚礼。

除梁漱溟乡村建设中心外，各个当代乡村建设机构也推动着多种形式的教育支农探索。图为美国密歇根大学教育系博士李旭在晏阳初乡村建设学院举办的乡村教育夏令营中指导孩子们绘画（2005年7月）。

小毛驴市民农园依托实习生项目系统培养兼具乡村建设视野、生态农业技术与城乡互助理念的新农人。图为著名学者、清华大学教授汪晖（中排右十二）为小毛驴实习生及乡建机构青年举办讲座后合影（2010年8月）。

中国人民大学乡建中心和北京晏阳初平民教育发展中心在福建龙岩培田社区大学举办“夏雨雨人”支农大学生夏令营（2011年7月）。

北京晏阳初平民教育发展中心福建安溪福前村社区大学志愿者带领村里的小朋友在山间辨认植物(2011年8月)。

上海师范大学文学院主办的第一届热风青年成长营,学员们在稻田里除草(2015年,上海崇明)。

台湾地区也一直在继续乡村建设实践探索，并在社区教育与社区营造方面积累了丰富的经验。图为台湾新竹市的社区营造户外教学后合影，左一为台湾朝阳科技大学教授、福建农林大学乡村建设与社区营造研究中心副主任陈茂祥。

台南曾文社区大学在社区开办的植树课堂。

三、农民合作，改善治理

梁漱溟乡村建设中心自2004年成立以来，培育农民协会，指导成立合作社，推动建立全国范围的合作社网络，举办了上百期以农民合作组织、乡村发展为主题的培训班及七届全国农民合作社论坛（参与人数超过7000人次），并参与500多家合作社的辅导工作。图为2009年刘老石在河北顺平主持合作社发展与新农村建设骨干人才培训。

《中国改革》杂志社大学生支农调研项目部（梁漱溟乡村建设中心前身）在湖北房县三岔村举办的乡村建设培训班合影（2003年12月）。

河南兰考县科技扶贫与农民合作社培训会议(前排右六为何慧丽,2004年)。

兰考县葡萄架乡贺村农民合作社培训现场(2004年)。

温铁军在中国新乡村建设论坛——农民自组织合作能力交流研讨会上给农民讲课(2005年4月,北京市朝阳区东坝乡)。

刘老石给农民讲解新型合作社(2006年10月,山东聊城)。

新型农民合作组织诸多困难场景现场模拟(左为刘老石,右为山东鱼台姜庄合作社发起人马宜场)。

全国农民合作组织网络推广项目培训合影(第二排坐者右四为讲者李昌平,2011年)。

第五届全国农民合作组织论坛暨梁漱溟乡村建设中心十周年庆典合影(2015年,全国农业展览馆)。

专题四 晏阳初乡村建设学院的农民培训

晏陽初鄉村建設學院

James Yen Rural Reconstruction Institute

晏阳初乡村建设学院标识。

2004年4月18日至5月2日，晏阳初乡村建设学院举办面向全国的第一期农民合作组织培训班。

各地农民及干部希望前来学习的部分报名信件。

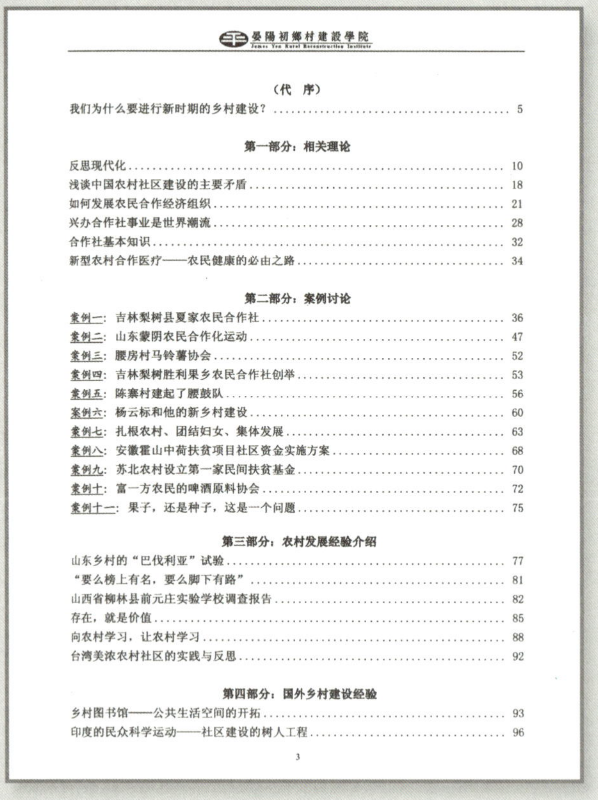

晏陽初鄉村建設學院
James Yen Rural Reconstruction Institute

（代 序）

第一部分：相关理论

第二部分：案例讨论

第三部分：农村发展经验介绍

第四部分：国外乡村建设经验

3

晏阳初乡村建设学院第一期农民培训班参考资料目录（2004年4月）。

培训期间大学生志愿者与农民学员共同劳作（2004年）。

培训班气氛热烈的午餐（左为晏阳初乡村建设学院院长温铁军，右站立者为安徽阜阳南塘合作社发起人杨云标，2004年）。

学员晨练(2004年5月)。

学员踊跃讨论(2004年5月)。

“劳动者免费就学”为晏阳初乡村建设学院办学特色。学员主要为农民,培训期间需要参与校园建设。

温铁军院长与农民学员一起劳动(2005年)。

温铁军院长在第四期农民合作社交流会上讲课(2005年5月)。

温铁军院长在培训中与翟城村合作社社员做游戏(2005年)。

除翟城村的校内培训外，晏阳初乡村建设学院还外出举办各种合作培训。图为2004年12月在河北张家口举办的农民合作组织培训班。

除培训外，晏阳初乡村建设学院还通过为已成立合作社的部分学员提供经济支持等方式推动合作社发展。图为第一批受资助合作社答辩会(2004年8月12日，晏阳初乡村建设学院)。

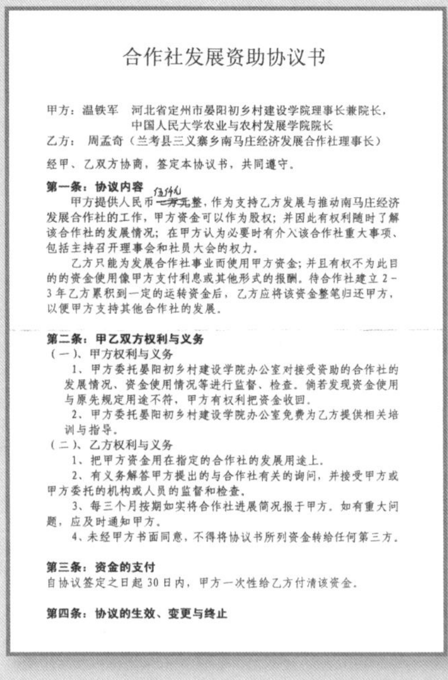

合作社发展资助协议书

甲方：温铁军　河北省定州市晏阳初乡村建设学院理事长兼院长，
中国人民大学农业与农村发展学院院长
乙方：周孟奇（兰考县三义寨乡南马庄经济发展合作社理事长）

经甲、乙双方协商，签定本协议书，共同遵守。

第一条：协议内容

甲方提供人民币~~一万元~~伍仟元整，作为支持乙方发展与推动南马庄经济发展合作社的工作，甲方资金可以作为股权；并因此有权利随时了解该合作社的发展情况；在甲方认为必要时有介入该合作社重大事项、包括主持召开理事会和社员大会的权力。

乙方只能为发展合作社事业而使用甲方资金；并且有权不为此目的的资金使用像甲方支付利息或其他形式的报酬。待合作社建立2－3年乙方累积到一定的运转资金后，乙方应将该资金整笔归还甲方，以便甲方支持其他合作社的发展。

第二条：甲乙双方权利与义务

（一）、甲方权利与义务

1、甲方委托晏阳初乡村建设学院办公室对接受资助的合作社的发展情况、资金使用情况等进行监督、检查。倘若发现资金使用与原先规定用途不符，甲方有权利把资金收回。

2、甲方委托晏阳初乡村建设学院办公室免费为乙方提供相关培训与指导。

（二）、乙方权利与义务

1、把甲方资金用在指定的合作社的发展用途上。

2、有义务解答甲方提出的与合作社有关的询问，并接受甲方或甲方委托的机构或人员的监督和检查。

3、每三个月按期如实将合作社进展简况报于甲方。如有重大问题，应及时通知甲方。

4、未经甲方书面同意，不得将协议书所列资金转给任何第三方。

第三条：资金的支付

自协议签定之日起30日内，甲方一次性给乙方付清该资金。

第四条：协议的生效、变更与终止

晏阳初乡村建设学院第一期合作社发展资助协议书（河南兰考县三义寨乡南马庄经济发展合作社，2005年3月）。

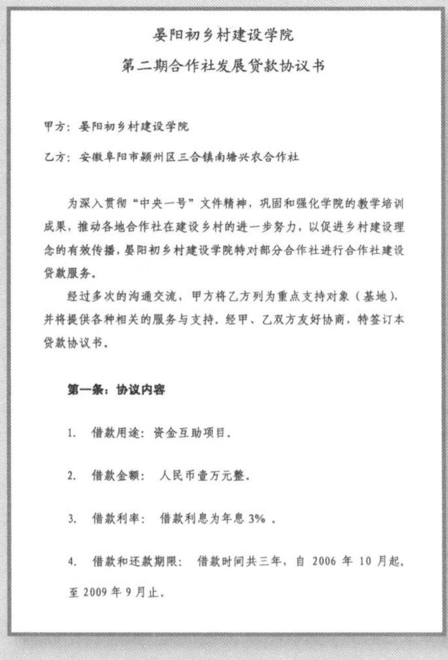

晏阳初乡村建设学院
第二期合作社发展贷款协议书

甲方：晏阳初乡村建设学院

乙方：安徽阜阳市颍州区三合镇南塘兴农合作社

为深入贯彻“中央一号”文件精神，巩固和强化学院的教学培训成果，推动各地合作社在建设乡村的进一步努力，以促进乡村建设理念的有效传播，晏阳初乡村建设学院特对部分合作社进行合作社建设贷款服务。

经过多次的沟通交流，甲方将乙方列为重点支持对象（基地），并将提供各种相关的服务与支持。经甲、乙双方友好协商，特签订本贷款协议书。

第一条：协议内容

1. 借款用途：资金互助项目。

2. 借款金额：人民币壹万元整。

3. 借款利率：借款利息为年息3%。

4. 借款和还款期限：借款时间共三年，自2006年10月起，至2009年9月止。

晏阳初乡村建设学院第二期合作社发展贷款协议书（安徽阜阳市颍州区三合镇南塘兴农合作社，2006年9月）

开发民力 建设乡村

乡建通讯

学员版　二〇〇七年四月十日　第五期　本期12版 内部交流 免费赠阅

主　办：中国人民大学乡村建设中心
晏阳初乡村建设学院
河北省定州市东亭镇翟城村晏阳初乡村建设学院
电　话：0312-2512168;2512088;2512788
传　真：0312-2512088　邮编：073006
网　站：www.yirr.ngo.cn
电子邮箱：yirr@yirr.ngo.cn

三农问题专家温铁军：
善待农民 食品安全才有保障

作者：中新网 盛媛 周健 陈叶

十五日下午，《三·一五文明消费与食品安全》座谈会在中国人民大学举办。著名三农问题专家温铁军在会上表示，食品安全是消费者最基本的权益，只有懂得理性消费、文明消费理念，善待农民，食品安全才有保障。

会上，几十位有机生产和售卖的企业家们围绕"食品安全与文明消费"的议题展开了激烈的讨论。以"文明消费、维护环境；善待农民、公平贸易"为准则的文明消费倡议书，得到了企业家们热烈积极的回应。与会者称，要推广"城乡公平贸易、互助和谐发展"的理念，组建城市文明消费合作社，保障消费者和生产者的共同利益，促进城乡交流，帮助和支持农民有机生产合作社生产健康农产品并帮助直销，才能为创建和谐社会做贡献。在座的企业家并在《关于消费的三·一五共识》上签了字。

企业家们还对具体的行动方式进行了探讨研究。北京国仁城乡合作中心的白明女士演示了信息化解决方案。她设计除在常规商品泛滥，有机商品的生产分散和消费分散的情况下，如何利用信息化手段扬长避短，促进有机市场的健康发展的一套方法。

温铁军教授在3.15文明消费与食品安全坐谈会的讲话

合作社搞有机农场，消费者组成消费合作社搞文明消费，生产合作和消费合作之间产销直接建立，你就能够杜绝掉豪华包装，减少各种各样的中间费用，如广告等

乡建动态

◆2月28日　接待石家庄经济学院褚立阁副教授来访

◆2月24日　接待中国农业大学资源与环境学院教师许月卿博士来访

◆2月12日　接待邯郸市峰峰矿区人大常委会副主任白捷来访

◆2月5日　接待上海茂旭安防工程设备有限公司总经理赵子平等4人来访，商谈上海建立基地事谊

◆2月4日　北京炎黄经络锻炼中心祝总骧教授第21次到翟城开展312经络锻炼法推广工作

◆2月2日　在中国人民大学召开晏阳初乡村建设学院2007年度理事会，会议通过2006年度工作及财务报告，审议批准了2007年工作计划与财务预算

◆1月28日　邀请北京"工友之家"打工青年艺术团第四次来翟城试验区对春节回乡的务工人员进行慰问演出，总干事孙恒等艺术团成员还就如何在城市寻求法律信息及其他社会资源，怎样改变孤立无援的困境与翟城务工人员进行了交流

◆1月28日　翟城村举办一年一度表彰"尊老爱幼、最佳孝子"活动，28名公认的孝子(媳)受到了表彰。

◆1月28日　中央电视台《面对面》栏目播出"王志专访温铁军"节目，全文及视频请登陆：http://news.cctv.com/china/20070129/105285.shtml 和 http://news.cctv.com/china/20070129/105449.shtml（视频请点击网页标题右侧图标）

◆1月21日，学院工作人员应邀参加由中华全国供销合作总社与中国合作经济学会等机构举办的"合作社专家沙龙"第二

晏阳初乡村建设学院面向各期学员内部发行的《乡建通讯》第五期（2007年4月）。

推动各地农民合作组织的成立与发展。图为晏阳初乡村建设学院培训部成员（二排右七杨雅如，右九潘家恩，右十周锦宇）参加陕西籍学员返乡后举办的合作社大会（2006年12月）。

截至2007年4月，除试验区村民、大学生和志愿者培训外，晏阳初乡村建设学院共举办农民培训17期，培养各地农民带头人779人。图为2007年4月12日最后一次培训合影。

晏阳初乡村建设学院除面向全国的农民及乡建青年举行培训外，还以所在的翟城村为试验区进行乡村教育、生态农业等方面的实践探索。图为学院为翟城村举办的夜间讲座（2004年）。

温铁军院长在翟城村的“312”经络锻炼交流会上发言。该方法是学院为村民从北京引进的低成本健身锻炼法。

开发民力 建设乡村

翟城報

米金水题

主　　办：晏阳初乡村建设学院
翟城村党支部、村委会
协　　办：翟城合作社
责任主编：潘家恩　严晓辉

编者按：我们为了新乡村而来，为了农民和谐幸福的生活而来，走过了一年零七个月，我们依然在探索，我们会继续努力。感谢翟城乡亲们的支持与帮助，《翟城报》是我们翟城人自己的报纸，让我们更好地沟通，更积极地合作，共同建设翟城美好的明天！

《乡村建设》翟城版（内部发行）　二〇〇五年元月二十日　第一期

新春贺辞

亲爱的翟城村父老乡亲们：

大家好，四海呈祥天地献瑞，九州同喜共贺新春。在这辞旧迎新、普天同庆的时刻，我谨代表晏阳初乡村建设学院全体工作人员，向翟城村全体村民、翟城村两委、翟城合作社及许许多多为学院和翟城村的共同发展做出重要贡献的村民志愿者致以亲切的慰问和节日的祝福！

即将过去的一年，是很不平凡的一年，也是晏阳初乡村建设学院最为艰难而又富有意义的一年。在翟城村民的大力支持和积极参与下，学院逐步明确了自身的发展目标和定位，根据有限的能力开展了针对翟城村的各项服务及建设工作，并配合有关部门顺利完成了五期全国范围内的综合培训及交流活动。同时，学院还在这些工作的基础上，积极开展对外宣传与联络，利用在全国范围内日趋形成的社会影响力，整合各种资源，为翟城村及学院的进一步发展争取良好的外部环境。**翟城村的全面发展也将因此而迎来十分难得的历史机遇，我们大家共同的新家园——美丽、富饶的新翟城也正逐步呈现在人们的面前。**这是学院和翟城5000多村民共同努力的结果。再次感谢乡亲们对学院长期真诚的理解与支持！

回顾已有成绩及村民对学院的支持，我们倍感鼓舞。然而，作为刚满周岁的学院来说，我们对村里的各项服务工作还受到学院已有资源、经验和积累等方面的限制。这直接或间接地导致了我们很多工作还存在着不足和不够深入的地方，部分乡亲也感觉到暂时还没有获得多少经济效益和短期成效。针对这些问题，学院正在加紧研究下一步的工作。一方面，我们经过了认真的分析与总结，并下定决心，以翟城村为2005年学院工作的重点，我们将加强包括资金、人力、项目等方面的投入，努力提高学院在翟城村的服务水平。但需要说明的一点是，我们希望谋求的是翟城村及翟城村民的全面与长足之发展，帮助村民们富裕起来是学院的一个重要目标；学院将更为努力地帮助村民们提高获得富足美好生活的能力、环境与可能。另一方面，“万事开头难”，还希望乡亲们也能理解我们的困难和限制，客观全面地看待我们一直以来所做出的努力，多给我们及美好新翟城以更多的耐心与时间！

最后，再次祝愿乡亲们在新的一年里，身体健康、丰产增收、合家幸福、万事如意！

晏阳初乡村建设学院院长：温铁军

暨全体工作人员

二〇〇五年一月二十日

特别报道

2004年7月3日，在国务院总理温家宝主持召开的专家座谈会上，作为七名专家中唯一的农业专家，晏阳初乡村建设学院院长温铁军教授向温家宝总理、黄菊副总理、曾培炎副总理和国务院各部委领导人就三农问题发言，并把开展乡建活动和大学生支农的情况做了汇报。总理在讲话

2004年11月9日，在全国政协经济委员会和农业部共同举办的“统筹城乡发展理论研讨会”，晏阳初乡村建设学院院长温铁军教授向贾庆林主席，回良玉副总理就“城乡统筹、科学发展”做了专题汇报。

2005年1月，14个国家级的网站联合召开会议，温铁军院长被评为“最受网民欢

凝聚产生力量　团结诞生希望

——翟城村党支部、村委会致全体村民

东风送暖，大地回春，我们满怀豪情地迎来了2005年。值此辞旧迎新之际，我谨代表翟城村两委，向全村父老、晏阳初乡村建设学院的工作者、志愿者、在我村辛勤工作的小学幼儿园老师和一切关心支持翟城发展、在外工作的体党员和群众代表宣扬正气、顾全大局、讲团结、一心一意谋发展的结果。展望新的一年，我们正面临着千载难逢的发展机遇，同时也面临着更为严峻的挑战。特别是四清理工作有待继续，而这是一项千头万绪、问题盘根错节、矛盾

晏阳初乡村建设学院和翟城村村委会合办的《翟城报》第一期（2005年）。

学院为翟城村村民编辑的通俗易懂且便于携带的《田间地头》第一期（2005年）。

晏阳初乡村建设学院工作人员及志愿者的经验总结与自我反思会（2004年8月）。

晏阳初乡村建设学院工作团队（2005年6月）。

晏阳初乡村建设学院于2008年转型为包括小毛驴市民农园、“爱故乡计划”等在内的新的乡村建设实践形式。

河南兰考南马庄村成立农民合作社，在资金互助、联合购销、生态水稻种植、文化学习等方面开展探索实践。图为合作社社员排队入股（2004年）。

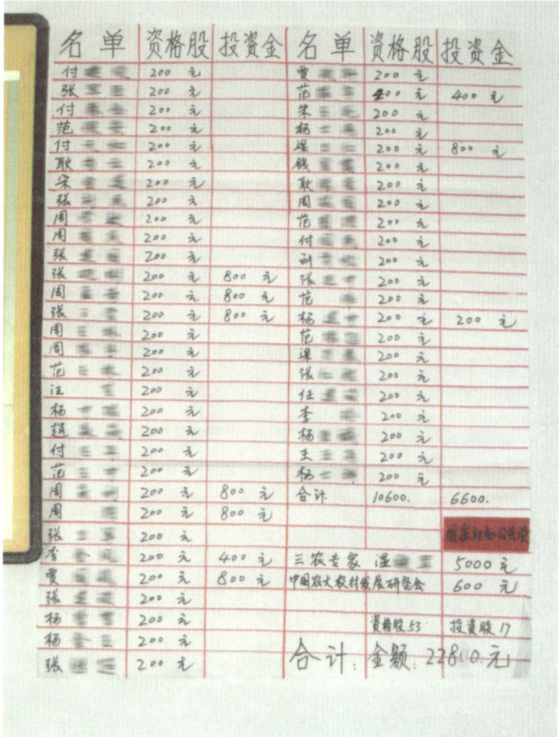

名单	资格股	投资金	名单	资格股	投资金
付[illegible]	200元		贾[illegible]	200元	
张[illegible]	200元		范[illegible]	400元	400元
付[illegible]	200元		朱[illegible]	200元	
范[illegible]	200元		杨[illegible]	200元	
付[illegible]	200元		梁[illegible]	200元	800元
耿[illegible]	200元		钱[illegible]	200元	
宋[illegible]	200元		耿[illegible]	200元	
张[illegible]	200元		周[illegible]	200元	
周[illegible]	200元		范[illegible]	200元	
周[illegible]	200元		付[illegible]	200元	
张[illegible]	200元		刘[illegible]	200元	
张[illegible]	200元	800元	张[illegible]	200元	
周[illegible]	200元	800元	范[illegible]	200元	
张[illegible]	200元	800元	杨[illegible]	200元	200元
周[illegible]	200元		范[illegible]	200元	
周[illegible]	200元		梁[illegible]	200元	
范[illegible]	200元		张[illegible]	200元	
汪[illegible]	200元		任[illegible]	200元	
杨[illegible]	200元		李[illegible]	200元	
赵[illegible]	200元		杨[illegible]	200元	
付[illegible]	200元		王[illegible]	200元	
范[illegible]	200元		杨[illegible]	200元	
周[illegible]	200元	800元	合计	10600.	6600.
周[illegible]	200元	800元			
张[illegible]	200元				
李[illegible]	200元	400元	三农专家 温[illegible]		5000元
贾[illegible]	200元	800元	中国农大农村发展研究会		600元
张[illegible]	200元				
杨[illegible]	200元			资格股53	投资股17
杨[illegible]	200元		合计：金额：22810.元		
张[illegible]	200元				

南马庄合作社创办时期入股情况表。

温铁军（右三）、何慧丽（左一）与河南兰考县南马庄合作社部分社员合影（2004年9月）。

南马庄合作社生产的部分生态产品。

中国社会科学院社会政策研究中心副主任杨团从2002年至今进行"综合农协"试验，并发起成立北京农禾之家咨询服务中心。该机构认为建设社区型的综合性农民合作协会及多层级的农协体系是"三农"改革的重要方向。图为由农禾之家综合农协研究组编写的《综合农协：中国"三农"改革突破口》(社会科学文献出版社，2013年)。

2015年11月12日，北京农禾之家咨询服务中心在中国农业科学院举办东亚农协的发展历程与新经验论坛，邀请韩国、日本、中国大陆及台湾地区农民组织研究者与实践者，从各自的历史和现实经验出发，研讨"三农"事业成长发展路径中的农民组织化问题。来自农民合作组织、学界、涉农NGO、传媒界共一百多人出席了会议。

推动农村资金互助是当代乡村建设的重要内容。吉林省四平市梨树县2002年发起了全国首家农村资金互助社。图为2012年8月19日，中国人民银行原副行长吴晓灵（右三）到该县农村资金互助社调研，右一为该实践的主要推动者、四平市银监局干部姜柏林。

以金融为纽带推动农民多元全面的互助合作。图为姜柏林在所发起的粮食信托合作社仓储现场（2010年12月）。

2006年4月27日，国仁绿色联盟（国仁合作联合社）在中国人民大学成立。该联盟由全国各地的七家农民合作组织联合组成。

我们是做什么的？

2006年4月，来自全国各地的七家农民合作社为谋求自身的发展，在北京成立了第一家全国性的农民合作组织——北京国仁绿色联盟联合社。

北京国仁绿色联盟的成员合作社愿意通过农民合作生产的方式为外界提供有机的、健康的农产品，在诸多热心志愿者的大力协助下，我们在北京开设有自己的产品展销店。

我们的志愿者本着社区支持农业的理念，在北京市宣传并推动成立健康文明消费合作社，得到大批知名学者专家的鼎力支持。进行有机生产的农民合作社和城市文明消费合作社在国仁绿色联盟这座平台上凝结着爱心、诚信和责任。

质量承诺

提供健康安全的农产品和非赢利性的诚信服务，充分保障生产者及消费者双方的利益。

保证措施

- 我们是为农民及消费者合作社提供服务的公益组织，只收取服务的成本费，不计利润。
- 我们的团队是关心“三农”、关心生态，有着强烈责任心的专业志愿者队伍。
- 我们的产品主要是由农民合作社供给，合作社内部严格执行生产、收获、运输各环节上的统一性和安全性。我们的志愿者在生产合作社进行协助和监督，销售产品上都有生产产地电话以供查询和联系。
- 我们的产品有完整的生产记录，并且直接送到消费者手中，尽量减少中间流通环节。
- 北京市诸多有良心的知名学者专家购买农民合作社的产品并愿意为合作社担保，帮助义务宣传。

当分散小农户面对强大的市场经济时，
只有合作、组织起来才有可能生存；
当分散的农民合作组织面对成熟完善的市场机制时，
只有联合起来，才有可能在市场中获得谈判地位，
适应市场的发展。

农民兄弟，组织起来！
合作组织，联合起来！

绿色联盟计划

首批加盟合作社

山西永济寨子村农民协会
山东鱼台姜庄农民合作社
吉林梨树胜利果乡农民合作社
河南兰考胡寨农民合作社
河南兰考南马庄农民合作社
山东济南殷家林农民合作社
湖北房县三岔农民合作社
北京密云西湾子合作社

支撑机构

中国人民大学乡村建设中心
北京梁漱溟乡村建设中心
河北定州晏阳初乡村建设学院
香港乐施会

合作社健康农业

加盟合作社均严格按照绿色联盟所规定的健康农业原则开展农业生产，为社会提供安全有保障的健康食品。

我们给健康农业下的定义是：

健康农业不是认证农业（无公害、绿色、有机），健康农业是一个过程，是现实农业向健康农业转化的过程。

在技术规范上，健康农业介于绿色和有机农业之间。基本的技术要点是：不使用化学肥料、农药以及转基因品种，充分依靠和开发农作物自身天性抵抗病虫害，并开发农作物对人类的营养和保健潜力。

未来计划

- 帮助更多的乡村组建农民合作组织，作为绿色联盟的健康农产品生产基地。
- 在城市推动成立文明合作消费组织，与乡村

国仁绿色联盟宣传页（2007年）。

2002年，贺雪峰（现任华中科技大学中国乡村治理研究中心主任）在湖北洪湖和荆门六村发起乡村建设之民主化村级公共品供给试验。图为老年人协会部分成员合影。

贺雪峰推动建立的贺集村老年活动中心与文艺队（2004年12月）。

图为2008年元旦梁漱溟乡村建设中心志愿者参加河北省衡水市枣强县芍药村举办的"十佳"儿媳评选活动。该村现任党支部书记王文忠原为在外创业的亿万富翁，2007年返乡进行乡村建设，使过去有名的上访村、穷村、乱村迅速改变面貌，成为新农村建设示范村。

山西永济市农民协会于2003年在民政局正式注册，为国内首家农民协会，覆盖永济市2个乡镇35个村。该协会从1997年起至今坚持开展科技培训、联合购销、文化活动、村容治理、生态农业、资金互助等大量工作并取得显著效果。图为发起人郑冰组织农民学习。

永济市蒲韩种植（养殖）专业合作联合社简介（2009年）。

合作社社员的日用品统购——节约成本同时保证质量。

安徽阜阳南塘兴农合作社转化于因农民负担过重而产生的维权组织（1998年），逐渐发展到400余户，覆盖4个乡8个行政村。下设老年协会、妇女文艺队、留守儿童活动中心、统购统销项目组、资金互助项目组、小酒坊、沼气工程队等部门。图为合作社组织村里少年向南塘村首届好儿媳敬礼。

南塘兴农合作社发起人杨云标认为，与其哭着维权，不如笑着乡建。图为南塘老年协会在端午节一起包粽子（2005年）。

为铭记十余年合作道路的艰辛与付出，并坚定未来的发展方向，南塘兴农合作社社员自发竖立了“合作的丰碑”（2012年）。

南塘兴农合作社的战略规划图（2016年）。

2009年9月，中国当代乡村建设推动者李昌平（中坐者）、孙君等人在河南信阳郝堂村发起“郝堂试验”，一方面以内置金融为村社共同体重建的切入点，进而实现村庄的四权（产权、财权、事权、治权）统一和三位一体（经济发展、社区建设、社区治理）；另一方面探索适应逆城市化趋势下“三生（生产、生活、生态）共赢”的新农村建设试验模式。

2015年8月2日，中央电视台《新闻联播》对河南郝堂美丽乡村建设进行了报道。

2011年，李昌平和孙君联合创办中国乡建院。图为位于郝堂村的中国乡建院办公楼。

由瓷砖房改造而成的郝堂村一号院(孙君设计)。该村希望“让农村更像农村”。

郝堂村路标。

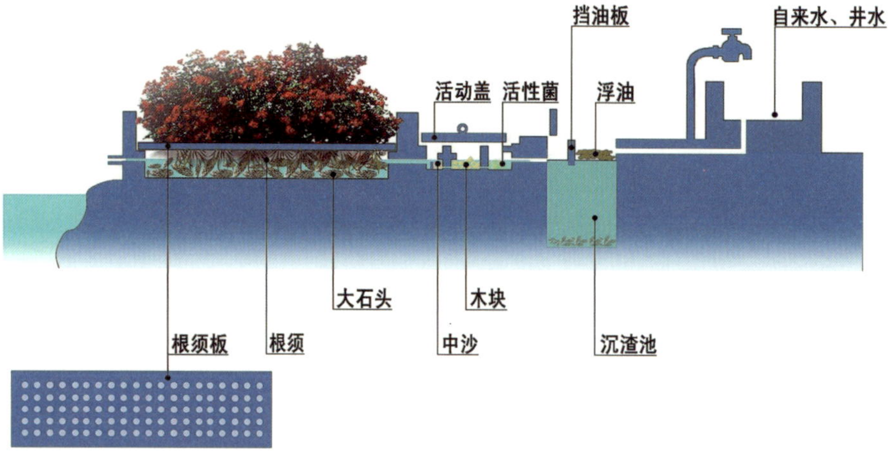

郝堂村家庭式污水净化系统。

李昌平在郝堂村夕阳红养老资金互助社分红现场(2015年)。

四、农业生态，城乡融合

当代乡村建设一直致力于各类生态技术的研发与培训推广。图为香港社区伙伴（PCD）在晏阳初乡村建设学院举办第一期生态农业培训班（2005年6月，河北定州）。

从2011年起，小毛驴市民农园先后举办了3期全国自然农业技术培训班，6期全国CSA培训班，1期全国永续生活工作营，1期全国农场经理人培训班，总计近400名返乡青年、涉农企业负责人参加培训。图为韩国自然农业创始人赵汉珪主持的第一届全国自然农业与可持续发展培训班合影（2011年5月）。

自然农业与可持续发展培训中的营养液制作实践。

小毛驴市民农园运用自然农业技术进行发酵床养猪，同时将其作为自然农业培训的实际操作场地。

当代乡村建设实践者程存旺和石嫣翻译的《四千年农夫：中国、朝鲜和日本的永续农业》（富兰克林·H.金著，东方出版社，2011年）。

当代乡村建设实践者经常到各地乡村开展生态农业方面的免费培训。图为小毛驴市民农园发起人之一袁清华到河北顺平县柴各庄村柿子专业合作社开展生态农业技术培训（2011年5月）。

台湾建筑师谢英俊自2004年起带领生态建筑团队参与大陆当代乡村建设实践。图为谢英俊(最前者)在晏阳初乡村建设学院与村民及志愿者一起盖粪尿分集式生态厕所(2004年)。

B6 2005年11月18日 星期五 北京青年报 人物在线

谢英俊 让弱势群体协力营造生态房

2005年11月18日的《北京青年报》对谢英俊及其团队的乡村生态建筑实践进行了专题报道。

晏阳初乡村建设学院与谢英俊建筑师合作成立“乡村生态建筑工作室”，推动可持续理念与现代建筑实践的结合，同时引领相关专业人士服务乡村。图为2005年3月28日晏阳初乡村建设学院举办首届乡村生态建筑培训班，随后在河北定州、河南兰考、安徽阜阳等地乡村展开实践。

2005年8月，晏阳初乡村建设学院举办了首届生态建筑暑期工作营。图为来自全国各高校建筑系的学生一起动手建造“地球屋001号”（前排右四为谢英俊，右一为晏阳初乡村建设学院院长助理袁小仙）。

2009年11月，生态建筑工作室在河南兰考县南马庄村新建的生态建筑。

当代乡村建设一直致力于乡村简易生态技术的试验与推广。图为2004年夏由谢英俊设计、暑期志愿者参与施工的晏阳初乡村建设学院粪尿分集式生态厕所。十余年来，这种厕所作为可持续生活与生态农业的内容和手段之一，已在多地推广。

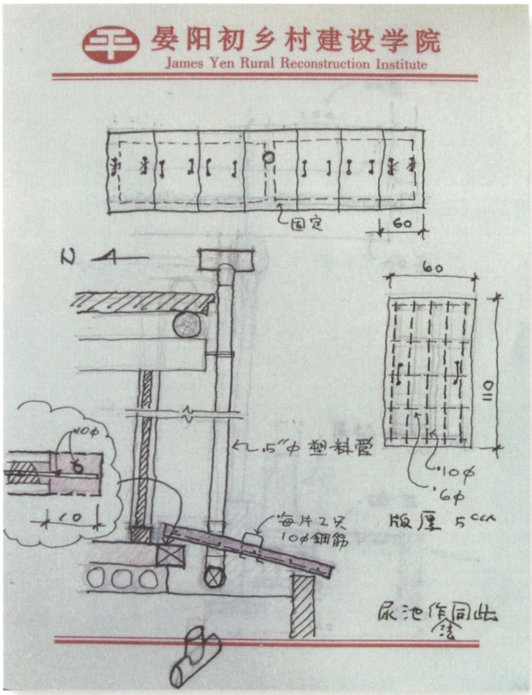

谢英俊手绘的生态厕所施工草图。

粪尿分集式厕所蹲位，从源头将粪尿分集，节约用水，且粪尿分集无害化处理后可直接作为有机肥料还田。

晏阳初乡村建设学院生态农业工作室及乡村建筑工作室联合编著的《粪尿分集式生态厕所：理论与实践》(2009年，内部资料)。

专题五　中国社会生态农业的本土化探索

组织起来的农民生产出的健康生态的农产品如何到达消费者手中并获得合理收入？2006年10月1日，中国农业大学何慧丽（右一）带领北京市民前往河南兰考县南马庄村参观自己包种的稻田，推动“购米包地”。

由消费者和生产者代表共同协商的北京—兰考购米包地价格听证会现场（2009年2月，中国农业大学）。

2007年10月15日，由六家农民合作社和北京市民消费者代表共同发起的国仁城乡互助合作社在北京成立。

北京小毛驴市民农园的前身为位于河北定州的晏阳初乡村建设学院。自2008年成立以来，开展配菜与租地业务，将CSA（Community Supported Agriculture）这一国际实践本土化，同时面向成员和社会公众传承农耕文化，充分挖掘“农业多功能性”中的教育功能。图为农园入口。

2012年5月，中共北京市委领导（右一）视察小毛驴市民农园。

农园先后接待海内外团体及个人参观、考察和学习10万多人次，超过400家海内外媒体的正面报道为农园塑造了数千万元的品牌价值。在小毛驴模式的带动下，全国以CSA模式运作的农场已超过500家，社会、生态和经济效益显著。图为农园创始团队（自左向右：黄国良、黄志友、石嫣、严晓辉、袁清华）。

市民在农园劳动的场景。

花样滑冰双人滑世界冠军佟健在技术员的指导下移植蔬菜。

面向小学生开展儿童农耕教育。

小毛驴市民农园自编的园歌《行走在田间》。

农园通过试验示范、媒体报道、会议交流、编印《CSA简报》等途径对多样化的社会生态农业与城乡互动实践进行广泛传播。图为2011年《CSA简报》封面。

2010年，中国人民大学可持续发展高等研究院江苏武进试验区借鉴北京小毛驴市民农园经验，创办常州大水牛市民农园。图为农园组织的城乡互动与健康生活体验营。

2012年，小毛驴市民农园创办人之一石嫣在北京通州创办“分享收获”农场，采取与农户合作及公平贸易的方式，生产健康食物，推动城乡良性互动。图为“分享收获”团队劳作场景。

发起人石嫣博士（左一）及其“分享收获”团队（2012年，北京通州）。

来自法国的志愿者（右）参与配菜。

第六届国际社区支持农业大会/第七届中国社会农业(CSA)大会合影留念

2010年至2016年，当代乡村建设各机构在北京、上海、福建、浙江联合举办了八届全国社区互助农业(CSA)大会，有力地促进了社会生态农业的本土化发展。图为2015年在北京举办的以“生态农业与乡村建设”为主题的第六届国际社区支持农业大会暨第七届中国社会农业(CSA)大会代表留影。

第六届国际社区支持农业大会暨第七届中国社会农业(CSA)大会会标。

“中国社会生态农业CSA联盟”正式成立。

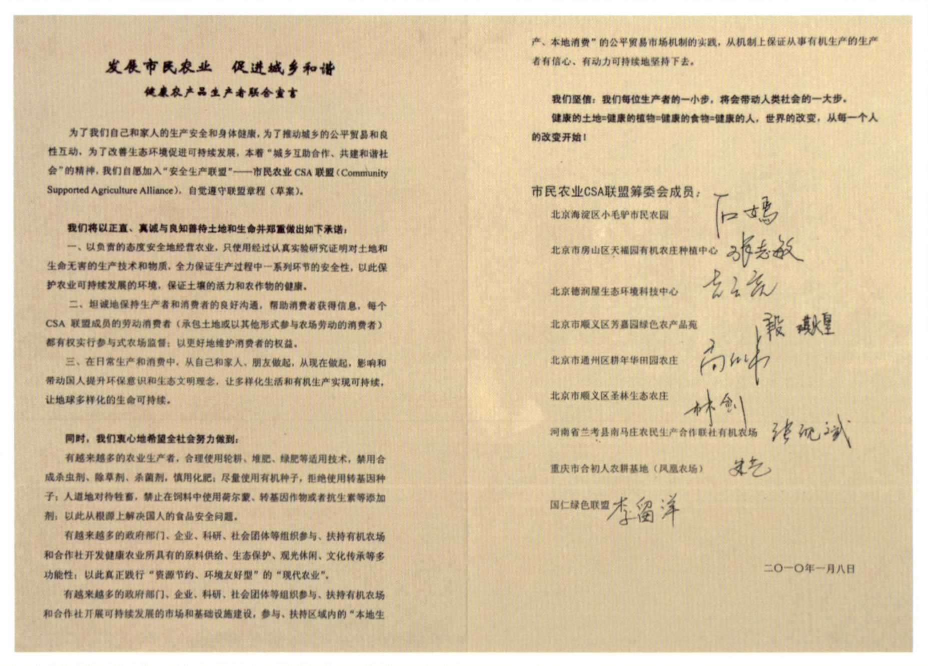

发展市民农业　促进城乡和谐

健康农产品生产者联合宣言

为了我们自己和家人的生产安全和身体健康，为了推动城乡的公平贸易和良性互动，为了改善生态环境促进可持续发展，本着"城乡互助合作、共建和谐社会"的精神，我们自愿加入"安全生产联盟"——市民农业 CSA 联盟（Community Supported Agriculture Alliance），自觉遵守联盟章程（草案）。

我们将以正直、真诚与良知善待土地和生命并郑重做出如下承诺：

一、以负责的态度安全地经营农业，只使用经过认真实验研究证明对土地和生命无害的生产技术和物质，全力保证生产过程中一系列环节的安全性，以此保护农业可持续发展的环境，保证土壤的活力和农作物的健康。

二、坦诚地保持生产者和消费者的良好沟通，帮助消费者获得信息，每个CSA 联盟成员的劳动消费者（承包土地或以其他形式参与农场劳动的消费者）都有权实行参与式农场监督；以更好地维护消费者的权益。

三、在日常生产和消费中，从自己和家人、朋友做起，从现在做起，影响和带动国人提升环保意识和生态文明理念，让多样化生活和有机生产实现可持续，让地球多样化的生命可持续。

同时，我们衷心地希望全社会努力做到：

有越来越多的农业生产者，合理使用轮耕、堆肥、绿肥等适用技术，禁用合成杀虫剂、除草剂、杀菌剂，慎用化肥；尽量使用有机种子，拒绝使用转基因种子；人道地对待牲畜，禁止在饲料中使用荷尔蒙、转基因作物或者抗生素等添加剂；以此从根源上解决国人的食品安全问题。

有越来越多的政府部门、企业、科研、社会团体等组织参与、扶持有机农场和合作社开发健康农业所具有的原料供给、生态保护、观光休闲、文化传承等多功能性；以此真正践行"资源节约、环境友好型"的"现代农业"。

有越来越多的政府部门、企业、科研、社会团体等组织参与、扶持有机农场和合作社开展可持续发展的市场和基础设施建设，参与、扶持区域内的"本地生产、本地消费"的公平贸易市场机制的实践，从机制上保证从事有机生产的生产者有信心、有动力可持续地坚持下去。

我们坚信：我们每位生产者的一小步，将会带动人类社会的一大步。

健康的土地=健康的植物=健康的食物=健康的人，世界的改变，从每一个人的改变开始！

市民农业CSA联盟筹委会成员：

北京海淀区小毛驴市民农园

北京市房山区天福园有机农庄种植中心

北京德润屋生态环境科技中心

北京市顺义区芳嘉园绿色农产品苑

北京市通州区耕年华田园农庄

北京市顺义区圣林生态农庄

河南省兰考县南马庄农民生产合作联社有机农场

重庆市合初人农耕基地（凤凰农场）

国仁绿色联盟

二〇一〇年一月八日

2010 年 1 月 8 日，北京小毛驴市民农园联合全国范围内的八家机构（农场）共同发布《发展市民农业，促进城乡和谐——健康农产品生产者联合宣言》。

2013 年 11 月，在同济大学设计创意学院举办的第五届全国社区互助农业（CSA）暨有机农业经验交流会海报《新三农，大设计》。

本土化的社会农业与城乡互助实践形式多样。图为爱农社区支持农业项目组在都市创办的“土生土色”生态餐厅，通过食材和餐饮联结城乡，帮助生产者实现可持续转型(2008年)。

2010年11月，作为第一届全国社区互助农业交流会延伸活动的“有机农夫市集”在中国人民大学举办，类似的市集目前已在全国多个城市蓬勃展开。

在梁漱溟乡村建设中心的推动下，河南返乡青年梅红伟、白飞、王宁及城市消费者姚卫华成立河南返乡青年互助小组，并在驻马店绿色方舟农场召开河南省第一期青年返乡与互相创业工作论坛，为城乡良性互动提供人才基础与网络支持（2013年8月）。

广州沃土工坊是2006年初成立的一个非营利性组织，关注“人身心健康与土地健康”之间的关系，同时遵循社区支持农业（CSA）的理念，在城市消费者和偏远地区的小农户之间架起一座桥梁。图为沃土工坊组织市民下乡打谷。

2014年4月8日，中国人民大学可持续发展高等研究院与江苏昆山城市建设投资发展有限公司合作共建乡村建设产学研基地，在地开展有机生产、消费者教育及村庄社区建设等实践。图为项目团队组织昆山市少年体验插秧（2014年）。

2014年11月25日，香港岭南大学校园农耕项目正式启动，校长郑国汉（左三）参与农耕劳动。此前在北京小毛驴市民农园的支持下，北京林业大学翱翔社于2009年在校内开辟试验田，进行相关探索。

福建乡村建设团队推出"滋农游学"项目，通过挖掘和设计乡村好玩的游学课程，体验不同地域的地理和文化，让孩子们在原野中探索世界，学会合作，快乐成长。

2014年4月，在福建连城县培田村举办的第三届培田春耕节宣传折页。

五、工友互助，尊严劳动

专题六　北京工友之家文化发展中心发展历程

面对“留不下的城市”和“回不去的乡村”，当代乡村建设同时也在城市开展工作。北京打工青年艺术团(后更名为“新工人艺术团”)于2002年“五一”劳动节成立，并于同年11月正式成立北京工友之家文化发展中心(简称“工友之家”)，致力于新工人群体社会、文化、教育等方面的服务与改善。

“工友之家”徽标。

2004年9月10日，新工人艺术团面向全国发行首张专辑唱片《天下打工是一家》，第一次以文艺的方式发出了新工人群体自己的声音。

新工人艺术团2012年全国巡演海报。该艺术团自2002年成立至今，已举办演出600余场，逾30万人观看。

北京工友之家文化发展中心于2008年创办打工文化艺术博物馆(简称“打工博物馆”),以“记录打工文化历史,倡导劳动价值尊重”为目标。图为工友捐赠的实物。

位于北京市朝阳区金盏乡皮村的打工博物馆展厅。

打工博物馆部分展品应邀赴德国、西班牙、美国和玻利维亚等国家巡展(2010年)。

新工人艺术团为建筑工人义演，中为艺术团团长孙恒(2005年)。

自2009年元旦始，北京朝阳区金盏乡皮村每年举办一届新工人文化艺术节，以音乐、戏剧、诗歌、电影、展览、论坛、工作坊等形式展现打工者风貌，倡导劳动价值。

《新工人艺术团戏剧作品集》。

位于皮村的新工人剧场，是当地工友们的公共文化活动空间。

由崔永元和同心实验学校校长沈金花主持的2012年首届“打工春晚”在皮村新工人剧场举办。作为一台由真正基层劳动者自编、自导和自演的春节联欢晚会，“打工春晚”倡导尊重劳动价值，展现工人文化，表现全国近三亿打工劳动者的真实生活和心声，引起了极大的社会反响。

2005年8月21日，北京工友之家用第一张唱片《天下打工是一家》的全部版税创办了专门针对工友子女的同心实验学校。图为同心实验学校开学典礼。

工友之家动员广大大学生志愿者和工友们一起参与同心实验学校的改造。

经过一个多月的努力，同心实验学校焕然一新。

工友之家创办的属于流动儿童自己的刊物《流动的心声》。

工友之家创办的工友图书馆，面向社区工友免费开放。

工友之家于2009年创办“同心创业培训中心”（工人大学），为新生代打工青年搭建学习交流平台及社会支持体系，并鼓励支持他们积极参与社会创业或返乡实践。目前中心已经有超过200名学员毕业。

同心互惠公益社区二手店是由北京工友之家2006年发起创办的社会企业，通过面向社会募捐及回收闲置物资，在打工者生活社区进行“义卖”，以降低打工者的生活开支，发展移民社区的合作消费，所获盈余用于支持打工群体的文化教育事业。

截至2017年，北京工友之家在工友聚居区创办同心互惠商店15家，每年帮助工友降低生活开支超过1000万元，并为40余名打工者解决了就业问题。

工友之家将因需要照顾年幼子女而无法全职工作的流动姐妹们组织起来，成立同心女工合作社，改造同心互惠二手店的闲置物资，同时拓展原创商品进行义卖，并将义卖收入回馈给合作社社员及用于日常培训学习。图为女工合作社成员。

同心女工
TONGXIN
WOMEN WORKER

同心女工合作社标志。

女工合作社的原创手工产品“同心娃娃”。

同心农园是北京工友之家创办的社会公益性生态农园，其盈利主要用来支持新工人群体的文化教育事业。农园位于北京市平谷区南独乐河镇。图为北京市民来农园观赏桃花。

北京工友之家总干事孙恒(抱吉他者)在同心农园给工人大学学员举办唱谈会。

除北京工友之家外，类似实践以不同方式存在于全国各地。2007年11月，北京晏阳初平民教育发展中心创办了厦门国仁工友之家，在工友聚集的安兜社区开展面向城市打工人群的平民教育试验。图为志愿者带领工友子女进行课外活动。

位于城中村的厦门国仁工友之家入口（2007年）。

创办于2008年11月23日，以服务工友为宗旨的浙江杭州草根之家。

杭州草根之家动员志愿者为流动儿童举办蒲公英补习班(2012年11月)。

2011年，杭州草根之家到湖南长沙开展社区流动儿童公益服务活动。

2012年，搬迁到新场地的长沙工之友家园。

六、社会参与，文化复兴

2013年4月13日，在福建培田村举行的首届海峡乡村文明论坛上，温铁军对乡土文化与生态文明进行了新的阐释。

2013年1月12日，国家行政学院经济学部副主任、中国乡村文明研究中心主任张孝德发布《拯救中国乡村文明呼吁书》，进一步推动当代乡村建设从文化和文明层面展开反思与实践。

多种形式的文化活动，有利于乡村建设的低成本展开。文化复兴本身也是乡村建设的内容与目标。图为支农大学生与村民进行文艺联欢(2004年)。

在晏阳初乡村建设学院的推动下，翟城村文艺骨干恢复重建了自己的文艺队。

北京晏阳初平民教育发展中心支持的福建莆田汀塘社区大学文艺队。

福建莆田汀塘社区大学主办的乡村文艺晚会现场(2012年8月)。

北京地球村环境教育中心创办人廖晓义于2008年“5·12”汶川地震后，在四川彭州、重庆巫溪、湖南长沙等地创建“乐和家园”，尝试在乡村复兴传统文化，并以“乐和治理、乐和生计、乐和人居、乐和保健”为核心实践乡村建设与中国式乡村环保。

廖晓义(右二)与试验点村民一起下地劳动。

安徽省黟县碧山村村民观看"2011碧山丰年庆"之互助传承展。"碧山计划"由欧宁、左靖发起,希望以文化艺术为切入点,探索徽州乡村重建的新可能及集多种功能于一体的新型乡村建设模式。

重庆巴渝农耕文化陈列馆创办人刘映升(左三)通过校外趣味课堂为小学生介绍传统农耕文化。

当代乡村建设一直坚持广泛的社会参与和社会动员。图为晏阳初乡村建设学院院长助理袁小仙（右二）与来自岭南大学的三名香港志愿者劳动归来（2005年6月）。

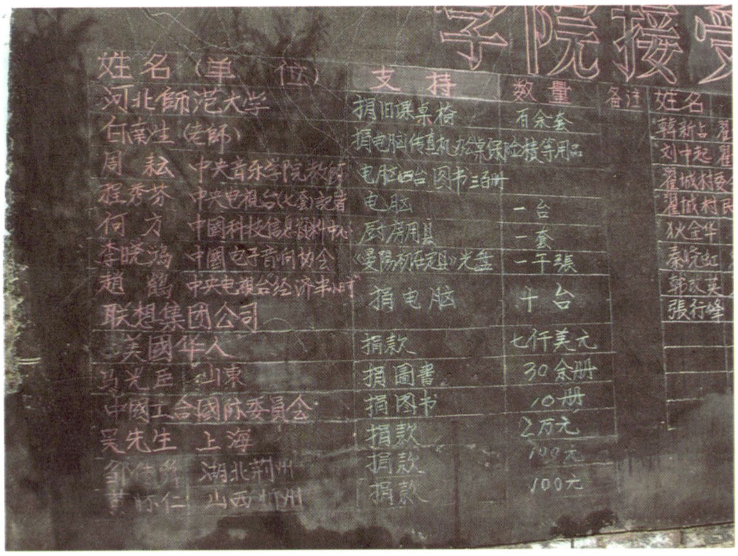

晏阳初乡村建设学院2004年接受社会捐助的信息公示。

大学生志愿者参与晏阳初乡村建设学院校园建设（2005年7月）。

志愿者来源十分多元。图为中原油田退休工程师衡生喜(右一)在福建莆田汀塘村社区大学教腰鼓(2011年)。自2003年起,衡老师十余年如一日扎根乡土,在河南、山东、山西、河北、北京、天津、福建等十省二市的六十余支农民文艺队义务执教,为当代乡村建设试验中的文化先导发挥了重要的推动作用。

基层妇女是乡村建设事业的重要推动力量。图为当代乡村建设推动者参与发起的"全球千名妇女争评2005年诺贝尔和平奖"征求提名海报。

"和平妇女"王华连在家乡江西宜春组建起鼓乐队(2010年)。

专题七 “爱故乡”的足迹

为了守护故乡家园，保育乡土文化，传承中国传统乡村文明，从2012年起，中国人民大学乡村建设中心联合多家当代乡村建设机构共同发起“爱故乡计划”，旨在以“故乡情怀”整合本土资源，促进城乡资源有效对接，推动社会各界人士包括城市居民参与家乡建设，重塑乡村的活力和魅力。

“爱故乡·发现故乡之美”图文征集活动的宣传海报（2013年）。

黄埔军校第八期学员赵赠熊老人（时年103岁）为“爱故乡”题词（2013年）。

在福建民居第一村——培田古村举办的2014年“爱故乡年度人物评选”活动发布会。

“爱故乡”宣传品(2016年)。摄于广西柳州市融水苗族自治县白云乡大湾村。

2013年至2016年，在全国农业展览馆、福建农林大学、中国农业大学举办了四届中国爱故乡大会暨年度人物颁奖典礼。除举办各种活动外，大会还鼓励并支持各地村史村志的编撰及依托血缘、地缘和人缘关系的爱故乡平台建设。图为第四届中国爱故乡大会暨2016爱故乡年度人物颁奖典礼合影（2016年12月，中国农业大学）。

文化部民族民间文艺发展中心主任李松为第四届中国爱故乡大会致开幕词。

2014年10月18日，首届爱故乡大地民谣音乐会在小毛驴市民农园举办。

孙恒代表“爱故乡”团队在第三届中国爱故乡大会暨2016爱故乡年度人物颁奖典礼上发布2016“寻找故乡之歌”主题活动。

“爱故乡”活动涉及近30个省、自治区、直辖市，得到了关心中国乡村命运与文化前途的政府官员、企业家、文化工作者、公益人士、大学生、农民等各类群体的积极响应和支持，参与团队约200个，参与人员近万人。图为“寻找故乡之美”图文征集活动特等奖获得者“王坪之子”团队在家乡甘肃省陇南市康县长坝镇山根村成立的王坪爱乡会(2014年)。

孙恒(左一)和南塘兴农合作社发起人杨云标(右一)为安徽阜阳"爱故乡"工作站揭牌(2015年)。

在巴渝农耕文化陈列馆举办的首届重庆"爱故乡"论坛(2016年1月)。

在河南大学举办的首届河南"爱故乡"文化节暨年度人物颁奖典礼(2016年12月)。

第八单元　研究与传播

如何理解“百年乡建”在实践展开中“差异纷呈”却“不约而同”，“负重潜行”却“润物无声”？如何“跳出乡建看乡建”，呈现出有别于“好人好事”“就事论事”与“成王败寇”框架下的复杂乡建？

当代乡村建设研究团队长期致力于乡村建设的史料收集、口述访谈和专题研究，并进行多种形式的公众宣传与教育传播，希望以整体性视野将历史与当代实践贯通起来，既立此存照，也努力为正在进行中的当代乡村建设提供思想资源与现实启示。

一、史料档案

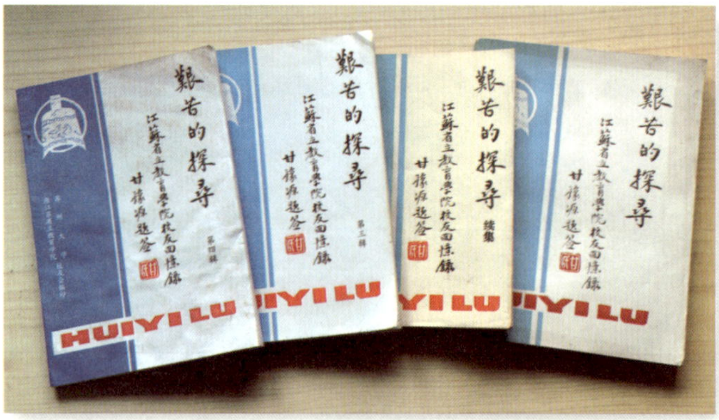

《艰苦的探寻:江苏省立教育学院校友回忆录》。

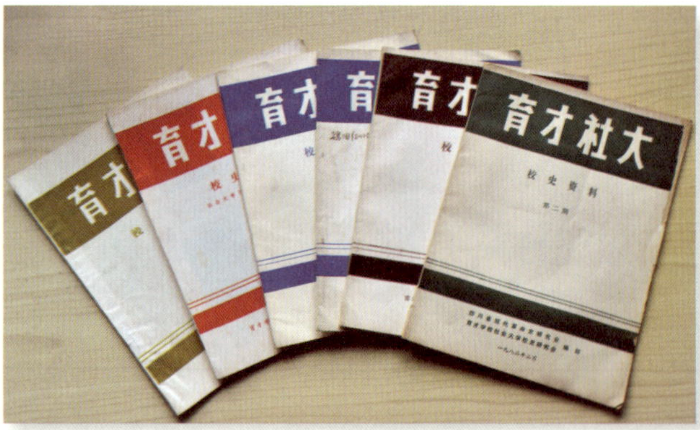

陶行知创办的育才学校与社会大学校史资料。

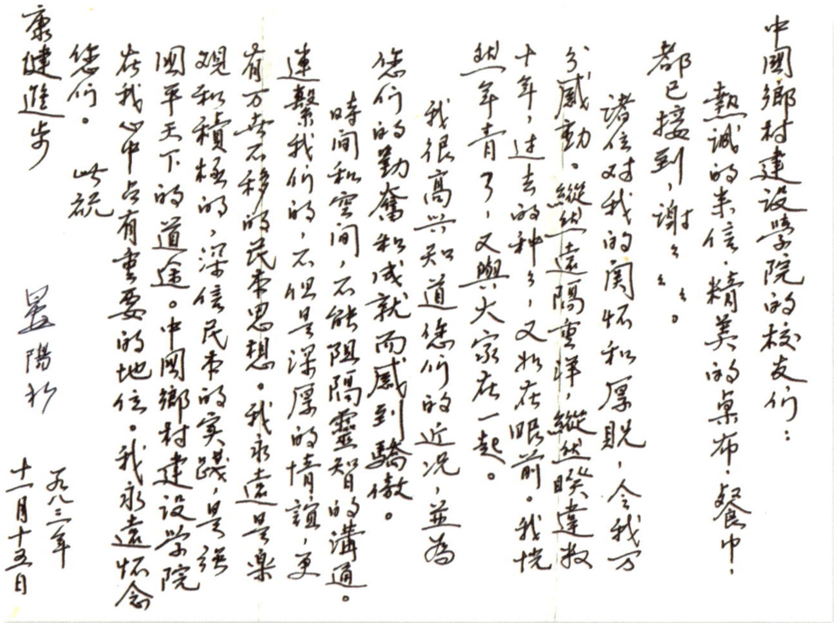

中國鄉村建設學院的校友們：

熱誠的來信、精美的桌布、餐巾，都已接到，謝謝。

諸位對我的關懷和厚貺，令我万分感動。縱然遠隔重洋，縱然暌違數十年，往去的种种，又都在眼前。我恍然年青了，又與大家在一起。

我很高興知道您们的近況，並為您们的勤奮和成就而感到驕傲。

時間和空間，不能阻隔靈智的溝通。連繫我們的，不但是深厚的情誼，更有万古不移的民本思想。我永遠是樂觀和積極的，深信民本的實踐，是經國平天下的道途。中國鄉村建設學院在我心中占有重要的地位。我永遠怀念您們。此祝

康健進步

晏陽初

一九八二年十一月十五日

晏阳初致中国乡村建设学院校友信。

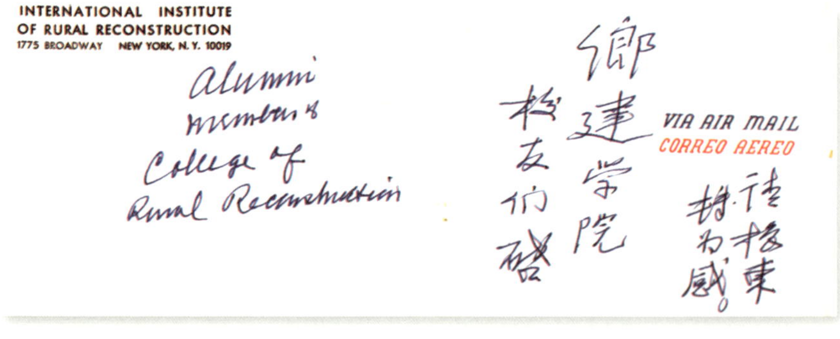

晏阳初致校友信的信封。

内部资料
注意保存

私立中国乡村建设学院
校史研究会通讯

第一期

一九八〇年十月

《私立中国乡村建设学院校史研究会通讯》第一期（1980年10月）。

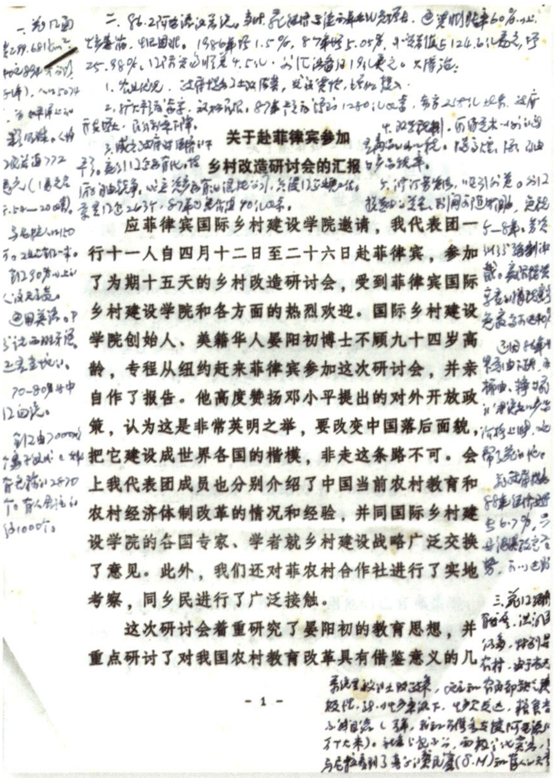

关于赴菲律宾参加
乡村改造研讨会的汇报

应菲律宾国际乡村建设学院邀请，我代表团一行十一人自四月十二日至二十六日赴菲律宾，参加了为期十五天的乡村改造研讨会，受到菲律宾国际乡村建设学院和各方面的热烈欢迎。国际乡村建设学院创始人、美籍华人晏阳初博士不顾九十四岁高龄，专程从纽约赶来菲律宾参加这次研讨会，并亲自作了报告。他高度赞扬邓小平提出的对外开放政策，认为这是非常英明之举，要改变中国落后面貌，把它建设成世界各国的楷模，非走这条路不可。会上我代表团成员也分别介绍了中国当前农村教育和农村经济体制改革的情况和经验，并同国际乡村建设学院的各国专家、学者就乡村建设战略广泛交换了意见。此外，我们还对菲农村合作社进行了实地考察，同乡民进行了广泛接触。

这次研讨会着重研究了晏阳初的教育思想，并重点研讨了对我国农村教育改革具有借鉴意义的几

- 1 -

全国人大教科文卫委员会委员赴菲律宾参加乡村改造研讨会代表团的汇报材料（1988年5月4日，笔记为代表团成员、私立中国乡村建设学院校友陶维全所作）。

温铁军（中）和晏阳初侄孙晏鸿国（左）查阅中华平民教育促进会华西试验区档案资料（2012年12月11日，重庆璧山档案馆，右一为时任璧山县档案馆馆长傅应明）。

二、口述乡建

西南大学中国乡村建设学院执行院长温铁军拜访卢作孚次子、民生实业(集团)有限公司董事长、西南大学中国乡村建设学院名誉院长卢国纪(2012年11月)。

为纪念中国乡村建设110周年,2014年12月,西南大学在重庆北碚举办中国百年乡村建设思想与实践研讨会,同时组织与会者参观民国嘉陵江乡村建设旧址群。图为乡建先贤后人在晏阳初纪念馆合影(自左到右:梁漱溟之孙梁钦宁、陶行知之孙陶育民、晏阳初侄孙晏鸿国、梁漱溟之孙梁钦元)。

中国教育科学研究院研究员宋恩荣自20世纪80年代开始做民国乡村建设实践者的口述访谈。图为宋恩荣访谈梁漱溟(1984年3月至1987年秋共访谈7次)。

宋恩荣在菲律宾马尼拉访问晏阳初,右一为国际乡村改造学院副院长颜彬生(1988年)。

宋恩荣访问著名公共卫生学家，曾任中华平民教育促进会卫生教育部主任的陈志潜。

2015年11月22日，宋恩荣向西南大学中国乡村建设学院捐赠长期收集整理的乡村建设资料。

宋恩荣向西南大学中国乡村建设学院研究人员介绍收藏的乡建老照片。中为西南大学中国乡村建设学院李军博士（2015年11月24日）。

潘家恩(左一,时为大三学生)在北京拜访晏阳初长子晏振东(2002年)。

西南大学中国乡村建设学院副院长张兰英拜访学院名誉院长、梁漱溟长子梁培宽(2014年3月)。

西南大学中国乡村建设学院历史研究小组对北碚奠基人卢子英夫人邓文媛(中)进行口述史访谈(右为卢子英女儿卢国模,2015年4月21日)。

西南大学中国乡村建设学院历史研究小组在北京拜访俞庆棠之女唐孝存(2015年11月23日)。

西南大学中国乡村建设学院历史研究小组在河南镇平七里庄访谈彭禹廷之孙彭廷林(左三)后合影(2015年8月15日)。

梁漱溟在勉仁文学院的学生唐宦存给潘家恩介绍乡建老照片(2014年6月18日)。

私立中国乡村建设学院1946级社会系校友蒋年荣(右二)辨认乡建学院老照片(2013年9月15日)。

蒋年荣在中国乡村建设110周年纪念展板上找到60多年前的自己(2014年12月)。

2016年4月,西南大学中国乡村建设学院邀请私立中国乡村建设学院来自1944级教育系、1944级农学系、1944级水利系、1945级水利系、1946级教育系、1946级社会系、1948级教育系的10名老校友回北碚参加西南大学组建10周年暨办学110周年校庆。图为老校友们在私立中国乡村建设学院旧址暨晏阳初纪念馆合影。

这批来自北京、成都和重庆的私立中国乡村建设学院老校友,最年长的94岁,最年轻的也已年届86。图为老校友蒋茂兰(中)和先仲虞(右)在辨认当年的老照片(2016年4月16日)。

三、会议研讨

1987年10月12日，梁漱溟"乡村建设运动"学术讨论会在山东邹平召开。图为与会代表合影。

1990年5月28日至6月1日，晏阳初平民教育与乡村改造思想国际学术讨论会在河北石家庄召开。

会议论文集：《教育与社会发展——晏阳初思想国际学术研讨会论文集》（宋恩荣主编，湖南教育出版社，1991年）。

2005年11月，在中国人民大学举办的新农村建设实践反思与展望研讨会。

以当代乡村建设经验总结反思与展望为主要内容的中国人文社会科学论坛(2006年7月，中国人民大学)。

中国乡村建设多元文化与统筹城乡发展高峰论坛——纪念卢作孚诞辰118周年学术研讨会在西南大学召开(2011年)。

西南师范大学(现西南大学)卢作孚研究中心与民生实业(集团)有限公司研究室联合主办的《卢作孚研究》创刊号(2005年)。

2012年12月8日至10日，可持续实践与乡村建设国际研讨会在西南大学举办，来自十余个国家及中国大陆、台湾、香港的乡村建设研究专家和实践者130余人出席了会议。

会议论文集：《可持续实践与乡村建设》（中国农业大学出版社，2015年）。

2016年11月19日至20日，在国家行政学院举办的第四届中国乡村文明发展论坛：乡村文明复兴与有根的乡村教育。

首届新时代中国乡村建设论坛合影(西南大学,2017年12月23日)。

首届新时代中国乡村建设论坛之“高峰对话：百年乡建与现代中国”(2017年12月23日,西南大学。自左向右:西南大学党委宣传部部长潘洵教授、西南大学中国乡村建设学院执行院长温铁军教授、南开大学历史学院王先明教授、《近代史研究》主编徐秀丽研究员、中山大学华南农村研究中心主任吴重庆教授)。

四、教育传播

当代乡村建设利用各种机会进行百年乡建的理念传播与公众教育。图为晏阳初乡村建设学院接待大学生参观团(2005年7月,翟城村)。

晏阳初乡村建设学院接待全国政协常委、自然之友理事长梁从诚来访(2004年11月)。

在重庆北碚举办的“纪念卢作孚乡村建设80周年”宣传展板（2006年，右为西南大学卢作孚研究中心副主任周鸣鸣）。

山东邹平一中的梁漱溟纪念馆。

为纪念中国乡村建设110周年，在北京、重庆、福建等地举办了"中国百年乡村建设图片巡回展"(2014年)。

为纪念中华平民教育促进会华西实验区成立70周年，璧山档案馆在国家行政学院、北京师范大学、中国农业大学、北京航空航天大学、西南大学等高校举办了《晏阳初乡村建设的重庆乐章——中华平民教育促进会华西实验区历史档案展》。

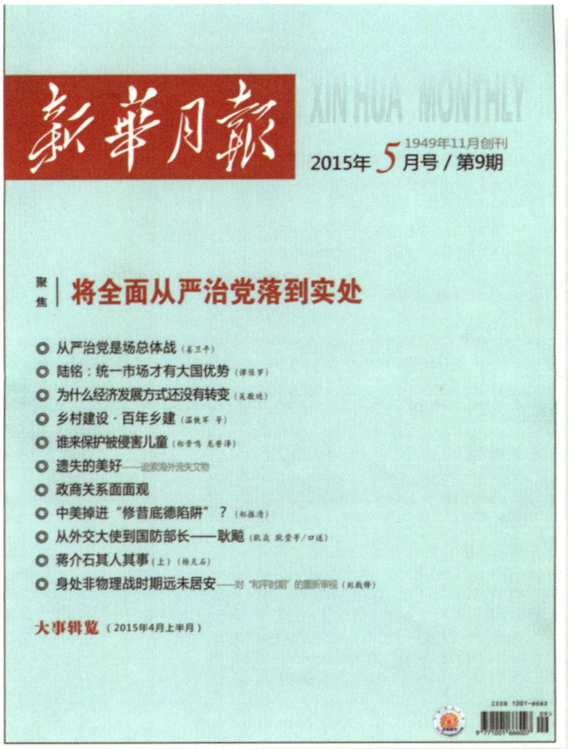
新華月報 XIN HUA MONTHLY
1949年11月创刊
2015年5月号 / 第9期

聚焦 | 将全面从严治党落到实处

- 从严治党是场总体战
- 陆铭：统一市场才有大国优势
- 为什么经济发展方式还没有转变
- 乡村建设·百年乡建（温铁军 等）
- 谁来保护被侵害儿童
- 遗失的美好——追索海外流失文物
- 政商关系面面观
- 中美掉进“修昔底德陷阱”？
- 从外交大使到国防部长——耿飚
- 蒋介石其人其事（上）（杨天石）
- 身处非物理战时期远未居安——对“和平时期”的重新审视

大事辑览（2015年4月上半月）

ISSN 1001-666X

为推动乡村建设这一大众事业真正进入大众视野，西南大学中国乡村建设学院与《新华月报》合作，从2015年5月起在该杂志上开设《乡村建设》专栏，每期登载3至5篇文章，先后刊出12期。

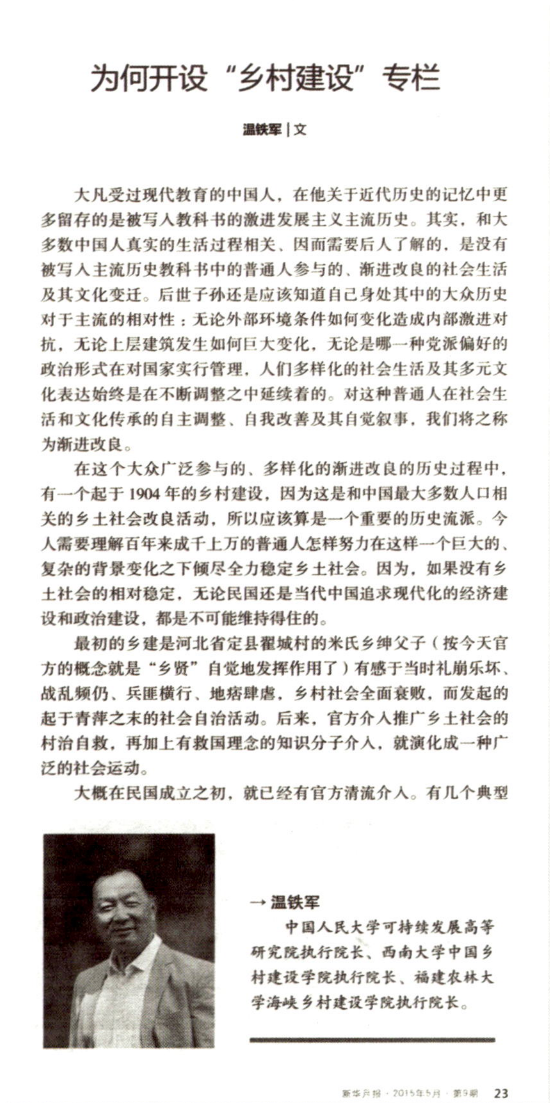
为何开设“乡村建设”专栏

温铁军｜文

大凡受过现代教育的中国人，在他关于近代历史的记忆中更多留存的是被写入教科书的激进发展主义主流历史。其实，和大多数中国人真实的生活过程相关、因而需要后人了解的，是没有被写入主流历史教科书中的普通人参与的、渐进改良的社会生活及其文化变迁。后世子孙还是应该知道自己身处其中的大众历史对于主流的相对性：无论外部环境条件如何变化造成内部激进对抗，无论上层建筑发生如何巨大变化，无论是哪一种党派偏好的政治形式在对国家实行管理，人们多样化的社会生活及其多元文化表达始终是在不断调整之中延续着的。对这种普通人在社会生活和文化传承的自主调整、自我改善及其自觉叙事，我们将之称为渐进改良。

在这个大众广泛参与的、多样化的渐进改良的历史过程中，有一个起于1904年的乡村建设，因为这是和中国最大多数人口相关的乡土社会改良活动，所以应该算是一个重要的历史流派。今人需要理解百年来成千上万的普通人怎样努力在这样一个巨大的、复杂的背景变化之下倾尽全力稳定乡土社会。因为，如果没有乡土社会的相对稳定，无论民国还是当代中国追求现代化的经济建设和政治建设，都是不可能维持得住的。

最初的乡建是河北省定县翟城村的米氏乡绅父子（按今天官方的概念就是“乡贤”自觉地发挥作用了）有感于当时礼崩乐坏、战乱频仍、兵匪横行、地痞肆虐，乡村社会全面衰败，而发起的起于青萍之末的社会自治活动。后来，官方介入推广乡土社会的村治自救，再加上有救国理念的知识分子介入，就演化成一种广泛的社会运动。

大概在民国成立之初，就已经有官方清流介入。有几个典型

→ 温铁军

中国人民大学可持续发展高等研究院执行院长、西南大学中国乡村建设学院执行院长、福建农林大学海峡乡村建设学院执行院长。

新华月报·2015年5月·第9期 23

温铁军在2015年5月的《新华月报》上撰文，指出开设《乡村建设》专栏的意义与使命。

为推动高校青年学生对乡村建设的认识与理解，西南大学中国乡村建设学院自2013年春季开始，每个学期都利用周末组织乡村建设读书会，参与者来自不同专业与不同年级，读书会同时还配合多种形式的实践活动。

福建农林大学海峡乡村建设学院组织的乡建读书会(2016年10月)。

第九单元 国际影响

你说农人蠢，泥土变黄金。你说农人私，疾病相扶持。

你说农人弱，从军保乡国。你说农人穷，财穷志不穷。

杨效春：《乡农的书》(1934 年)

是否乡村建设只是发生在中国的个别与例外？乡村建设与全球范围内多样化的另类实践彼此呼应，不管是尝试摆脱殖民主义多重压迫与话语束缚的广大第三世界民众，还是在西方发达国家内部对不可持续发展模式提出质疑和挑战的实践者，实际上都在各自的条件与现实空间中，进行着丰富多彩的创新性探索，都是在资本主义全球扩展的霸权格局下，在限制中寻找并创造“新可能”的不懈努力。由此共同构成的乡村建设的世界性光谱与全球性视野，虽然因对地方化与本土性的强调而使其经常淹没于各种大叙述中，但其对草根弱势群体、生态环境和多元文化来说，却有着独特的启示意义。

一、晏阳初与国际平民教育

1947年8月25日，晏阳初出席联合国教科文组织在巴黎召开的研讨会时，以“平民教育与国际了解”为题发表演讲。图为晏阳初(中)与世界各国乡建运动成员合影。

1950年12月，晏阳初(右五)出席国际平民教育促进会理事会，提出“将中国平民教育的经验推广于世界其他落后地区”的方案。

关于晏阳初及其乡村建设实践的英文著作。

关于晏阳初的日文出版物。

晏阳初参与推动的印度乡村建设运动。

印度乡村建设运动中的扫盲班。

晏阳初与泰国国王讨论泰国乡村建设运动(1983年)。

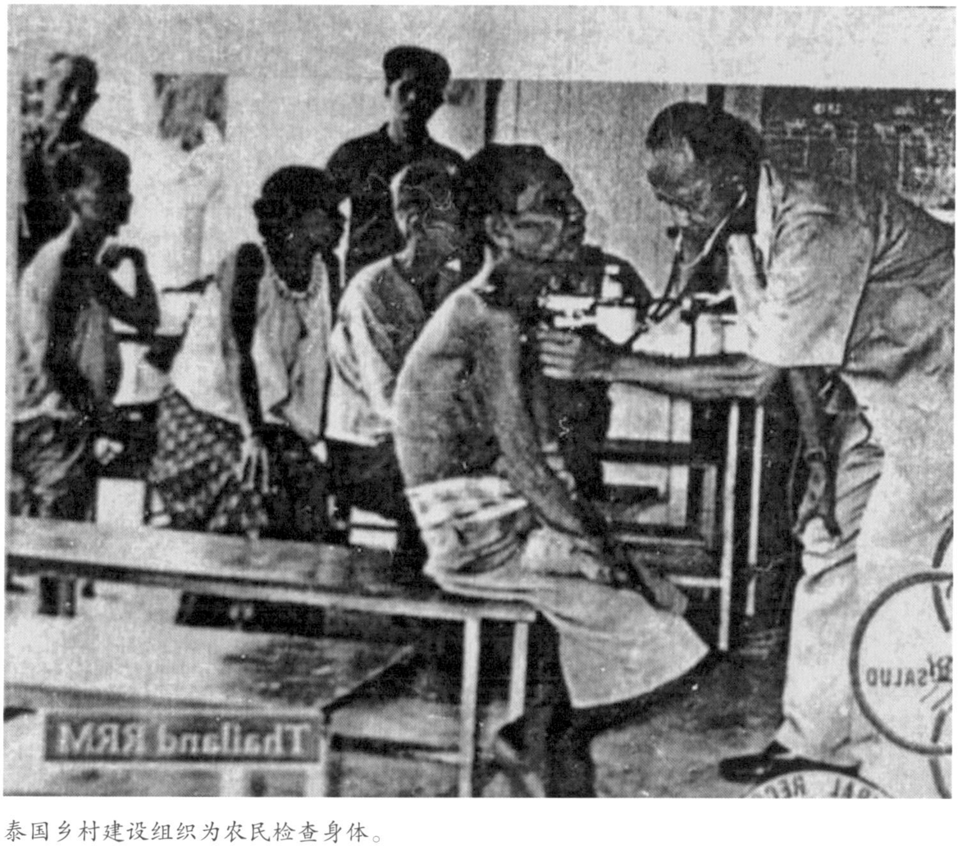

泰国乡村建设组织为农民检查身体。

晏阳初(左二)与危地马拉乡村建设实践者交流(1966年)。

危地马拉乡村建设组织编写的出版物(1979年)。

晏阳初（末排左三）访问印度尼西亚时与印尼平民学校师生合影（1952年）。

晏阳初（左二）与哥伦比亚乡村建设运动试点村庄的村民讨论经济问题（1966年）。

厄瓜多尔的乡村建设实践。

加纳乡村建设组织编写的出版物。

专题八　国际乡村改造学院(IIRR)

1958年12月，国际平民教育促进会讨论后决定创立国际乡村改造学院(International Institute of Rural Reconstruction，简称IIRR)。图为位于菲律宾马尼拉的国际乡村改造学院校园全景。

晏阳初(第二排左八)出席菲律宾乡村建设运动(PRRM)年会(1959年)。

GO TO THE PEASANT PEOPLE
LIVE AMONG THE PEASANT PEOPLE
LEARN FROM THE PEASANT PEOPLE
PLAN WITH THE PEASANT PEOPLE
WORK WITH THE PEASANT PEOPLE
START WITH WHAT THE PEASANT PEOPLE KNOW
BUILD ON WHAT THE PEASANT PEOPLE HAVE
TEACH BY SHOWING; LEARN BY DOING
NOT A SHOWCASE BUT A PATTERN
NOT ODDS AND ENDS BUT A SYSTEM
NOT PIECEMEAL BUT INTEGRATED APPROACH
NOT TO CONFORM BUT TO TRANSFORM
NOT RELIEF BUT RELEASE

晏阳初将中华平民教育促进会在国内长期探索的实践经验与反思总结归纳翻译为英文，作为国际乡村建设实践的参照与借鉴。

晏阳初给菲律宾乡村工作培训班讲课。

晏阳初(左二)在菲律宾乡村卫生所调研后与工作人员合影。

晏阳初在菲律宾卡维特与IIRR项目支持的农民交流(1978年)。

晏阳初为农民学员颁发结业证书。

晏阳初在国际乡村改造学院讲课(20世纪80年代)。

晏阳初(左一)问候学员。

晏阳初(右二)在国际乡村改造学院与来自世界各地的学员在一起(1981年7月)。

91岁的晏阳初(前排右五)在国际乡村改造学院与泰国乡村建设培训学员合影(1981年4月)。

《中华平民教育促进会60周年纪念册》(国际乡村改造学院编,1983年)。

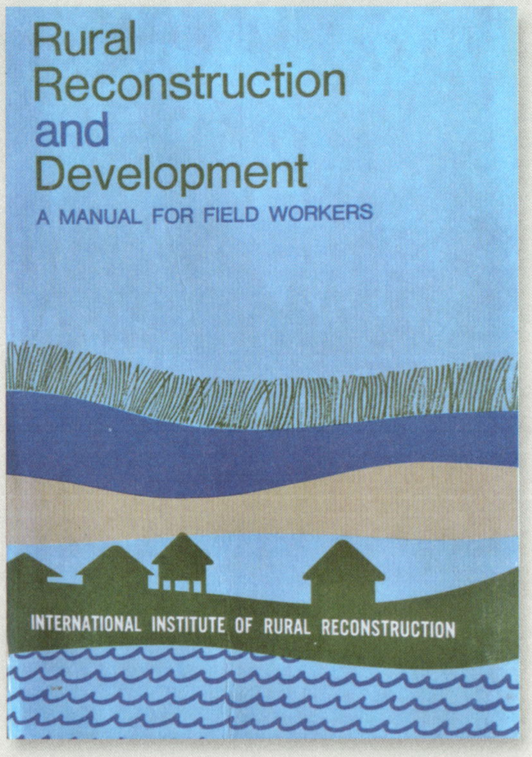

国际乡村改造学院为乡村建设实践者编写的英文读物。

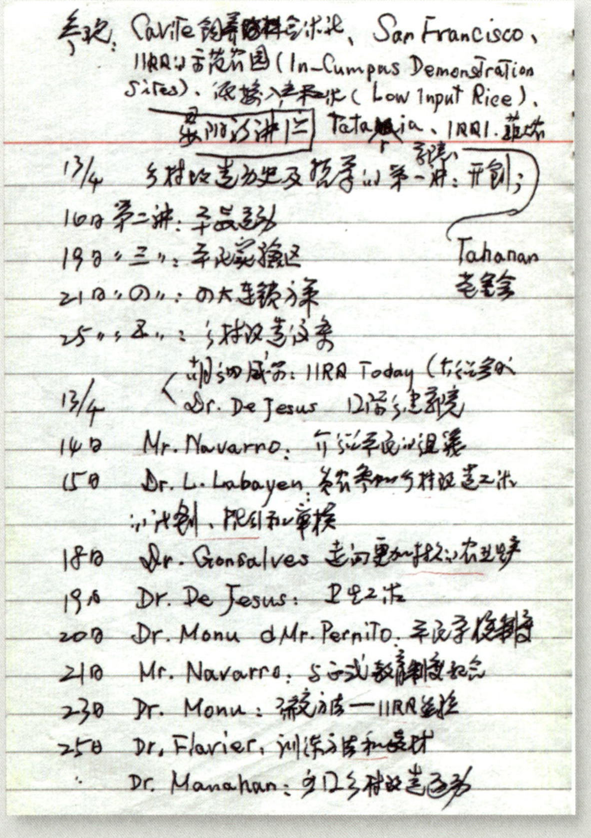

私立中国乡村建设学院校友陶维全赴菲律宾国际乡村改造学院聆听晏阳初讲演及参观访问所作的笔记(1988年4月)。

二、域外经验与国际交流

1934年1月，丹麦国际民众学院校长皮特·马尼克(Peter Manniche)参观山东乡村建设研究院后合影。前排左起：梁漱溟、马尼克、齐鲁大学教授卡尔森、研究院副院长孙廉泉、梁漱溟英文秘书张勖仁；后排左起：山东民众教育馆馆长董渭川、工业合作运动专家卢广绵、邹平实验县县长徐树人。

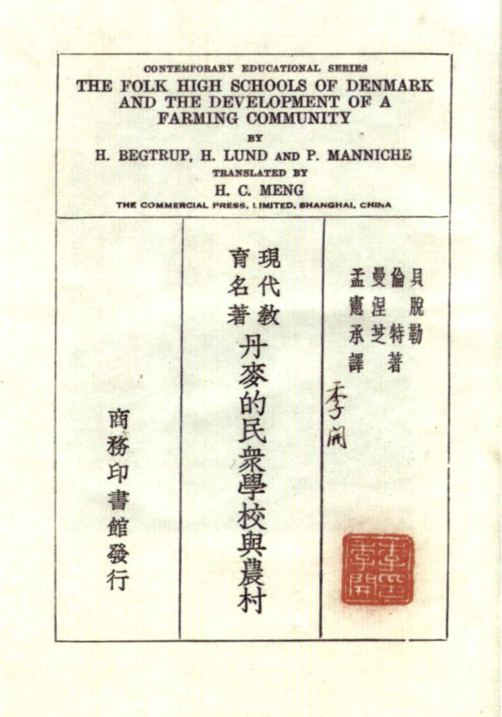

CONTEMPORARY EDUCATIONAL SERIES
THE FOLK HIGH SCHOOLS OF DENMARK AND THE DEVELOPMENT OF A FARMING COMMUNITY
BY
H. BEGTRUP, H. LUND AND P. MANNICHE
TRANSLATED BY
H. C. MENG
THE COMMERCIAL PRESS, LIMITED, SHANGHAI, CHINA

貝脫勒 倫特 曼涅芝 著
孟憲承 譯
現代教育名著
丹麥的民衆學校與農村
商務印書館發行

商务印书馆出版的《丹麦的民众学校与农村》中译本(1931年)。

陶行知在墨西哥发表演讲（1936年）。

1936年7月，陶行知应邀前往欧洲参加世界新教育大会，并受全国各界救国联合会委托前往欧美宣传中国抗战。1938年回国途中，应印度独立运动领导人甘地的邀请访问印度，与甘地和泰戈尔就教育问题进行交流。中国抗战时期的教育运动及生活教育推行的“小先生制”得到印度人民的高度重视。图为陶行知（前排左二）与友人在印度合影（1938年8月）。

民国乡村建设重要推动者、中国华洋义赈救灾总会总干事章元善长期致力于乡村建设实践中的农民合作实践，图为其翻译的《英国合作运动》（商务印书馆，1948年）。

1997年7月27日，美国前总统卡特参观邹平一中梁漱溟纪念馆。

晏阳初乡村建设学院院长温铁军为到访的美籍华人介绍当代乡村建设(2004年8月)。

日本晏阳初研究专家到河北定州翟城村参观晏阳初乡村建设学院(2004年12月)。

参加可持续实践与乡村建设国际研讨会的外籍专家在重庆北碚参观私立中国乡村建设学院旧址暨晏阳初纪念馆(2012年12月)。

2012年12月，全球著名的新马克思主义理论家、国际政治经济学家、依附理论代表人物萨米尔·阿明(Samir Amin)教授在西南大学的可持续实践与乡村建设国际研讨会上做主题演讲。

2015年10月，西南大学中国乡村建设学院副教授薛翠应邀出席由印度尼西亚外交部、印度尼西亚科学院等单位主办的纪念万隆亚非会议60周年国际会议，并向印度尼西亚外交部政策分析与发展司署理司长Salman Al Farisi大使赠送《可持续实践与乡村建设》论文集。

2003年12月，在河北定州翟城村晏阳初乡村建设学院召开的“中国—印度乡村建设交流会”。

B2 民间组织 责任编辑：刘佑平 美编：王夏澍 电话：010-65953695 转 1833 2003年12月18日

乡土精英追寻另类发展

——首届新乡村建设研讨会在北京举行

本报讯（记者 黎光寿） “中国乡村建设必须走自己的道路，继续照搬西方那些理论肯定不行了，”著名的“三农”问题专家、中国经济体制改革杂志社社长兼总编辑温铁军12月8日在首届“新乡村建设”研讨会上充满激情地说。

12月8日到10日，由中国社会科学院农村发展研究所、中国经济体制改革杂志社、北京市农村经济研究中心主办的首届“新乡村建设”研讨会在北京市昌平区北七家镇郑各庄村的宏福集团召开，来自全国各地的100余名进行“新乡村建设”试验的乡村负责人和内地、香港、美国的有关学者参加了研讨会，就农村集体经济的多种实现形式、新形势下乡镇企业改革与发展、“三农”问题与乡村建设的关系、村民自治与民主制度建设、农村公共产品供给、农村妇女及农民工权益保护、土地问题等问题进行了讨论。

原中共中央农村政策研究室主

乡村建设在印度

——来自“克拉拉人民科学运动”的报告

本报记者 黎光寿 文/图

近日，印度“克拉拉人民科学运动”(Kerala Sastra Sahitya Parishad，缩写为KSSP) 负责人访问中国，中国的乡村建设者在交流中发现，人们常说的几乎只属于大城市的民主和科学，在克拉拉土地上正好相反——它分散在广大的农村，分散在普通的民众当中。

再往前搜索，人们就会发现，1996年，KSSP还因为其“促进了以人为本的社会发展”而获得号称另类诺贝尔奖的“优秀民生奖”。因为领奖的时间在诺贝尔奖颁发前夕，KSSP当时在瑞典首都斯德哥尔摩可谓出尽了风头。

KSSP最骄人的成就，是在1989年——1991年间，动员了数十万义工在全邦进行民间扫盲运动，一下子使克拉拉男、女识字率都高达95%以上，让克拉拉成为印度的“全民识字邦”。

KSSP会长 M.P.Parameswaran（以下简称M.P）一行在中国的访问，也为我们揭开了克拉拉的神秘面纱。

中印乡村建设者都在追求一条不一样的路。图为克拉拉客人与中国研究者在中国乡村参观。

核武专家的另类天堂

反酗酒与妇女独立

国内媒体对“中国—印度乡村建设交流会”的相关报道。

温铁军在印度农村调研(2004年1月)。

2004年1月,当代乡村建设研究者和实践者赴印度孟买参加第四届世界社会论坛(World Social Forum)(右起:孙恒、刘老石、潘家恩、许兆麟、袁小仙、何慧丽)。

2004年1月,当代乡村建设研究者和实践者在印度南部喀拉拉邦乡村调研。图为印度民众科学运动组织人员利用在该邦建造的手工肥皂制造车间,从简单的生活必需品入手,探索更加持续且包容性的本土经济。

2004年12月，温铁军在日本长井市彩虹计划发起人菅野秀夫家交流城乡互动的创新经验。

晏阳初乡村建设学院生态农业工作室赴泰国米之神基金会学习田间检测虫害技术（2006年5月）。

当代乡村建设实践者在越南与当地机构交流新农村建设实践经验（2009年）。

温铁军在墨西哥恰帕斯地区与当地农民交流(2003年8月)。

秘鲁生态农业专家(前排中坐者)与香港岭南大学教授刘健芝(前排左坐者)来晏阳初乡村建设学院交流后合影(2006年10月)。

当代乡村建设研究者和实践者到委内瑞拉等发展中国家考察乡村问题与生态建设(中立者为刘健芝,右一为孙恒)(2010年6月)。

西南大学中国乡村建设学院副教授薛翠(右二)在巴西调研时与当地农民在一起。

致力于可持续实践和教育的英国舒马赫学院(Schumacher College)与西南大学中国乡村建设学院建立战略合作关系，图为执行院长温铁军向舒马赫学院创办人之一的萨提斯·库马(Satish Kumar)赠送礼物(2012年9月)。

舒马赫学院附近的英国托特尼斯转型城镇(Transition Towns)社区菜园。转型计划发端于最初由英国学者及社会活动家罗布·霍普金斯(Rob Hopkins)博士在2005年提出的城市改造构想，最开始主要是为了应对气候变暖和石油短缺，后逐渐演变为应对现代发展问题的一系列在地行动。

舒马赫学院代表团访问中国乡村建设学院(2014年6月)。

国际慢食协会(Slow Food)与中国当代乡村建设实践网络建立战略合作关系。图为国际慢食协会与梁漱溟乡村建设中心在北京联合主办的“生态产品故事工作坊”(2015年9月)。

2016年9月，梁漱溟乡村建设中心参与组织中国相关机构代表前往意大利都灵参加由国际慢食协会举办的第十一届“大地母亲·品味沙龙”活动。图为中国代表团与国际慢食协会创始人卡洛·佩特里尼(Carlo Petrini)合影。

尾声 隐现之间

强国梦、富民梦，对于亿万中国人来说，百年来还萦绕着一个个大象无形却丰富多元的乡建梦。它根植于乡土大地，却不拘泥于现实田园；它始发于乡愁乡恋，却在贴地潜行中不断提高改变自我的自觉性。即使发展主义的激进现代化烟尘迷蒙了人们回望的双眼，总会有人内心回荡着乡建先贤和先觉者们的大音希声。也因此，在中华大地上便出现了“百年乡建 一波三折”的历史波澜。凡此种种，皆为百年乡建薪火相传。乡村建设期待着您的接力与同行！

一、晏阳初回国

1985年9月，晏阳初第一次应邀回国，在中南海与邓颖超合影。

1985年9月，河北老乡欢迎晏阳初回到定县。

1987年7月，晏阳初第二次回国时与梁漱溟交流。

二、题词

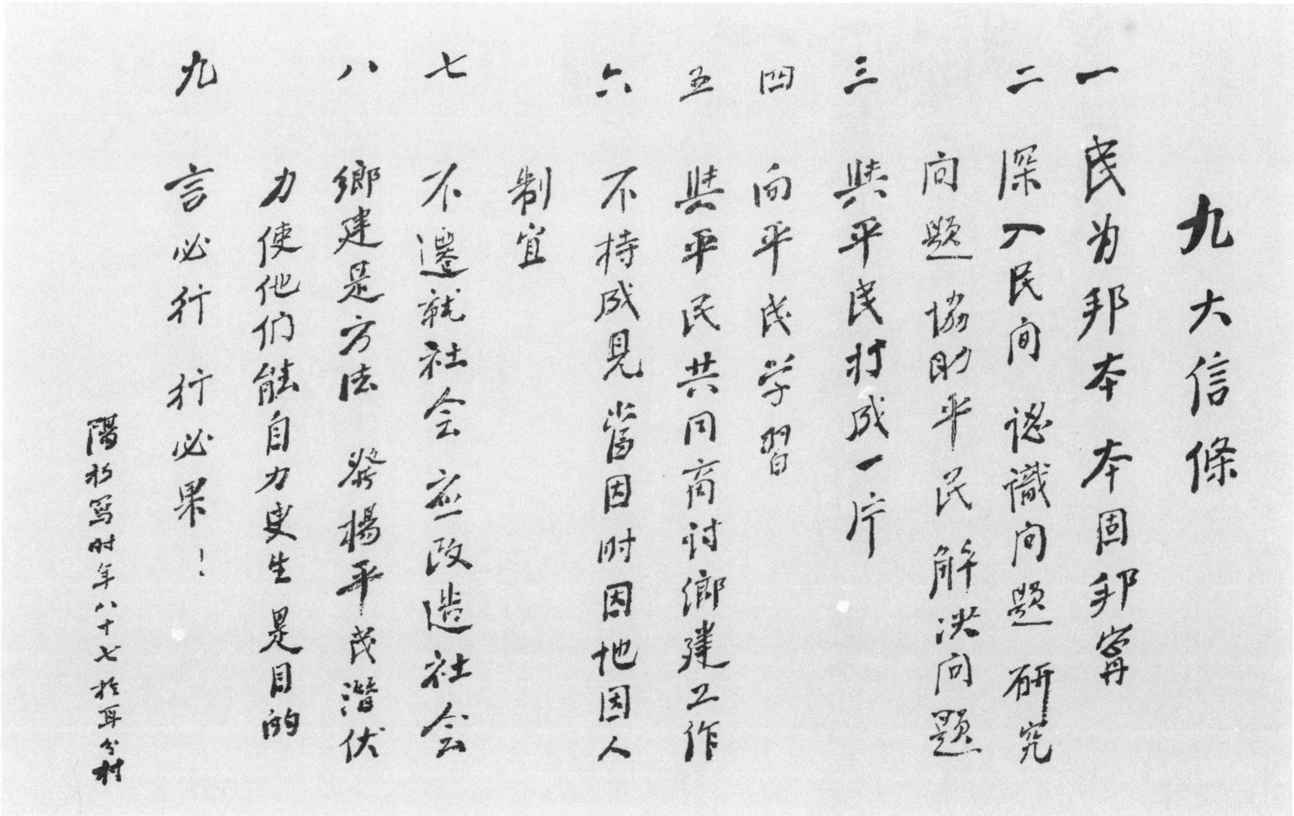

九大信條

一 民为邦本 本固邦寧

二 深入民间 認識问题 研究问题 協助平民 解决问题

三 與平民打成一片

四 向平民学習

五 與平民共同商討鄉建工作

六 不持成見 當因时因地因人制宜

七 不遷就社会 並改造社会

八 鄉建是方法 發揚平民潛伏力 使他们能自力更生 是目的

九 言必行 行必果！

陽初寫时年八十七於耳兮村

晏阳初87岁时手书平民教育与乡村建设《九大信条》。

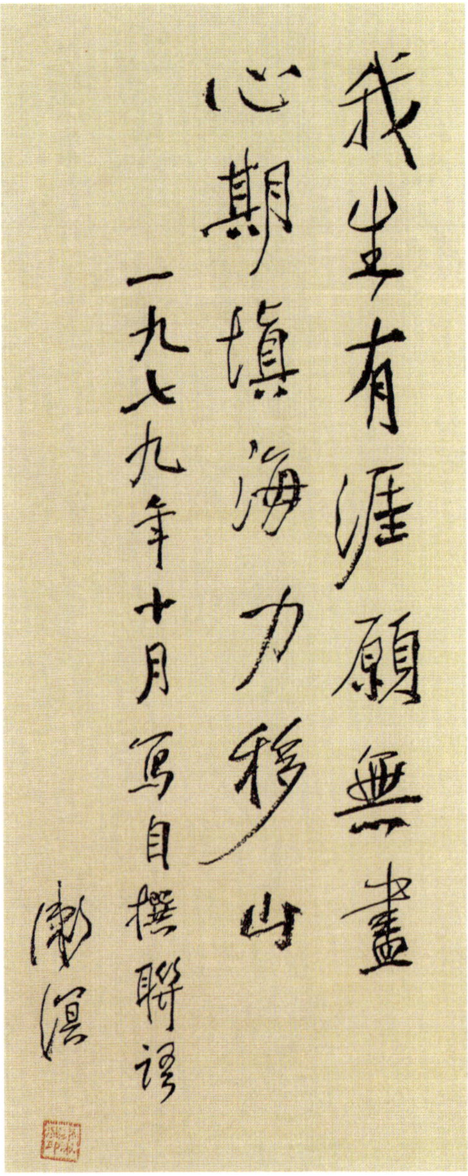

梁漱溟86岁的自勉联。

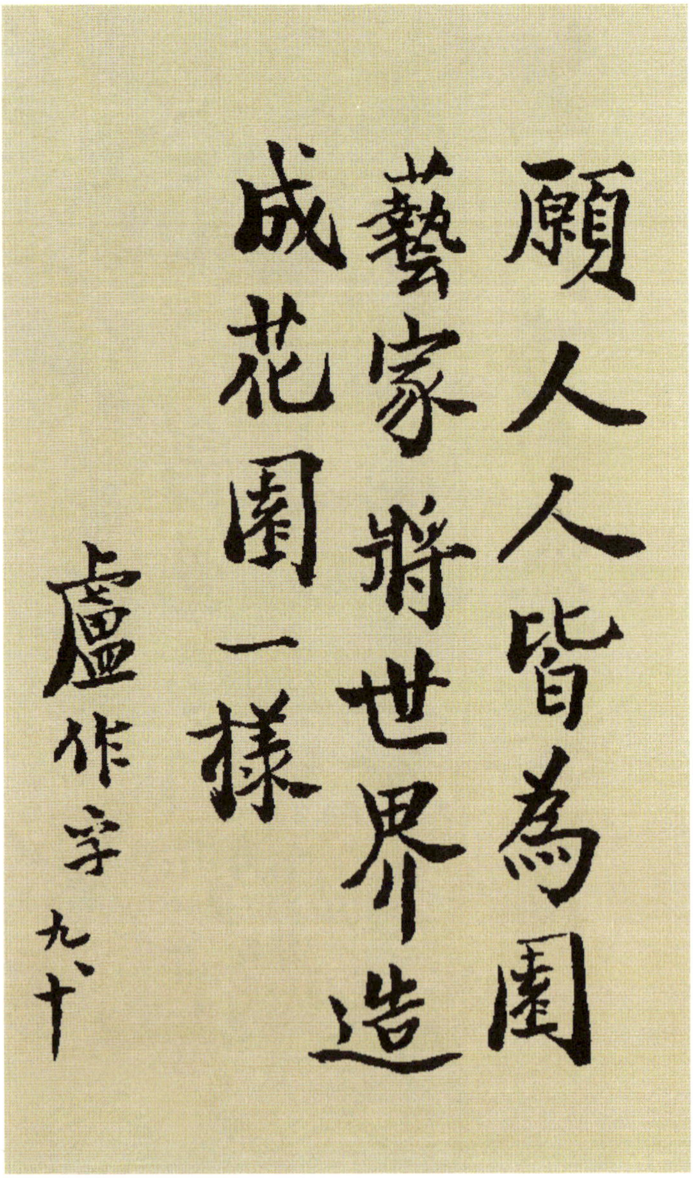

卢作孚题词。

全国政协常委、国务院参事任玉岭为中国乡村建设题词(2012年)。

中华平民教育促进会会歌

在当代乡村建设实践中继续传唱的“平教同志歌”——《中华平民教育促进会会歌》词曲。

致谢

本图录由西南大学中国乡村建设学院组织编写，资料收集历时十余年，得到以下机构和个人的大力支持，特此鸣谢：

晏阳初先生之子晏振东先生、梁漱溟先生之子梁培宽先生、卢作孚先生之子卢国纪先生、俞庆棠先生之女唐孝存女士、梁漱溟先生之孙梁钦宁先生和梁钦元先生、彭禹廷先生之孙彭廷林先生、晏阳初先生侄孙晏鸿国先生、黄展云先生曾外孙陈熙先生捐赠先贤珍贵图片；中国教育科学研究院宋恩荣研究员和西南大学卢作孚研究中心刘重来教授为本书捐赠其数十年研究过程中艰辛收集的大批珍贵图片；私立中国乡村建设学院校友万岗先生、陶维全先生、曾永臧先生、蒋年荣先生、康廷方先生、宋代元先生、何国英女士、李国英女士、蒋茂兰女士，勉仁文学院校友唐宦存先生，重庆育才学校校友邝忠炽先生捐赠各自收藏的珍贵图片。

国际乡村改造学院（菲律宾）、重庆市中华职业教育社、重庆市北碚区博物馆、重庆市璧山区档案馆、西南大学图书馆、南通大学张謇研究所、四川师范大学档案馆、山西大学中国社会史研究中心、重庆市育才中学、山东省邹平一中梁漱溟纪念馆、四川省巴中市晏阳初纪念馆、福建省长乐市黄展云纪念馆、重庆市陶行知先生纪念馆、河南内乡县宛西地方自治博物馆、民生实业（集团）有限公司研究室、四川省晏阳初研究会、重庆市梁漱溟研究会、重庆市陶行知研究会等机构提供所藏乡村建设珍贵历史图片，中国人民大学乡村建设中心、福建农林大学海峡乡村建设学院、西南大学卢作孚研究中心、北京梁漱溟乡村建设中心、北京晏阳初平民教育发展中心、北京工友之家文化发展中心、国仁城乡（北京）科技发展中心、北京爱故乡文化发展中心等机构提供了正在进行中的当代乡村建设的新史料。

徐家祥女士、王敦琴女士、张惠玲女士、莫骄先生、刘庆亮先生、罗春秀女士、项锦熙先生、陈启江先生、马维强先生、张海英女士、关若文女士、姜荣耀先生、胡尚峰先生、汪明杰先生、冷嘉女士等在图片收集过程中给予了帮助与支持。

李昌平先生、张孝德先生、谢英俊先生、孙君先生、杨团女士、贺雪峰先生、廖晓义女士、姜柏林先生、郑冰女士、杨云标先生、欧宁先生等当代乡村建设引领者，钱理群先生、戴锦华女士、米金水先生、周燕珍女士、邓文嫦女士、陈庆芸女士、张卫国先生、周常勇先生、周鸣鸣女士、兰思仁先生、林文雄先生、刘伟平先生、欧国耀先生、廖坤荣先生、王瑞琦女士、曹立新先生、李晓晨先生等对当代乡村建设事业的长期支持与推动。

刘健芝女士、许兆麟先生、张兰英女士、谷莘女士、刘相波先生（刘老石）、何慧丽女士、刘忱女士、邱建生先生、周立先生、仝志辉先生、王松良先生、孙恒先生、袁小仙女士、王平女士、刘海英女士、薛翠女士、陈茂祥先生、董筱丹女士、白亚丽女士、何志雄先生、严晓辉先生、黄志友先生、袁清华先生、石嫣女士、程存旺先生、赵玲女士、李管奇先生、郝冠辉先生、魏丰收先生、张斌先生、徐文财先生、刘明先生、唐宝华先生、高玉华女士、闫迎春先生、罗英臻先生、孙小勇先生、张俊娜女士、张琪先生、梁少雄先生、肖青先生等当代乡村建设的师长、同仁及各自所带领的团队，以及无数默默无闻且因数量巨大而无法一一具名感谢的农民朋友和志愿者们，大家十数年如一日的负重潜行与艰辛探索是本书得以推出的动力与底气所在，再次向扎根乡土的实践者致敬！

本书还引用了一些已经出版的图书或内部印刷的资料，我们尽量注明出处，但因客观原因，无法直接与作者取得联系，我们感念于心。

在图片收集、整理和后续编辑过程中，感谢李军先生及张振、胡佳佳、杨洲、陈涛等同学；为了更好地传播推广，王超先生选用部分图片制作了精彩视频；林子敏女士和周陈燕文女士为图片的英文翻译与国际交流做出了重要贡献。本书责任编辑卢渝宁女士和黄璜先生等从选题策划到编辑出版倾注了大量的心血。在此一并致以最诚挚的谢意！

集腋成裘。虽然我们希望能尽最大的努力拼接出相对完整的中国乡村建设百年图景，但因篇幅所限，本图录仅能纳入部分收集的图片，且更多图片还在陆续收集之中，希望未来有机会进行更完整的呈现。同时，正如编者在导言及各部分说明中所强调的，希望这种努力不是一种“好人好事”式的简单罗列，而是以此为基，打开一部更加多元立体且充满张力的百年乡村建设史，并由此发展出一种更有现实启示的新视野。

需要说明的是，因为各方面的原因，虽然编者多方努力，部分老照片效果仍然不佳。同时，历史照片的收集整理是一件专业且繁复的工作，由于很多图片年代久远，且涉及的脉络复杂，纰漏在所难免，恳请得到读者的谅解，并期待能得到大家的指正，以便修订错误，增补更多图片，未来修订出版。此外，部分照片无法与著作权人取得联系，麻烦您与编者联系，以便处理相关事宜。编者电子邮箱：panjiaen0807@163.com。

念念不忘，必有回响。乡建路上，携手同行！

编者

2017 年 12 月

于重庆北碚